大学生创业基础：
原理与案例

主　编　陆净岚　向　荣　杨　帅
副主编　杨春华　朱良杰　王雅娟　佘　琛
　　　　黎　常　谢梦巧　俞　晶　沈国新

浙江工商大学 出版社
ZHEJIANG GONGSHANG UNIVERSITY PRESS
·杭州·

图书在版编目(CIP)数据

　　大学生创业基础：原理与案例 / 陆诤岚，向荣，杨
帅主编. —杭州：浙江工商大学出版社，2024.4(2025.8 重印)
　　ISBN 978-7-5178-5986-4

　　Ⅰ. ①大… Ⅱ. ①陆… ②向… ③杨… Ⅲ. ①大学生
－创业－高等职业教育－教材 Ⅳ. ①G647.38

　　中国国家版本馆 CIP 数据核字(2024)第 072443 号

大学生创业基础：原理与案例
DAXUESHENG CHUANGYE JICHU：YUANLI YU ANLI
陆诤岚　向　荣　杨　帅主编

策划编辑	陈丽霞
责任编辑	沈明珠
责任校对	林莉燕
封面设计	胡　晨
责任印制	屈　皓
出版发行	浙江工商大学出版社
	(杭州市教工路 198 号　邮政编码 310012)
	(E-mail：zjgsupress@163.com)
	(网址：http://www.zjgsupress.com)
	电话：0571-88904980,88831806(传真)
排　　版	杭州朝曦图文设计有限公司
印　　刷	杭州捷派印务有限公司
开　　本	710mm×1000mm　1/16
印　　张	18.75
字　　数	325 千
版 印 次	2024 年 4 月第 1 版　2025 年 8 月第 4 次印刷
书　　号	ISBN 978-7-5178-5986-4
定　　价	48.00 元

前　言 | Preface

　　自《国务院办公厅关于深化高等学校创新创业教育改革的实施意见》发布以来,创新创业教育被正式列为我国高校人才培养的重要内容。作为高校人才培养的新任务,创新创业教育在发展中存在一定的误区和困扰,正确认识创新创业教育,建立科学有效的教学体系是提升创新创业教育水平关键。

　　党的二十大报告提出了"完善科技创新体系。坚持创新在我国现代化建设全局中的核心地位"的要求,高校的创新创业教育由此进入新的发展阶段。以创新型国家建设对人才的需求为目标,新阶段的创新创业教育将创新与创业并重,同步推进,改变以往创新创业教育分离且以模仿型创业为主的状况,培养具有创新思维、有创新能力且能够将创新成果进行有效转化的复合型人才。

　　自开展创新创业教育以来,许多高校在低年级开设"创业基础实训"课程,通过课程讲解创业过程中各个环节所需的知识点和相关策略,为学生的创业实践打下基础。以往的教材更多以创业实践活动为主要内容,给出各种案例和策略供学生学习参考。但是,我们在教学实践中发现,由于低年级学生的知识体系不健全、分析判断能力相对较弱,靠案例和策略并不能提升学生对创业实践的正确认知。

　　在国家培养创新型人才的战略目标指引下,我们编写了本教材。在编写的过程中,我们围绕创业活动的主要环节,遵循创新创业教育的特点和实际要求,梳理创新与创业的逻辑关系,构建创新创业知识体系,并以案例精细化分析促进相关知识点的理解和运用,为学生在高年级真正开展创新创业活动打下坚实基础。

　　本次教材编写,按照常规的创业活动流程,在分析创新创业基本概念和逻辑的基础上,选择了创业团队、创业机会、产品设计与推广、商业模式、营销策略、财务规划与融资、商业计划书等创业实践中的重要环节分别形成独立章节进行阐述和说明。在教材内容的组织过程中特别关注其适应性:一是适应大学低年级学生的学习要求,强化了创新创业知识体系的构建;二是适应大学生创业实践的需求，在案例选择和分析中，强化了对学生创业常见问题的分析与回应；三是适应当前创新创业实践的问题，强化了基于创新的创业思路的阐述和分析。适应性也是本教材最大的特色。

本教材由陆诤岚和向荣担任主编，负责教材的总体策划、统筹、通稿和审定工作。全书共八章，第一章由陆诤岚和谢梦巧负责编写，第二章由黎常负责编写，第三章由向荣负责编写，第四章由余琛负责编写，第五章由朱良杰负责编写，第六章由王雅娟负责编写，第七章由杨春华负责编写，第八章由陆诤岚编写文本内容，向荣编写配套练习题。另外，浙江水利水电学院俞晶老师和浙江新世纪再生资源开发有限公司沈国新高级工程师参与了各类案例选编。每位编者在相应的领域有丰富的教学和实践经验。本教材作为高校创新创业基础课程教材，可供普通本科院校和高职院校选用。

本教材在智慧树网配套建设有知识图谱智慧课程"创业基础实训"，读者可参与该课程知识图谱的学习。

在教材的编写过程中，我们参考了相关的教材、论著、期刊及网站新闻等，并尽可能列出全部参考文献和资料。如有遗漏或不当引用之处，敬请联系并告知，我们会按照相关规范处理，联系邮箱：2233175122@qq.com。

编者

2024 年 1 月

目 录 | Contents

第一章　创业概述

创新区分了领导者和追随者。

——史蒂夫·乔布斯

> **学习目标**

- ➢ 掌握创业与创新的含义
- ➢ 理解创业与创新的关系
- ➢ 掌握创新型国家的建设目标和要求
- ➢ 掌握大学生创业的意义与方法
- ➢ 了解各类创业实践平台的功能
- ➢ 了解大学生创业的步骤

引导案例

95 后大学生创业者——打造中国人自己的软件安全流程

计算机诞生以来,人们就开始与 Bug 斗争。1947 年 9 月 9 日,一只飞蛾钻进了哈佛大学某台计算机里,导致这台计算机无法工作。此事被当时的工作人员写进工作日志:"就是这个 Bug(虫子),害我们今天的工作无法完成。"从此,Bug 成了计算机术语,指该领域的缺陷、错误。微小的 Bug 也会带来不可估量的损失。为了更高效地查找 Bug,一名 95 后的大学生——汪毅,开启了他的第七次创业历程,成立了上海安般信息科技有限公司(以下简称"安般科技")。

2016 年,汪毅师从信息安全领域的著名教授,在上海科技大学开始从事相关领域的课题研究。读研期间,他了解到国家相关部门对信息安全具有较大的需求,发现整个信息安全领域国内外差距非常大,而且大量中小公司不仅缺乏信息安全的意识,更是缺乏信息安全的常识。结合历次创业途中遇到的信息安全问题,2018 年,他决定和合伙人一起,创立一个专门研发针对中小公司的安全解决方案的公司。

公司成立之初,他将产品定位于传统的信息安全领域。但随着对市场调研的深入,他发现传统的信息安全市场不以产品驱动,更偏向于合规。2019 年底,在和中国信息安全测评中心合作过程中,汪毅发现随着中国信息产业的快速发展,软件安全被提升到前所未有的重要地位。

汪毅分析:"以前中国人用 Windows、Oracle,只需要关注边界防护,如今自主开发软件,软件本身的安全、可靠性就变得尤为重要。"尤其是对于一些关乎国防、基础设施建设的行业而言,不仅要在关键领域使用国产软件,而且要确保国产软件的绝对安全。基于团队此前在模糊测试方面的深厚积淀,安般科技决心聚焦软件安全以及模糊测试战略。自公司成立以来,安般科技发展迅速。公司从最初的 5 个人拓展到近 50 人。团队成员分别来自中国科学院、中国电子、摩托罗拉、腾讯等公司的安全和测试部门,团队超过一半成员是双一流高校硕士及以上学历。公司研发投入占比超过 50%,团队 60% 以上成员为研发人员。

2021 年,看到金融领域的供应链受到攻击、无人驾驶领域的频频失事,汪毅意识到单个项目方式对社会层面改造的无力,开始转型做标准化的产品。凭借产品的优异表现,安般科技入选 2021 年度上海市第四批高新技术企业名单,并承担了科技部的国家重点研发计划"网络空间安全治理"专项中的核心课题。2021 年 12 月,安般科技与四川大学信息安全研究所达成长期战略合作,建立软件负面测试技术联合实验室,为构建立体化、智能化的软件负面测试技术体系提供技术支撑和智力支持。

谈及未来的目标,这个年轻人表示,安般科技初心不变,将打造产业联盟,联合多个行业翘楚构建中国人自己的软件安全全流程的工具链,真正持续助力国产软件更好更快发展。

资料来源:搜狐新闻《"95 后"创业者智斗 Bug,首创国内智能模糊测试技术》,https://it.sohu.com/a/521549049_546816

第一节　创业与创新的内涵

一、创业的基本概念

2014 年 9 月,在天津召开的夏季达沃斯论坛的开幕式上,国务院总理李克强致辞。他强调,要借改革创新的"东风",推动中国经济科学发展,在 960 万平方公里土地上掀起"大众创业""草根创业"的新浪潮,形成"万众创新""人人创新"的新态势。这是李克强总理首次在公共场合发出"大众创业、万众创新"的号召。2015 年,"大众创业、万众创新"作为关键词被写入政府工作报告。从此,"创业"一词进入大众视野。

(一)创业概念的提出及发展

1. 创业概念的提出

创业活动一直是经济活动中的重要部分,在有经济活动的历史中始终存在,但是创业活动并没有作为一个单独的要素或者对象从经济活动中分离出来并且被专门赋予一个定义。直到 200 多年前,有经济学领域的研究者注意到创业者作为一个因素影响到经济的发展,这可能是创业活动最早被关注的时间点。20 世纪初以来,创业活动作为一个对象逐渐得到研究,但在初期阶段,创业活动中的创业者是研究主要对象,创业活动只是被视为一个创办新组织的朴素事实。20 世纪 80 年代,信息技术的发展在全球范围内引发了创业热潮,创业实践发生了很大变化,由此,创业过程的研究得到广泛关注。正是在对创业过程的研究中,"创业"的概念才被提出并被广泛讨论。

在中文中,第 7 版《辞海》显示,"创业"是指"创立基业"。如著名的诸葛亮《出师表》中,开篇讲到"先帝创业未半,而中道崩殂"。这是中文语境中,"创业"一词最典型的用法,通常用于表达开国皇帝开创帝业的意思,且这一开创的过程较为艰难。

在英文中,Venture 和 Entrepreneurship 这两个单词都有创业的意思,但两者的范围和关注的重点不同。Venture 是指涉及风险的商业活动或项目,通常以产生利润或实现特定目标为目的。它涵盖了广泛的商业活动，包括创业、投资、合资或任何为追求特定目标而承担风险的商业努力。它可以是营利性的、非营利性的、社会性的，也可以是其中二者的结合。Entrepreneurship 则是一个更广泛的概念，主要是指识别、创造和追求建立创新企业的过程。这个概念更关注创业者应有承担风险的意愿、创新思维以及有效组织和管理资源的能力。

2. 创业概念的发展

在研究初期，创业活动整个过程作为研究对象，"创业"的含义一般就被默认等同于创办新组织。在研究深入后，创业活动中的创业行为和过程被作为研究对象时，对"创业"概念的界定才变成研究的重要内容。但是，在研究领域，至今没有形成广泛认同的对于创业的标准化定义。许多学者根据自己的研究视角或内容，提出了各自的定义。

熊彼特被认为是最早构建创新与创业理论体系的经济学家。在熊彼特的早期研究中，他首先关注到了在微观层面，创业企业开展的创业活动。他提出创业活动并不限于生产或贸易的管理与组织中，还包括使用未尝试的技术、制造一项新商品、以新的方式改造旧产品、开辟材料的新供给来源，以及为产品提供新出口供应渠道或重组产业。他强调创业就是充满信心的创新，超越熟悉的范围界限、组织新行动。

之后，著名的管理学大师德鲁克继承并发展了熊彼特的理论。他认为创业不仅是创办新组织或开展新业务，更是一个创新的过程，这个过程中，新产品或新服务的机会被确认、被创造，最后被开发出来产生新的财富。他强调了创业者在创业过程中的重要性。

20 世纪 60 年代，美国创业教育的领袖人物蒂蒙斯建立了创业过程模型，这一模型是对创业概念的深化。在蒂蒙斯的模型中，他认为商机、团队和资源是核心要素，创业过程是这三个要素匹配和平衡的结果。

从上述研究的发展过程中可以看出，对于创业内涵的理解，应包括表象层面的创建新的组织或开展新业务，以及本质层面的创新。本书认为，创业是创业者识别并开发创业机会，组合资源，创造新价值的过程。

（二）创业的类型

对创业类型的划分有助于我们更清晰地认识创业活动的面貌。在研究领域，学者们通常根据研究的内容和视角的不同对创业类型进行分类。按照蒂蒙斯的创业活动模型三要素,可以依据创业活动中三要素的不同内容对创业活动进行分类。

1. 按照商机分类

按商机的识别程度划分,可以将商机分为显性商机和潜在商机。商机,顾名思义是指商业机会,更通俗地讲是指获取商业利润的机会。商机的发现是创业活动开展的基础。显性的商机是指已经被识别的且已经为组织创造财富的产品与服务,潜在的商机则是指尚未被发现或者识别的能创造财富的产品和服务。创业活动的开展可以基于显性的商机,也可以基于潜在的商机。

利用显性的商机进行的创业活动通常被视为模仿型的创业活动。由于商业机会清晰,通过对利用同类商业机会的公司的模仿,可以快速进入市场并获得收益。相对而言,这种创业方式容易成功,风险较小。

利用潜在商机进行创业可以被视为创新型的创业活动。潜在商业机会的识别及利用取决于创业者个人的能力和经验,创业过程通常包含新产品的开发、新市场的开拓、新技术的运用、新的运营模式等创新行为。由此,利用潜在商业机会进行的创业活动风险相对较高,但是,一旦成功,收益也高。

2. 按照创业团队来源划分

按创业团队的来源划分,可以将创业活动分为个体创业和公司创业两种。

个体创业是指团队成员由自然人组成,创业活动是通过创业团队中的自然人的能力、经验、精神展开的。通常,有经验、有资源并具有企业家精神的人更容易在个体创业中获得成功。例如,著名的仙童半导体公司,经常有员工离开公司进行创业,这些员工在仙童公司工作过程中积累了经验、技术等,因此,在创业过程中,相对容易成功。

公司创业也被称为内部创业,是指由一些有创业意向的企业内部员工发起,在企业的支持下针对企业内部某些业务内容或工作项目进行创业并与企业分享成果的创业模式。在公司创业中,创业人员不离开公司,并在创业过程中能获得公司的多项支持。因此,这种创业模式通常被视为一种员工激励措施。通过员工在公司创业,激发员工的潜力和活力,改善内部分配机制,是一种员工和企业双赢的管理制度。例如,3M公司为推动内部创新,积极鼓励员工内部创业,通过建立相应的体制机制和创业项目管理制度,保障了员工内部创业的顺利进行,也推动了企业的可持续发展。

3. 按照资源利用划分

按对资源的利用方式划分,可以将创业活动分为资源再利用型和资源创造型两种。创业活动中所需的资源包括政策、信息、科技、资金、人才、管理等。

资源再利用型创业是指在创业过程中,选择已经存在的资源,只是在资源的利用方式上进行改变,形成新的产品或者业务。新的产品或业务可能创造新的市场需求,更好地满足消费者需求,在市场中更有竞争力。这类创业活动可能创造新的市场,也可能只是对原有市场的瓜分,导致其他公司市场份额的减少。如餐饮店开展外送业务,就是对原有资源的再利用,形成新的业务。餐饮店原有的菜品和服务是面向堂食消费者的,当餐饮店开展外送业务时,从菜品选择到烹饪设备、人员结构、管理方式、营销方式都会发生较大的变化,是一个创业过程。

资源创造型创业是指在创业过程中,识别并利用新的资源形成新产品或者新业务。科技资源通常是创造型资源,如互联网技术的各种运用。这类新产品或者新业务往往在市场中形成了产品的迭代升级,在市场竞争中有较大的优势。互联网技术的应用极大地降低了创业门槛,而且使创业企业可以主要依靠市场的力量获得成功。

(三)创业的意义

1. 创业促进经济增长

经济增长理论的研究认为知识与劳动力和资本一样能促进经济发展,但是,不同于其他两个要素,知识在促进经济增长的过程中需要一个商业化的过程。创业正是实现知识促进经济增长的重要路径。国内外很多研究表明,创业增加有利于经济的增长。如 Mueller(2006)研究指出,创业有助于知识的流动,被识别和开发应用,从而通过创新促进经济发展。在我国经济进入新的发展阶段之际,国家提出"大众创业、万众创新"的号召正是基于创业对经济的促进作用,激发民众的创业精神,为经济的持续发展提供动力。

当然,创业也会失败,并造成一定的损失。但是,创业失败也是有重要意义的。它为创业者提供了相应的知识和经验,是新的创业活动的重要基础。

2. 创业促进就业

创业活动创建了新的组织,开拓了新的市场,从而创造了新的就业机会。在信息技术迅猛发展的过程中,一些传统行业受到冲击和影响,部分就业岗位消失,但是,基于信息技术的创业公司通过创新,创造了新的就业岗位和机会,改变并优化了传统的就业结构,促进了人力资源的合理配置和利用。当前,我国将创业与就业一起作为人力资源使用与发展同等重要的路径予以推进。如教育部印发的促进高校毕业生就业创业的举措中,就业与创业被置于同等重要的位置。

小专栏 1-1　认识中小企业

初创企业在初期规模较小,一般都属于中小企业。很多大学生不愿意去中小企业就业,对中小企业存在一定的偏见。中小企业是我国经济韧性、就业韧性的重要支撑。截至 2021 年末,我国中小微企业法人单位数量达 4800 万户,占全部规模企业法人单位的 99.8%,吸纳就业占全部企业就业人数的 79.4%。中小企业既提供了大量物质产品和服务,又成为吸纳和调节就业的"蓄水池"。党的十八大以来,我国促进中小企业发展的政策体系、服务体系不断完善,发展环境不断优化,中小企业呈现又快又好的发展态势,对经济社会发展全局做出重要贡献。

我国工业和信息化部下设中小企业局,专门负责培育扶持"专精特新"中小企业,推动建立完善中小企业服务体系,协调开展中小企业纾困工作,促进中小企业发展和对外交流合作。我国还颁布了《中华人民共和国中小企业促进法》改善中小企业经营环境,保障中小企业公平参与市场竞争,维护中小企业合法权益,支持中小企业创业创新,促进中小企业健康发展,扩大城乡就业,以发挥中小企业在国民经济和社会发展中的重要作用。2019年,国务院办公厅印发《关于促进中小企业健康发展的指导意见》,加大对中小企业创新支持的力度,提升中小企业专业化发展能力和大中小企业融通发展水平,促进中小企业健康发展。其中,国家特别重视中小企业"专精特新"发展,并在此基础上培育一批专精特新"小巨人"企业。2021 年我国规模以上工业中小企业平均营业收入利润率 6.2%,比 2012 年末高 0.9 个百分点,发展质量效益不断提升,大量新技术、新产业、新业态、新模式"四新经济"都源自中小企业。2021 年我国"四新经济"新设企业 383.8 万户,占新设企业总量的 42.5%。此外,已培育省级专精特新企业 4 万多户、前三批国家级专精特新"小巨人"企业 4762 户、制造业单项冠军企业 848 户。

资料来源:根据工信部官网相关文献整理

3. 创业促进民富

就业被认为是民生之本,创业则被认为是民富之源。在创业活动中,创业者通过对资源的优化和自身的努力,创造了更多的财富。同时,在创业的过程中,通过产业链、供应链等渠道,带动更多的人和资源,从而创造更高的经济价值和社会价值。如,当前鼓励返乡创业的号召,就是通过各种人才回到乡村创业,为乡村带来新的资源、技术、资金等,优化乡村的产业结构,带动乡村就业,促进农民增收。因此,创业活动不仅增加了创业者收入,也能带动一定区域内民众的脱贫致富。

二、创业与创新的关系

(一)创新的内涵

1. 创新概念的提出及发展

在汉语中,"创新"一词最早出现时并不是现今的含义,主要是指制度方面的改革、变革、革新和改造,并不包括科学技术的创新。据考,"创新"最早出现在《魏书》中,"革弊创新者,先皇之志也"。20 世纪 80 年代,英语中的 Innovation 被翻译为创新,并有了现代语境下的意义。《现代汉语辞海》中对"创新"有三个解释:(1)提出解决问题的新途径;(2)完成一项新设计或新方法;(3)创造一种新的艺术形式。

在英文中,创新(Innovation)一词起源于拉丁语,作为名词,它包含了三层意思。第一层意思是指各种新事物、新方法等的一个抽象的创新概念,第二层意思是指创新、改革活动本身,第三层意思则是指创新精神。

在熊彼特构建的创新与创业理论体系中,他认为创新就是进行一种新的要素的组合,它包括以下五种情况:(1)采用新产品或产品的新特性;(2)采用新生产方法;(3)开辟新市场;(4)获得新供应来源;(5)实现新的工业组织。熊彼特甚至认为,执行上述创新的人才是企业家。他强调企业家对上述资源进行整合的能力,但同时,他也认为企业家不需要是技术的发明者,而是能利用技术发明创造商业价值。因此,在熊彼特的概念中,创新更倾向于是一种能力。后续基于管理学的创新研究,大多是在此基础上发展和深化的。

鉴于创新对社会经济发展的重要推动作用,各个领域都广泛开展了创新的研究,也形成了关于创新的各种定义。例如,Cumming(1998)认为创新是创造新产品或新工艺,Knox(2002)则认为创新是提供更好质量或价值的新方法。也有学者提出,创新是一种知识或新想法的创造(Chaharbaghi 和 Newman,1996 年;McAdam 等人,1998;Urabe 等人,1998)。我国管理学领域的学者也提出了相关的解释。如王重鸣(2020)"把创新定义为以新流程把创意知识转换成体现新客户价值的产品与服务的行动"。这些概念都是基于组织内部某个环节或流程提出的,属于管理创新。

综上所述,本书认为,创新是发现新的知识,创造新的技术、设备、方法、工艺、模式等,表现为对已有认知的全新突破和贡献。

2. 创新的内容

创新的概念主要对创新这一现象进行了描述,创新活动涉及多种内容,但主要可以分为两大类内容:管理创新和技术创新。

熊彼特构建的创新概念,从本质上看,属于管理创新,是指组织内部管理方式方法的各种变革,这些变革最终促进了组织运行效率的提升。管理创新具体表现为管理制度的改变、组织结构的调整等。

技术创新是在迅速推进的信息技术革命浪潮中凸显出来的,技术创新本质上是对原有知识认知的一种突破。熊彼特的创新概念更偏重管理,技术创新没有明确提及。

当前,技术创新全面改变了社会经济生活的各个领域,被认为是最重要的创新。第四次工业革命、新一轮信息革命等不同词汇都是从不同的视角对当前信息技术创新发展的描述,其核心是反映了信息技术的创新发展对人类生产生活方式的巨大而深刻的影响。技术创新已经成为创新最核心的内容。相较于管理创新,技术创新对经济社会发展具有更强的驱动力和变革能力。

3. 创新的基本方法

创新的基本方法主要是提供创新的思维逻辑,为创新实践提供探索的方向。创新的基本方法可以归纳为"4R+2I"。

重新定义(Redefinition)是指从一个新的角度来看待该领域的现状,对相关领域的范围重新进行界定;重新定向(Redirection)是指将该领域从目前的方向推向一个新的不同方向的尝试;重新构建(Reconstruction)是指用新的方法或者材料重新构建原有的事物,事物本身可能没有变化,但构建的过程有创新性改变;重新启动(Reinitiation)是指用新的方法或者路径重新启动原有的但没有达成的任务目标。推动(Incrementation)是指在原有的成果基础上进一步地推进和发展,这类推进可以是渐进式的,也可以是跨越式的;整合(Integration)是指将已有的被视为截然不同甚至对立的两类或更多类贡献的各个方面结合在一起,试图推动该领域的发展。

(二)创业与创新的关系

创业与创新是紧密联系、相辅相成、不可分割的两个过程。

1. 创业转化创新

如前文所述,创业的基础是创新。在各个领域以各种方式开展的创新探索只是一个过程,探索的成效是需要通过应用来检验的。高校大学生创新探索的检验存在一个误区,往往把获得专利、发表论文、获得奖励作为创新探索的成果。实际上,专利、论文奖励等成果是创新探索过程的一种规范化展示和认定,并不能检验创新的真正成效。检验创新成效,尤其是科技创新成效的方式是创业,即将创新成果产业化。无论什么样的创新,都需要转化为实际的产品、技术或服务,才能真正被人们所利用。因此,通过创业活动能使创新成果得到转化,即通过产业化,才能检验该项创新是否能解决社会问题,推进经济发展。

2. 创新促进创业

创业是一项比较困难的实践活动,这是由创业活动的复杂性、系统性、不确定性等特点决定的。全球创业观察(Global Entrepreneurship Monitor,以下简称 GEM)2001 年的报告对创业动机进行划分并做了分析。报告提出,创业有两种动机,一种是生存型动机,一种是机会型动机。生存型动机主要指通过创业获得基本的生存收入,而机会型动机则是基于一个好的想法或者好的商业机会而自愿进行创业活动。报告研究发现,在低收入国家,生存型创业占比较高,在高收入国家,机会型创业占比较高。机会型创业本质上是创新驱动的创业。因此,随着社会经济的不断发展,创新推动创业将成为主流。创新推动的创业实践更有竞争力,且更有价值,创新活动就能更好地促进创业实践的开展,最终推进社会经济的发展。

(三)创新型国家的建设

习近平总书记在党的二十大报告中强调,要坚持创新在我国现代化建设全局中的核心地位。按照党中央的决策部署,把加快建设创新型国家作为现代化建设全局的战略举措,坚定实施创新驱动发展战略,强化创新作为第一动力的地位和作用,突出以科技创新引领全面创新,具有重大而深远的意义。

1. 创新型国家的含义

创新型国家的主要标志是,科技和人才成为国力强盛最重要的战略资源,劳动生产率、社会生产力提高主要依靠科技进步和全面创新,拥有一批世界一流的科研机构、研究型大学和创新型企业,具有创新的法律制度环境、市场环境和优良文化环境。创新型国家的本质是依靠创新活动推动经济发展和竞争力提高,其测度指标主要体现在创新资源、知识创造、企业创新、创新绩效、创新环境等方面。2022年,经过十年的建设,我国深入实施创新驱动发展战略,坚定不移走中国特色自主创新道路,大力建设创新型国家和科技强国,科技事业发生了历史性、整体性、格局性重大变化,成功进入创新型国家行列。

2. 建设创新型国家的意义

加快建设创新型国家是我国迈向现代化强国的内在要求。科技是国之利器,世界上的现代化强国无一不是创新强国、科技强国。加快建设创新型国家是解决我国新时代社会主要矛盾的必然选择。当前,我国社会主要矛盾已经转化为人民日益增长的美好生活需要和不平衡不充分的发展之间的矛盾。特别是经济发展大而不强、大而不优,要素驱动力明显减弱,新动能还未全面接续,经济社会发展对科技创新的需求从未像今天这样迫切。加快建设创新型国家是抢抓新科技革命和产业变革历史机遇的战略举措。当前,全球新一轮科技革命和产业变革孕育兴起,正在引发国际产业分工重大调整,进而重塑世界竞争格局、改变国家力量对比。我国既面临赶超跨越的难得历史机遇,也面临差距拉大的严峻挑战,唯有加快建设创新型国家,全面增强科技创新能力,力争在重要科技领域实现跨越发展,才能在新一轮全球竞争中赢得战略主动。

3. 实施创新驱动发展战略

党的十八大以来,我国在实施创新驱动发展战略上取得显著成就,科技进步对经济增长的贡献率从2012年的52.2%提高到2016年的56.2%,有力推动了产业转型升级。持续提升我国经济发展的质量和效益,拓展了我国发展的新空间。面对激烈的国际竞争,我们要持续实施创新驱动发展战略。

大学生的创新创业活动更要紧密联系国家创新发展需求,围绕"面向世界科技前沿、面向经济主战场、面向国家重大需求、面向人民生命健康",关注重点领域的创新。一是围绕新一代信息网络、智能绿色制造、现代农业、现代能源等领域推动产业技术体系创新,注重运用新技术新业态改造升级传统产业,以技术的群体性突破支撑引领新兴产业集群发展。二是促进技术创新与管理创新、商业模式创新融合,拓展数字消费、电子商务、现代物流、互联网金融等新兴服务业,大力发展数字经济、平台经济、共享经济、智能经济。推动科技创新重点领域取得新突破是当代大学生创新创业实践的重要使命和任务。

第二节　大学生创新创业实践

随着我国社会经济的快速发展以及全球信息技术革命的深入,创新创业被视为推动国家经济发展的重要引擎。2000年,党中央、国务院对实施科教兴国和可持续发展战略进行了全面部署,以文件形式正式提出"以培养适应新世纪我国现代化建设需要的具有创新精神、实践能力和创业精神的高素质人才为宗旨"的大学生培养目标。2015年,国务院办公厅《关于深化高等学校创新创业教育改革的实施意见》(国办发〔2015〕36号)发布,中国"互联网＋"大学生创新创业大赛(该赛事于2023年12月更名为"中国国际大学生创新大赛")的举办,在全国大学生中掀起创新创业实践的高潮。

一、大学生创新创业实践的意义

(一)培养开拓创新的精神

创新是一个民族进步的灵魂,是一个国家兴旺发达的不竭动力,也是中华民族最深沉的民族禀赋。党的十九届六中全会从十个方面总结概括党百年奋斗的历史经验,其中一个重要方面就是"坚持开拓创新"。一百年来,我们党领导人民披荆斩棘、上下求索、奋力开拓、锐意进取,不断推进理论创新、实践创新、制度创新、文化创新以及其他各方面创新,敢为天下先,走出了前人没有走出的路,任何艰难险阻都没能阻挡住党和人民前进的步伐。我们党的百年征程,书写了一部开拓创新的史书。敢于开拓创新,能够打破条条框框的限制,根据实际情况不断创造独特的中国方案、中国智慧,这是百年奋斗的重要经验启示,更是中国特色社会主义制度优越性的重要体现。

在民族复兴的征程上,每一代人都有每一代人的责任和担当。当前,我国面临复杂的国际形势,经济运行面临各种风险和挑战。在全球科技领域,学科交叉融合加快、新兴学科不断涌现,科技创新、转化和产业化的速度不断加快,原始科学创新、关键技术创新和系统集成作用日益突出。科技创新在经济领域中的地位凸显。当代大学生承担着建设中国特色社会主义、实现中华民族伟大复兴的历史使命,高素质创新人才是当代大学生的成长目标。

在校学习期间,除了学习好各项知识和技能,打下扎实的专业基础以外,大学生更要培养创新开拓的精神和能力。拥有创新开拓的精神才有勇气挑战各项困难和未知,积极找寻解决问题的方案和路径,且坚持不懈。创新开拓的能力是有洞察力、思考力和实践能力;是能发现问题,并能通过学习和探索解决问题的能力。创新创业实践的核心要素是做没有做过的事情。做日常的工作不是创新,纸上谈兵写计划不是真正的创业。因此,创新创业实践是培养当代大学生开拓创新精神的重要路径。

(二)树立正确的价值观

价值观是人的自我意识的核心,引导、制约、规范着人的实践活动和全部社会生活,直接而深刻地影响着社会的凝聚力和创造力。马克思主义认为,人的价值,就是指人对自己、他人乃至社会需要的满足。人的价值包含两个方面,其一是社会价值,其二是人的自我价值。具体地说,就是人通过自身的实践活动,充分发挥其体力和智力的潜能,不断创造出物质财富和精神财富,在满足自身需要的同时,满足他人和社会的需要。

马克思在中学毕业论文《青年在选择职业时的考虑》中表达了自己要为人类的幸福和自身的完美而奋斗的志向。马克思正是在这一崇高理想的激励下,为全人类做出了杰出贡献,同时也成就了自己辉煌的一生。把人的社会价值确定为贡献,是马克思主义历史哲学在对人与社会互助关系深刻理解的基础上,对人的社会价值本质的正确揭示。可见,奉献主要体现于个人对他人和社会需要的满足,即体现于人的社会价值。

在个人成长的过程中,需要有正确的价值观的引领,同时也需要通过不断的实践,取得成果,让个人的价值逐渐得到实现。在创新创业实践中,首先要明确创业的初心,这就是创业观。创业观是创业者对创业的根本观点,反映的是创业者对于创业的基本理解和价值愿景。价值愿景正是个人价值观的重要组成部分。其次,创新创业过程是一个价值积累的过程,并最终取得成果,创新创业成果的取得强化了个体对价值观的认知。最后,创新创业失败也是创新创业实践的重要成果,使创业者获得重要的经验教训,同时考验并强化了创业者的毅力和决心。因此,创新创业实践能帮助大学生树立正确的价值观。

（三）构建成长新路径

青年的命运始终与时代紧密相连。习近平总书记在庆祝中国共产主义青年团成立一百周年大会上的讲话指出："新时代的中国青年,生逢其时、重任在肩,施展才干的舞台无比广阔,实现梦想的前景无比光明。"立足社会主义初级阶段这一基本国情,国家对具有科学知识的高素质人才的渴求比以往任何时候都更加强烈,这为青年学子的成长创造了无限的可能,当代青年学子的成长路径也呈现多元化的趋势。

由于个体的差异,每个人的成长路径都不相同。大学生可以深耕专业领域,攻坚克难,开展科技创新;可以投身经济领域主战场,开展创新创业;也可以进入基层实践大熔炉,贡献聪明才智。各种成长路径最终都服务于中国特色社会主义建设,同时助力大学生实现自身价值和理想。各种成长路径没有好坏之别,没有轻松困难之分。大学生根据自身的能力特征和兴趣爱好,选择适合自身的成长路径是实现人生理想的关键。

大学生参与创新创业实践活动,才能对自身的能力和兴趣爱好有清晰的认知,才能为成长道路的选择打下基础。创新创业实践活动具有复杂性、创新性、综合性等特点,与常规的学习活动有明显的区别,实践中出现的各种问题和困难常常超出现有的认知,因此,创新创业实践活动为大学生的学习和成长创造了特别的环境和场景,以帮助大学生更好地认识自己和社会,也才能帮助大学生走上适合的成长路径。

二、大学生创新创业实践"三步走"

（一）提升认知

大学生创新创业实践活动的第一步是提升认知力。信息时代,以掌握知识为目标的学习已经不能满足社会发展的需求。2016年教育部发布《中国学生发展核心素养》研究成果。该成果指出,学生发展核心素养指学生应具备的,能够适应终身发展和社会发展需要的必备品格和关键能力,是关于学生知识、技能、情感、态度、价值观等多方面要求的综合表现。认知力的提升贯穿必备品格和关键能力培养的全过程。

认知力是指主观对非主观的事物的反应能力。认知力越高,反应越接近事物的本质,也越能够以更为清晰、有效的方式处理问题。诺贝尔经济学奖获得者阿比吉特·班纳吉与埃斯特·迪弗洛撰写了《贫穷的本质：我们为什么摆脱不了贫穷》一书。这本经济学著作，通过调查贫困人群最集中的 18 个国家和地区，从穷人的日常生活、教育、健康、创业、援助、政府等多个方面，探寻了贫穷真正的根源。书中指出：认知力不足是造成贫富差距的重要原因之一。当前，认知力逐渐被视为基础性的核心能力。

认知力是可以通过训练得到提升的。训练的内容主要有两个方面：一是加大知识储备。通过持续的阅读、学习，积累不同的知识，通过强化理解、融会贯通，可以实现认知的升级。二是掌握思维工具，改进思维的方式和能力。全面提升认知力是大学生创新创业实践的首要任务和目标，也是开展创新创业实践的重要基础。

（二）创新探索

大学生创新创业实践的第二步是创新探索。在实践中探索，在探索中创新，创新与探索是创新实践的核心过程。高校作为科技第一生产力和人才第一资源的重要结合点，肩负着培养创新人才和提升创新能力的双重使命。在创新型国家建设中，高校是重要的创新源。当代大学生在学习实践过程中开展创新探索有天然的优势。

高校各个专业领域基础理论和基础知识的学习，为大学生创新探索打下重要基础。通过专业知识的学习，培养良好的专业素养，是创新的基础。同时，在高校的创新创业教育体系中开展的诸如批判性思维训练等教学活动则帮助学生转变应试、跟随的思维方式，提升思考能力，为创新探索提供思维动力。

创新探索实践过程的推进，最核心的是探索精神的培养。探索精神的培养首先是培养勤于思考、善于思考的习惯，积极主动地思考；其次是持续的思考，"打破砂锅问到底"，努力发现问题的本质；最后是积极尝试新的方法和路径。探索是一个过程，要落到实处。新的方法和路径的尝试是创新探索实践的落脚点。没有尝试，创新探索只停留在想象层面，不是真正的创新。

（三）创业实践

大学生创新创业实践的第三步就是创业实践。大学生在校期间的知识积累和科研创新，最终可以通过创业实践过程转化为实际的社会贡献和价值创造。没有创业实践的转化，科研创新只停留在实验层面，创新的价值和意义就不能得到确认，个人价值也难得到体现。青年是最富有活力、最具有创造性的群体。通过创业实践，将自己的科研成果和国家需求、人民需要紧密结合，才能真正在民族复兴的伟大征程中贡献自己的力量。

大学生的创业实践不一定要以获批市场监督管理部门的营业执照为标准。根据 GEM 的定义，初期创业活动(Total Early-stage Entrepreneurship Activity，TEA)有 3 个要素：投入资源、运行一项业务、支付工资。这一过程不超过 42 个月。超过 42 个月仍在平稳运行的，就被视为一个成熟运行的项目，其经营活动不属于创业活动范围。另外，创业活动最开始的阶段，创业者投入资源运行一项业务 3 个月，即使没有支付任何工资，仍被视为初期创业活动的范围。因此，大学生创业活动的实践可以将业务的开展作为起点，确定一项业务活动并运转实施，能持续一段时间，都可以被视为创业实践活动。

对大学生创业实践活动的界定拓宽了创业实践活动的思路，也更符合大学生创业实践活动的实际。从一个小的可行的项目做起，在实践中不断积累经验，逐步扩大业务规模和范围，最终实现正式的公司化运营。

小专栏 1-2　GEM

GEM 是由美国百森学院和英国伦敦商学院共同发起的一项关于各国创业活动发展情况的研究项目。该项目已成为全球创业和创业生态系统状况最丰富、可靠的信息来源，成为了解创业活动发展现状的重要参考。它不仅每年发布《创业板全球报告》，还每年发布一系列国家和专题报告。1999年，该研究项目发布了第一份年度报告，首次年度研究覆盖 10 个国家。自那时起，全球各地约 120 个国家和地区参与了 GEM 研究，GEM 成为世界上最大的正在进行的创业动态研究。

全球创业报告项目旨在回答 3 个基本问题：(1)不同国家的创业活动水平是否不同，如果不同，会有多少不同？(2)创业活动的差异是否与国民经济增长有关？(3)哪些国家特征与创业活动的差异有关？

GEM 认为，创业活动是社会健康和财富的重要驱动力，也是经济增长的强大引擎。它促进必要的创新，不仅需要利用新的机会、提高生产力和创造就业机会，而且还需要解决一些社会面临的最大挑战，例如联合国可持续发展目标(SDG)或不同全球事件的冲击。

当前，各国政府和其他利益相关者越来越需要可靠和可信的数据来做出关键决策，以刺激可持续的创业形式并促进全球健康的创业生态系统。为了全面了解创业生态系统,重要的是要超越官方统计数据,例如注册企业的数量,利益相关者需要了解人们对创业的实际看法。这成为 GEM 的重要使命。

从第一份报告发布以来,GEM 直接从企业家那里收集数据开展研究,向决策者提供了关于如何以最佳方式促进创业以推动增长和繁荣的宝贵见解。通过 GEM,学者能够运用独特的方法学方法在国家一级研究创业。决策者能够做出更好的知情决策,帮助企业家和企业家生态系统蓬勃发展。企业家更能了解在哪里投资以及如何影响关键利益相关者,以便他们获得所需的支持。赞助商则通过与 GEM 的合作既可以促进其组织利益,也可以获得更高的知名度。国际组织也可以将 GEM 指标合并或集成到自己的数据集中,或使用 GEM 数据作为自己分析的基准。

全球创业观察网址:https://www.gemconsortium.org

资料来源:根据 GEM 官网信息及其年度报告整理

第三节　大学生创新创业扶持政策

一、创业实践服务平台概述

开展创新创业实践活动是创新创业教育的重要环节。为更好地开展创业训练实践活动,需要搭建行之有效的实践服务平台。国务院办公厅《关于深化高等学校创新创业教育改革的实施意见》中明确提出"鼓励各地区、各高校充分利用各种资源建设大学科技园、大学生创业园、创业孵化基地和小微企业创业基地,作为创业教育实践平台,建好一批大学生校外实践教育基地、创业示范基地、科技创业实习基地和职业院校实训基地"的要求,以加强创新创业实践。

(一)创业实践服务平台的发展历程

在早期,创业实践服务平台往往以工业园区或者科技园区的形式出现。斯坦福工业园是世界上可追溯的、具有固定规模的、历史最久远的科技创业园区。"二战"结束后,美国大学回流的学生骤增,金融财务需求和就业需求不断扩大。

1951 年,斯坦福大学教授弗雷德·特曼建议学校开辟固定场地作为工业园,允许高新技术公司租用,并且为初创企业提供风险资本,这是世界上第一个科技工业园区。斯坦福工业园不仅奠定了后期硅谷科技园区的基础,也彻底改变了斯坦福大学的格局,弗雷德·特曼因此被尊称为"硅谷之父"。斯坦福工业园区内最早入驻的公司是 20 世纪 30 年代由斯坦福毕业生创办的瓦里安公司。惠普是园区内孵化最成功的典型案例。

随着资金、人才、技术的不断集聚,斯坦福工业园不断向南部延伸,成为后来乃至今日的世界科技创新中心——硅谷。由其名字可知,硅谷企业最初是以研究和生产硅类半导体芯片为主的,经历了半个多世纪的发展,硅谷逐渐成为全球电子工业和计算机产业的王国,是世界上最著名的高新科技产业聚集区。园区不仅容纳了谷歌、甲骨文、脸书、特斯拉等科技企业巨头,也吸引了全球各地具有不同文化背景的高端科技人才,同时拥有大量创新型技术和风投资金。据不完全统计,硅谷集结了美国各地和世界各国科技人员 100 万人以上,每年获得的专利数量占全美国的 10％以上,风险资本占全美国的 26％,以不到美国 1％的人口贡献了美国 5％的 GDP。

随着第三次工业革命的快速发展和经济全球化的大势所趋,计算机信息技术带来的产业变革浪潮席卷全球,各国的高新技术小企业如雨后春笋般层出不穷,资金、人才、技术形成集聚效应,创新创业热情前所未有地高涨。中国的中关村、华强北等高新产业基地集科技、教育、文化于一体,与高等教育相互渗透,基础研究、应用研究、高新技术研究相互衔接,知识经济方兴未艾。"印度硅谷"班加罗尔从重工业开始转型,吸引大量信息科技新兴企业,成为印度乃至全亚洲的著名高科技工业园区。

时至今日,以人工智能、新材料技术、分子工程、石墨烯、虚拟现实、量子信息技术、可控核聚变、清洁能源以及生物技术等为技术突破口的第四次产业革命正蓄势待发,将会催生更多新业态、新技术、新企业,类型丰富、服务完善、要素集聚的创业实践服务平台也在同步迭代,为新一轮创新创业浪潮提供必要的物质基础。

(二)创业实践服务平台的作用

创业实践服务平台是为创业者创业活动提供各种支持和资源的地方,包括众创空间、孵化器、加速器、创业园等多种形式和类型,帮助创业者实现从创业想法到创业实践的落地。创业实践服务平台通常聚集了丰富的创业资源,包括创投机构、创业导师、政策解读、金融支持等,为创业者提供一站式的资源整合服务,降低了创业的门槛。其作用主要体现在以下四个方面。

1. 硬件设施提供

创业实践服务平台提供适合创业团队的办公场地和基础设施,如共享办公空间、会议室、高速网络等,帮助创业者降低初始运营成本。许多平台会针对创业者的群体特征,给予场地租金减免、水电费减免等优惠引入措施,对创业者初期具有重要的帮助。

2. 创业资源集聚

创业实践服务平台通常有一支经验丰富的导师团队,为创业者提供专业的指导和建议,帮助他们规划发展战略、解决实际问题。平台会组织丰富多样的创业培训和课程,涵盖创业知识、团队建设、市场营销等方面,提升创业者的综合素质。

3. 金融和政策服务

创业实践服务平台通常能够为创业者提供融资渠道和推介服务,帮助他们实现多轮融资,支持企业的持续发展。创业实践服务平台可以协助创业者了解和获取相关政策扶持,提供法律和知识产权方面的支持,降低创业过程中的法律风险。

4. 创业文化氛围

创业实践服务平台有助于建立积极的创业文化,激发创新创业的热情,培养创业精神,推动创业生态的健康发展。在创业实践平台内,创业者可以与其他团队建立联系,共享经验,形成良好的创业社交网络,有助于资源共享和合作机会的发现。

总体而言,创业实践服务平台为广大创业者提供了一个有利于创新和发展的环境,提高了创业的成功率,也推动了创业文化的培育和创新创业生态系统的形成。

(三)创业实践服务平台的类型

创业实践服务平台的类型多种多样,其中有许多的重叠功能,每种类型的平台各有自身的特点和优势,所服务的创业对象也不尽相同。厘清各个平台之间的差别和联系,对于创业者利用资源、开拓业务具有关键作用。目前,在全球范围内,各个创业实践服务平台的构成、名称、功能等属性暂无统一分类标准。以下介绍几种比较主流的类型。

1. 众创空间

根据国务院办公厅《关于发展众创空间推进大众创新创业的指导意见》，众创空间是指"低成本、便利化、全要素、开放式的，实现创新与创业相结合、线上与线下相结合、孵化与投资相结合，为广大创新创业者提供良好的工作空间、网络空间、社交空间和资源共享空间的新型创业服务平台"。《国务院关于进一步做好新形势下就业创业工作的意见》中，将众创空间称为"新型孵化机构"。

在科技部《发展众创空间工作指引》的表述中，众创空间是"顺应新一轮科技革命和产业变革新趋势、有效满足网络时代大众创新创业需求的新型创业服务平台"。众创空间作为针对早期创业的重要服务载体，为创业者提供低成本的工作空间、网络空间、社交空间和资源共享空间，与科技企业孵化器、加速器、产业园区等共同组成创业孵化链条。

从当前各个来源的解释和说明来看，众创空间应该是较为初级的创业服务生态体系。一个"众"字，突出了定位的大众化、平民化，位于创业生态链中的前端。一般来说，众创空间应当具备以下特点。

（1）开放与协同：面向所有公众群体开放，采取部分服务免费等形式为大众创业者提供相对较低成本的创业环境。平台内部定期举行各类活动，例如沙龙、论坛、讲座等，促进入驻者之间的交流，提供协同办公、资源共享、互通有无的良好氛围。

（2）互动与便利：空间提供多重要素、多种维度的资源互动，力求创新与创业互通，线上与线下结合，孵化与投资共存，达到多方共赢的最终目的。借助平台效应，向园区创业者尽可能提供创业初期需要的各种便利，例如金融贷款、法务咨询、创业补贴、营业执照注册等。

（3）全流程服务：提供创业活动全流程的完整服务，包括但不限于各种材料、硬件软件、家具设备、公共设施等，设立会议室、路演大厅等满足创业者进行业务洽谈、产品展示的相关需求。

具备上述特点的创业实践服务平台都可称之为众创空间，从表现形式来说，包括创客空间、创业咖啡、创新工坊、创业苗圃等。不同类型的众创空间在行业侧重点和组织形式上各有特点，但其核心要素都万变不离其宗。

2. 孵化器和加速器

企业孵化器（Incubator）和加速器（Accelerator）是众创空间发展的下一阶段。如果说众创空间面向的是普罗大众和草根创业者，那么经过初步筛选后，存活下来的企业就可以进入孵化器和加速器，这类创业服务平台为初创型企业提供所需的基础设施和一系列支持性综合服务,使其成长为成熟企业。

企业孵化器的概念有很长的历史渊源。1958 年左右,美国人口大量增加,共和党艾森豪威尔政府推动《联邦小企业投资法》(*Federal Small Business Investment Act*)等税收措施执行,推动著名的天使投资者概念以及小企业孵化器概念的产生。1959 年,约瑟夫·曼库索在原有基础上成立了世界上第一个孵化器——贝特维亚工业中心。在最初的 5 年间,该中心为这一地区创造了数以千计的就业机会。20 世纪 80 年代,孵化器开始在美国本土快速发展,并经英国和欧洲传向世界。进入 21 世纪,亚洲经济飞速发展,从而推动了大量孵化器的诞生和发展。当前,全球孵化器总数的 1/3 在亚洲地区,而中、日、韩三国的孵化器发展尤为繁荣。

加速器,顾名思义,是帮助初创企业加速发展的创业实践服务平台。美国协会的一项研究显示,孵化完成的企业如果不能获得加速项目的支持,其在 1 年内继续保持活跃状态的概率只有 20%,可见加速器的重要性。孵化器和加速器服务企业发展的不同阶段,有明显的差异性。表 1-1 从孵化时间、商业模式、筛选标准、合作方式等方面详细分析孵化器和加速器的区别。

表 1-1 孵化器和加速器的主要区别

	孵化器	加速器
孵化时长	孵化时间为 6—36 个月	孵化时间为 3—6 个月
筛选标准	拥有创业点子的初创企业,门槛较低	严格筛选出优秀的成长型初创企业
合作方式	以股权换取企业初期所需的综合性支持	企业以较少股权交换少量的资金和指导
培训	税务、法律、人力资源、产业战略等	结构化研讨会,精简高效的短期学习课程
退出方式	企业入驻一定时间后离开孵化器	没有明确要求,一般鼓励企业继续留下

资料来源:光谷创+(www.cplus.cc)

3. 大学生创业园

相较于其他类型的平台,创业园或创业小镇的占地面积更大,运作机制更加复杂,功能服务更加完善。根据入驻对象和企业特点等方面的差异,有留学人员创业园、科技企业创业园、大学生创业园、农村创新创业园等各个类型,大学生创业园是其中最重要的类型之一。

大学生创业园的面向对象是大学在校生或近期毕业生(一般为 5 年内)。由于大学生群体创业具有"缺资金、缺经验、缺场地"的特殊性和困难性,此类创业园通常会提供相较平均更加优惠的场租政策和更加全面的支持服务,主打低成本、便利化、全要素、开放式的平台特征,同时提供涵盖工商注册、项目申报、法律法务、创业培训、财务金融、政策补贴等全链路创业支持服务,成为广大学生创业者进行创业实践活动的不二选择。

近年来,青年学生的创新创业热情持续上升。全国范围内,各个等级、各种类型的大学生创业园层出不穷,为大学生创业活动提供了极大的便利,但同时也存在标准不一、管理困难的普遍性问题。2023年3月,《大学生创业园服务规范》(DB3301/T 0385—2022)杭州市地方标准正式发布,该标准是全国首个大学生创业园服务规范的标准,目标是利用标准化手段,着力打造与经济社会发展相适应、定位准确、功能齐全、服务优质、管理规范的示范性大学生创业园,进一步促进大学生创新创业高质量发展。根据文件,杭州市对新建的市级"大创园"给予100万元一次性建园资助,每两年对市级"大创园"进行绩效评估,对评估优秀、良好、合格的分别给予30万元、20万元、10万元运营资助。截至2022年底,杭州市共建立了26家市级大学生创业园,园内现吸纳入驻大学生创业企业1300余家,累计孵化成功6900余家,为杭州市的经济社会发展做出了突出贡献。

除此之外,杭州市还提出了创业陪跑空间的概念。创业陪跑,就是从最初萌芽探索,到后来的发展影响,逐步构建集创业融资、场地扶持、导师辅导、项目孵化、创业交流于一体的创业服务生态体系。相较于创业园的建设要求,创业陪跑空间的申报较为容易,场地空间、管理人员、运作机制也较为简单,认定门槛只要达到200平方米、有10家企业入驻即可。根据政策,成功认定为杭州创业陪跑空间,主办方每年可按规定享受5万元或10万元的主办方补贴;重点人群入驻经营实体可按规定享受3年不超过50平方米的房租补贴,补贴标准最高为3元/平方米·天。截至2023年12月,杭州市已认定创业陪跑空间56家,提供孵化场地面积近11万平方米,孵化重点人群创办企业1500家,带动就业约5000人。

二、大学生创新创业的政策支持

大学生是创新创业的生力军,近年来越来越多的大学生投身创新创业实践。领先世界的经济增速、稳定的社会环境、多元丰富的产业类型、不断迭代的商业模式,可以说在我国毕业生选择自主创业是具有良好的先天条件的。但在现实的创业实践中,不少大学生仍难免面临融资难、经验少、服务不到位等问题,这就需要多方帮扶、合力支持,构建适合大学生创新创业的社会环境,提供宽松优惠的扶持政策,通过开展创新创业培训、竞赛、论坛、讲座等多种形式提高大学生的创新创业能力,培养创新创业思维,才能全方位增强大学生群体的创新活力、提高创业成功概率。

(一)大学生创新创业金融和财税扶持政策

1. 金融贷款与税收政策

在金融贷款方面,国家对于不同类型的大学生创业活动推出了符合其群体特点的创业贷款优惠措施。一般来说,符合条件的高校毕业生,可申请最高 20 万元的个人创业担保贷款,由财政给予贴息。合伙创业的,可根据符合条件的合伙人数适当提高贷款额度。对高校毕业生创立的小微企业,最高贷款额度提高至 300 万元。

在税收政策方面,根据《关于进一步支持和促进重点群体创业就业有关税收政策的通知》,"毕业年度内及登记失业半年以上的高校毕业生,自办理个体工商户登记当月起,在 3 年内按每户每年 12000 元为限额依次扣减其当年实际应缴纳的增值税、城市维护建设税、教育费附加、地方教育附加和个人所得税。限额标准最高可上浮 20%。对月销售额 15 万元以下的小规模纳税人免征增值税"。符合条件的大学生可以到当地相关部门进行咨询、申请。

2. 创业补贴和租金减免

场地是大学生创业初期较为关键的因素之一。针对大学生创业群体"缺场地、缺资金"的普遍问题,国家出台政策规定政府投资开发的孵化器等创业载体应安排 30% 左右的场地,免费提供给高校毕业生。对于一些较发达的省份地区,可根据财政实力视情况对入驻的大学生进行不同程度的场地租金减免或其他形式的租金补贴,最大程度减轻大学生创业的经济负担。

除此之外,对首次创办小微企业或从事个体经营,且所创办企业或个体工商户自工商登记注册之日起正常运营 1 年以上的离校 2 年内高校毕业生,国家规定给予一次性创业补贴。具体补贴金额由当地人社部门根据实际情况决定。

3. 风险救助和保障措施

大学生创业者的抗风险能力比较弱,由于缺少社会经验,容易遇到各种障碍导致创业失败。为了提高大学生创新创业的积极性和热情,最大限度地减轻他们的后顾之忧,各级政府出台了大学生创新创业保障政策,按不同程度提供就业服务、就业援助和社会救助，通过创业风险补贴、商业险保费补助等方式予以支持，毕业后创业的大学生可按规定缴纳"五险一金"，个人缴纳部分一般都低于社会平均水平，力求减轻大学生创业的经济压力。

（二）高校创新创业教育与人才培养

创新是社会进步的灵魂，创业是推动经济社会发展、改善民生的重要途径。青年学生富有想象力和创造力，是创新创业的有生力量。高校作为人才培养的主阵地，在培养人才创新精神、创业意识和创新创业能力等方面有着无可替代的重要作用。应以增强学生创新创业内生动力为目标，进一步提高认识、整合力量、完善机制，不断探索创新创业教育模式，深化创新创业教育改革，将创新创业教育贯穿人才培养全过程，为建设创新型国家、推动经济社会高质量发展提供源源不断的人才和智力支持。

对于高校来说，承担着创新创业人才培育的重任，更应该积极着力构建科学合理的教学内容和课程体系。一方面，要根据学校学科特点，积极构建依次递进、有机衔接、科学合理的创新创业教育课程群，发挥课堂教学的基础性作用。另一方面，要深化创新创业教育机制改革，利用多种授课方式向学生传达创新创业知识，例如大学慕课、产业实习、组队参赛等，融合理论创新和实践探索，建立多元的教学评价机制，持续提高创新创业教育质量。

（三）创新创业培训与学生竞赛

面向大学生开展高质量、有针对性的创新创业培训是提升大学生创新创业能力、帮助大学生构建创新创业知识体系的有效途径。高校教育机构、各地人社局等相关部门应该通力协作、上下联动，打造一批高校创新创业培训活动品牌，探索一套理论与实践相结合的创新创业培训模式，组织有经验的创业导师、前辈深入校园举办各种形式的创业大讲堂，开展学生群体喜闻乐见的创业实训、参观、考察等实践活动，通过创业政策解读、经验分享、指导合作等方式增强大学生创新创业的综合素养，激发学生创新创业的潜力。

此外，大力开展各类创新创业竞赛，通过竞赛串联大学生、社会进步青年、科技人员、科研团体和中小微企业等社会群体，打通壁垒、多点散发，全面激活创业者的开拓热情，构建经济文化新格局，传递社会公益力量，提升大学生创业就业质量，推动现代化经济体系建设。

目前，在教育部全国性竞赛活动白名单中，创新创业类竞赛以"挑战杯"全国大学生系列科技学术竞赛和中国国际大学生创新大赛为主。"挑战杯"系列竞赛包含"挑战杯"全国大学生课外学术科技作品竞赛和"挑战杯"中国大学生创业计划竞赛两个项目,比赛侧重于科学技术创新、科研成果应用、科技成果转化。因此,形成专利和产品的项目更有参赛优势。中国国际大学生创新大赛在看重技术创新的基础上侧重于项目的商业化。因此,在市场中具有核心竞争力和落地性强的项目更有参赛优势。

小专栏 1-3　中国国际大学生创新大赛

中国国际大学生创新大赛是由教育部与地方政府、各高校共同举办的一项综合性创新创业竞赛,旨在深化高等教育综合改革,激发大学生的创造力,推动赛事成果转化,服务经济提质增效升级,以创新引领创业、创业带动就业。自2015年起,大赛已经连续举办了九届。在刚刚落下帷幕的2023年竞赛中,参赛项目达到423万个,涵盖全球151个国家、5296所高校、1709万大学生。可以说,中国国际大学生创新大赛已经成为全球最大最好的路演平台,是全世界青年创业者的首选竞技场。

大赛分为高教主赛道(本科生创意组、本科生初创组、本科生成长组、研究生创意组、研究生初创组、研究生成长组)、"青年红色筑梦之旅"赛道(公益组、创意组、创业组)、职教赛道(创意组、创业组)、萌芽赛道和产业命题赛道,每个赛道和组别有其对应的参赛要求和标准。

从项目分类来说,有新工科、新医科、新农科、新文科四大类别,分别指向不同领域的创新创业成果。

(1)新工科类项目:大数据、云计算、人工智能、区块链、虚拟现实、智能制造、网络空间安全、机器人工程、工业自动化、新材料等领域。

(2)新医科类项目:现代医疗技术、智能医疗设备、新药物研发、健康康养、食药保健、智能医学、生物技术、生物材料等领域。

(3)新农科类项目:现代种业、智慧农业、智能农机装备、农业大数据、食品营养、休闲农业、森林康养、生态修复、农业碳汇等领域。

(4)新文科类项目:文化教育、数字经济、金融科技、财经、法务、融媒体、翻译、旅游休闲、动漫、文创设计与开发、电子商务、物流、体育、非物质文化遗产保护、社会工作、家政服务、养老服务等领域。

在赛程安排方面，各省市的比赛进度和时间节点各不相同。大体来说，校赛在3—5月举行，省赛在7—9月举行，国赛一般安排在10月份左右，可根据自己所在学校发布的通知进行报名。

资料来源：中华人民共和国教育部网站

三、扶持大学生创新创业的浙江策略

（一）浙江省的帮扶措施

浙江省一直走在全国经济改革的前列，也是较早鼓励大学生创新创业的省份之一，政府针对大学生群体出台了一系列帮扶政策。

1. 创业担保贷款

浙江省早在2015年就发布了《浙江省人民政府关于支持大众创业促进就业的意见》，在"支持创业担保贷款发展"一项中提道，"有创业要求、具备一定创业条件但缺乏创业资金的在校大学生、城乡劳动者创办个体工商户（含经认定的网络创业）的，可申请不超过30万元的贷款"，"简化贷款发放手续，健全呆坏账核销办法。贷款10万元以下，由创业担保基金提供担保的，免除个人担保。由创业担保基金提供担保的贷款被认为不良的，贷款10万元以下的，由创业担保基金全额代偿；贷款超过10万元的，由创业担保基金代偿80％"。

到了2016年，浙江省又印发了《浙江省创业担保贷款实施办法（试行）》，该文件的第十五条对此进行了进一步解释："贷款到期后，借款人不能按时足额归还贷款的，经办银行应当积极催收；对逾期3个月以上、贷款额度10万元以下（含10万元）的一类贷款，由创业担保基金在1个月内全额代偿（含贷款期利息，不含逾期利息和罚息）；贷款额度超过10万元的一类贷款，由创业担保基金代偿80％。"

2. 创业资助补贴

浙江省各市也根据当地情况出台了相关鼓励政策。杭州市专门出台了《杭州市高校毕业生创业资助资金实施办法（试行）》，对毕业后2年内自主创业的大学生推出商业贷款贴息和项目无偿资助两种资助形式，自主创业的大学生可以选择申请其中的一种资助形式。2015年，又将创业补助和一次性创业社保补贴合并为一次性创业社保补贴，其中"重点人群创办个体工商户或企业，正常经营并依法缴纳社会保险费 1 年以上的,给予不超过 5000 元的一次性创业社保补贴。重点人群创办个体工商户或企业带动 3 人就业,并依法缴纳社会保险费 1 年以上的,给予每年 2000 元的带动就业补贴;带动超过 3 人就业的,每增加 1 人再给予 1000 元补贴,每年总额不超过 2 万元,补贴期限不超过 3 年"。宁波、温州等地也根据当地实际情况,对于创业者设立了分阶段、分人群的创业项目补贴制度。

2023 年,浙江省发布《浙江省人民政府办公厅关于优化调整就业创业政策措施全力促发展惠民生的通知》,明确了 5 类重点人群的范围——"在校大学生和毕业 5 年以内高校毕业生、登记失业半年以上人员、就业困难人员、持证残疾人、自主就业退役军人",指出符合条件的重点人群创业"均可享受一次性创业补贴、一次性创业社保补贴(在校大学生除外)、创业带动就业补贴、创业场地租金补贴"。

3. 创业教育培训

浙江省一直注重创新创业人才的培养,2015 年就明确提出:"高校要将创业教育课程纳入学分管理,允许学生休学创业。探索建立创业学分积累与转换制度,将学生自主创业情况折算为学分。"浙江省还呼吁省内各县市大力开展创业培训,培育一批创业培训示范基地,优化培训师资结构,开发各类有针对性的创业培训项目,着力提高培训质量。如果在校大学生在定点机构参加创业培训的,按规定享受培训补贴。例如杭州市目前比较成熟的创业培训有 SIYB 创业培训、"8＋X"模拟公司创业实训、网络创业培训等。

(1)SIYB 创业培训:全称是"Start and Improve Your Business",包括"产生你的企业想法"(GYB:Generate Your Business Idea)、"创办你的企业"(SYB:Start Your Business)、"改善你的企业"(IYB:Improve Your Business)和"扩大你的企业"(EYB:Expand Your Business)四个模块,其中,GYB、SYB、IYB 为政府补贴培训项目。

(2)"8＋X"模拟公司创业实训:即 SYB(创办你的企业)创业培训和模拟公司创业实训对接模式。其中"8"是指集中授课的 8 个模块,"X"代表实训阶段。

(3)网络创业培训:指创业者以网络为运营和推广平台,开办企业或开展商业经营活动。培训内容主要包括理论教学、实操演练、创业实践和创业扶持等方面。

(二)杭州市的帮扶措施

杭州市作为浙江省省会城市,一直高举引才大旗,把创新强市、人才强市放在首要战略地位,目前杭州市已经实施了六轮大学生创新创业三年行动计划,

2023 年发布的《杭向未来·大学生创新创业三年行动计划(2023—2025 年)》从各个方面加大了政策的扶持力度,更加贴近了大学生的需求。根据文件目标,到 2025 年,杭州市计划集聚 100 万名 35 岁以下大学生来杭就业创业,力争达到 120 万名;推动新创办大学生创业企业 1 万家以上,带动就业 2 万人以上。完善大学生创新创业体系,打造一批具有全国影响力的大学生创新创业平台和"新锐杭商",推动大学生就业创业高质量发展。

1. 创新创业项目专项扶持

根据杭州市政府文件,毕业 5 年内的高校毕业生或在杭高校在校大学生,在杭州范围内新创办企业,经评审通过后可获得 5 万—20 万元资助,对于特别优秀的项目采取综合评审的办法,通过后给予最高 50 万元的资助。具体来说有 4 种类型的资金扶持:

(1)一次性补贴:在校大学生和毕业 5 年内高校毕业生,均可享受 3000 元的一次性创业补贴和 5000 元的一次性创业社保补贴。

(2)创业带动就业补贴:带动 3 人就业且符合相关条件的,可享受每年 2000 元的创业带动就业补贴;在带动 3 人就业基础上,每增加 1 人可再享受每人每年 1000 元补贴。

(3)创业贷款:大学生创业可申请最高 50 万元的个人创业担保贷款,实施大学生创业"风险池"基金项目,鼓励金融机构按照市场化、商业可持续原则对符合条件的大学生创业企业给予贷款利率优惠,担保费率不高于每年 1%。

(4)房租补贴:毕业 5 年内的高校毕业生或在杭高校在校大学生在杭新创办企业租赁办公用房的,可申请 3 年内最高 10 万元的经营场所房租补贴。

2. 学生竞赛带动创新创业

杭州市高度重视大学生竞赛对于创新创业的带动性,从各种类型的创新大赛中挖掘潜力项目,关注有热情、有天赋的创业苗子,联结教育厅和各高校的力量,对创新大赛项目的选拔、评审、奖励、落地等各环节实施全链路、全流程的支持。比如在"创客天下·杭州市海外高层次人才创新创业大赛"中,主办方对符合条件的获奖落地项目给予 20 万—500 万元资助。面向在校及毕业 5 年内或 35 周岁以下大学生举办"中国杭州大学生创业大赛",入围大赛 400 强项目并在杭落地转化的,可免予评审,直接申请 5 万—100 万元资助。对于在"创青春"、"挑战杯"、"中国创翼"、中国研究生创新实践系列大赛、中国国际大学生创新大赛等全国性大学生创新创业大赛中获金、银、铜奖(或相当于前三等奖项)的项目,且符合"中国杭州大学生创业大赛"落地项目资助条件的,可免予评审,分别直接申请 50 万元、30 万元、20 万元的项目资助。

3. 创新创业人才培育

杭州市计划每年选拔 20 名杰出创业人才培育对象,给予每人 50 万元培育扶持资金,其中 40 万元为资助资金,10 万元为进行境外高端参访和培训的资金。

在乡村振兴的政策背景下,实施农创客培育项目,将农创客培育列入杭州市高质量推进现代农业发展项目指导性任务,支持区、县(市)设置和实施农创客培育项目,根据市级下达的目标任务和完成情况等因素,市级通过"以奖代补"形式给予适当补助。

(三)简化公司注册流程

国家为了鼓励创新创业,最大限度地简化了公司注册的流程。"1 元就能开公司",这是对注册资本登记制度改革为创业者松绑的通俗化理解,市场主体准入门槛降低,进一步激发了市场主体的经营活力和投资热情。在数字化改革的背景下,许多省份的公司注册流程都实现了线上操作,尤其是在浙江"最多跑一次"的政务改革下,公司注册显得尤为便利。下面简单介绍公司注册的必备材料和基本流程。

一般来说,注册公司要准备好相关的文书材料。核心材料主要包括:公司设立登记申请书、全体股东的身份证件、公司章程参考、依法设立的验资机构出具的验资证明、公司高层的任职文件、住所使用证明等等,各地的要求略有不同,可详询当地市场监督管理局。一般来说,各项材料所含以下关键指标(见表1-2):公司类型、公司名称、注册资金、股东和出资金额、高管任职、公司地址、经营范围等。

表 1-2 注册公司的关键指标

序号	关键指标	指标解释
1	公司类型	注册公司之前先确认需要注册什么类型的公司:常见的公司类型有以下 5 种:有限责任公司、股份有限公司、有限合伙公司、个人独资企业、分支机构等。对于初创企业来说,"有限责任公司"是目前最适合的企业类型
2	公司名称	最好想 3 个以上名称,便于快速通过
3	注册资金	我国目前实行注册资本认缴制,认缴制的意思是:注册资本不用在一开始就全部缴纳完成,而是只要在承诺的时限内(一般为10—20 年)缴完即可,这样极大地降低了公司注册时的资金压力

续　表

序号	关键指标	指标解释
4	股东和出资金额	需要准备好股东的身份证正反面照片和电话
5	高管任职	确定公司高管人员担任情况
6	公司地址	需要准备地址的房产证复印件和租赁合同等
7	经营范围	确定经营范围可根据行业参考同行的经营范围

资料来源:浙江政务服务网

自 2022 年起,杭州注册公司已实现"全程电子化流程"办理,也就是全部在网上提交材料,无须到市场监督管理局现场办理,大大提高了注册效率,降低了申请人的申请成本,只要准备好相关材料,在浙江政务服务网(www.zjzwfw.gov.cn)进行注册、材料上传、审核,就能拿到营业执照。图 1-1 是网上操作的简化流程。

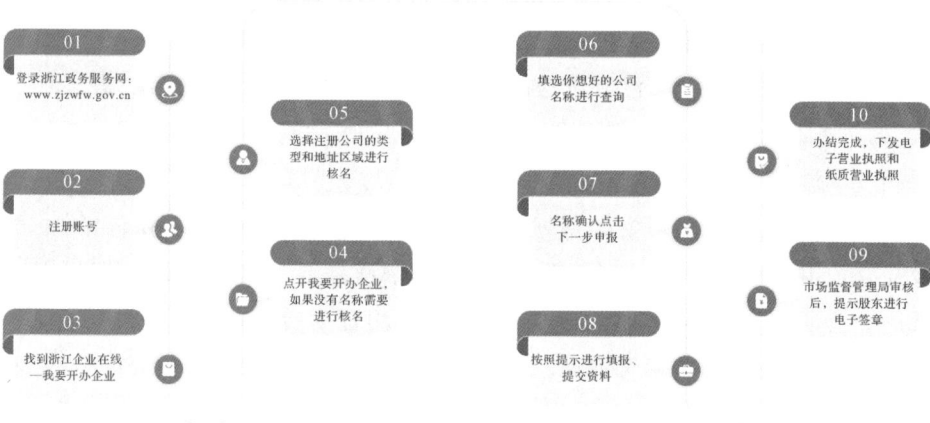

图 1-1　公司注册简化流程

资料来源:浙江政务服务网

讨论案例

红旗智援博士团

2016 年,刚入学的马贝博士在调研中发现,曾用小米供养革命胜利、素有"红色小延安"之称的德州乐陵竟然还有农户吃不饱、穿不暖……作为农业经济管理专业的博士,他立志运用所学帮助老区改变现状。不久,马贝、陈琦和张莹三位博士党员再次奔赴乐陵,提出了成立"枣树集中管理专业合作社"的方案,被当地政府采纳。高校科研成果能在老区落地转化,这让他们感到了自身的价值。当年,三位博士倡导成立红旗智援博士团,自主研发"多维贫困因子介入诊断术",挖掘贫困地区关键致贫因素,制定精准扶贫方案。同时号召全国大学生依托高校智力优势,开展精准帮扶,将学术研究、成长发展置于国家富强、民族振兴、人民幸福的大格局中。

2017年,学校同意将党支部建在"创新团队"上,批准成立红旗智援博士团党支部,与扶贫地党组织进行"1+1共建",把强化思想引领、提升实践能力与弘扬革命精神、服务地方发展深度融合。红旗智援博士团不断完善以党建为引领、以产学研转化为手段、以青年志愿实践为路径、以红色宣讲为传播载体的"党建+扶贫"新模式。

学以致用,助力脱贫攻坚

红旗智援博士团充分发挥高校智力资源优势,为贫困老区制定脱贫方案。

红色革命老区、山东省财政困难县临沂蒙阴是中国海洋大学的定点帮扶县,当地盛产黄金桃。由于销售渠道单一、农户不善营销,桃子销量有限。博士团通过实地调研,联系了三支中国海洋大学科研团队提供技术支持,组织山东省商业实训大赛,吸引48支高校团队,一个月的时间帮助农户销售黄金桃7885斤,产生经济价值11.3万余元。黄金桃销量较农户自运营增长了3倍,极大提升了黄金桃的品牌知名度。

这样的事例还有很多。山东乐陵的金丝小枣是当地的支柱产业,种植人群老龄化、劳动力大量流失是制约产业发展的瓶颈问题。自2017年起,红旗智援博士团协助乐陵朱集镇人民政府建立农业合作社107个,帮助503户贫困户、1131名贫困人员成功脱贫;搭建"市—镇—村"三级党组织联动电商培训体系,开展电商培训23次,培训电商专业人才120余人,发展200多家线上商家;连续四年帮扶当地龙头企业提升产品设计、拓展销售渠道,累计销售35万余斤枣产品,帮助枣农增收53万余元。

近三年,红旗智援博士团从红色老区走向蓝色渔村、绿色草原。在临沂莒南,建立茶产品营销网络,推动学校设立20万元扶贫专项基金,打造莒南县特色农产品电商营销品牌;为东营利津引入耐盐碱花鲈培育技术,帮助刁口乡花鲈养殖面积由112亩增长到260亩,助力全县形成每年2100万尾花鲈鱼育苗规模;在内蒙古乌兰布统,围绕特色民宿及旅游信息化建设,帮扶改善旅游发展现状,开发冬季旅游产品。

抗疫扶贫,践行使命担当

2020年,新冠疫情突如其来,也未能阻挡红旗智援博士团开展脱贫攻坚的步伐。国家级贫困县云南绿春是教育部的定点帮扶县，种植产业条件优异、生态旅游资源丰富，红旗智援博士团结合疫情实际，将扶贫工作从线下转到线上，在2月底便开启了对绿春的线上"问诊"。通过微商营销、抖音直播等方式为当地滞销农产品打开销路。举办博士直播带货活动，3个晚上成交订单398单，销售金额逾10万元。

随后，红旗智援博士团发起"践商研学　智援绿春"倡议，举办"智营销大赛"和"旅游DIY大赛"，号召四川大学、厦门大学、重庆大学等全国20所高校的1341名师生，通过微商营销等方式为云南绿春销售105万元的滞销农产品，发布旅游公益广告播放量达29.8万次，更多的青年学子投身到扶贫工作中，助力绿春全面打赢脱贫攻坚战。

同时，红旗智援博士团整合校内资源，推动学校设立共计40万元的科研专项基金项目"云南绿春特色产品交易平台建设与精准营销策略设计""绿春县'十四五'旅游业发展规划"，与营销、旅游专业专家一起提供科技服务，为绿春开拓特色农产品营销渠道，规划文旅融合发展蓝图。

红色宣讲，传承革命精神

在帮扶蒙阴的过程中，红旗智援博士团成员对勇于创新的"桃"宝达人牛大姐感到钦佩，被一心为民的村支书王书记所感动，为只有初中学历却紧跟时代潮流的蒙阴电商李大叔所激励。从一个个鲜活的案例中，大家感受到的是吃苦耐劳、勇往直前、开拓奋进的沂蒙精神。在受到思想洗礼的同时，大家想把这种精神传递给更多人，让扶贫筑梦的种子在更多人心中生根发芽，带动更多青年学子投身扶贫实践。自2017年以来，红旗智援博士团先后在全国13个省份进行红色宣讲百余场，覆盖上万名青年学生。

2021年6月，红旗智援博士团联合海鸥剧社精心编创推出红色扶贫舞台剧《心系山海皆可平》。该剧以中国海洋大学红旗智援博士团为代表的中国海洋大学青年学子爱国力行、智援扶贫事迹为创作蓝本，呈现了中国海洋大学师生学以砺能、研以致用，凝心聚力、攻坚克难，助力红色革命老区山东乐陵、国家级贫困县云南绿春脱贫摘帽的扶贫故事。展现了中国海洋大学青年学子牢记总书记嘱托，肩负使命传承红色基因、扎根沃土坚持知行合一，响应国家号召，将专业所学应用在决战决胜脱贫攻坚中、把论文写在乡村振兴道路上，激励广大学生坚定对马克思主义的信仰、对中国特色社会主义的信念、对实现中华民族伟大复兴中国梦的信心。

2020年12月，红旗智援博士团联系34所高校的49支博士团队成立"博士智援"高校联盟,引领更多高校党员和有志青年巩固拓展脱贫攻坚成果、推进全面脱贫与乡村振兴有效衔接。教育部发展规划司扶贫处吴延磊处长给予高度评价。

几年来,红旗智援博士团荣获第四届中国国际"互联网+"大赛"青年红色筑梦之旅"赛道全国银奖、第五届中国青年志愿服务项目大赛全国银奖,获评"山东省青年担当好团队",红旗智援博士团党支部获评全国高校"百个研究生样板党支部",《人民日报》、新华网等12家国家级媒体,山东教育电视台、齐鲁网等10家省级媒体,《德州日报》、乐陵市新闻频道等12家市县级媒体对博士团事迹进行了持续跟踪报道,其中新华社报道单日浏览量超过110万次,产生了极大的社会影响。

博士团成员通过"体验式思政课",思想认识深受洗礼。他们说:"只有了解农村发展的现实问题和农民的真正需求,将科研成果落地转化,为农民带来切实福利,才是最有价值的学术实践,更是青年学子应有的使命担当。"

回首扶贫路,风雨与感动同在。红旗智援博士团驻扎革命老区,只为改变当地贫困现状,坚持学以致用,只为践行无悔的青春使命。未来,红旗智援博士团将会再接再厉,助力脱贫攻坚与乡村振兴有效衔接,通过红色宣讲、智援联盟汇聚高校科研力量,号召更多新时代青年为全面推进乡村振兴、实现中华民族伟大复兴做出新的更大贡献。

资料来源:微信公众号 坞咖青年 2023年1月13日

思考题:

1.红旗智援博士团成员的创业初衷是什么?

2.红旗智援博士团的创业方式及相应的创业活动是什么?

本章小结

本章首先对创新创业概念的形成和发展进行了回顾,构建了创新创业的基本概念,分析了创新创业的意义和作用以及两者之间的关系,强调了创新是发展的第一动力,对我国当前社会经济发展以及创建创新型国家具有关键性的作用。其次,本章阐述了大学生创新创业实践活动在培养大学生的开拓创新精神、树立正确价值观、构建成长新路径方面的积极意义,分析了大学生创新创业实践的"三步走"步骤。本章最后梳理了当前在政府层面、相关职能部门以及学校层面出台的各种针对大学生创新创业的扶持政策，涵盖了资金、税收、场地、培训、风险防控、注册流程等与创业相关的各个环节给予的扶持。通过本章的学习，大学生充分认识到创新创业对自身发展以及国家建设的重要性，鼓励大学生树立信心，勇于开拓进取，积极投身实践，为国家发展做出应有的贡献。

延伸阅读

[1]《当青春遇见马克思》编写组.当青春遇见马克思[M].北京：人民出版社，2023.

[2] 阿比吉特·班纳吉，埃斯特·迪弗洛.贫穷的本质：我们为什么摆脱不了贫穷[M].景芳，译.北京：中信出版社，2013.

[3] 彼得·蒂尔，布莱克·马斯特斯.从0到1，开启商业与未来的秘密[M].北京：中信出版社，2015.

参考文献

[1] 约瑟夫·阿洛伊斯·熊彼特.经济发展理论：对利润、资本、信贷和经济周期的探究[M].叶华，译.北京：九州出版社，2007.

[2] 彼得·德鲁克.创新与企业家精神[M].蔡文燕，译.北京：机械工业出版社，2013.

[3] 张采明，蔡余杰.内部创业：传统企业的组织裂变、模式升级与管理变革[M].北京：中国铁道出版社，2016.

[4] 林嵩.创业资源的获取与整合[J].经济问题探索，2007(6).

[5] 王琨，闫伟.创业对经济增长的影响[J].经济与管理研究，2016(6).

[6] 罗明忠，魏滨辉.返乡创业、产业升级与农民收入增长[J].中南财经政法大学学报，2023(1).

[7] 徐顽强，庄杰.政策与理论：创新湖北系列丛书[M].武汉：湖北科学技术出版社，2014.

[8] 汪寅.从0到1：科技原始创新初探[M].北京：中国经济出版社，2021.

[9] 王重鸣.专业技术人员创业能力建设读本[M].北京：中国人事出版社，2015.

[10] SHAVININA L V. The International Handbook on Innovation[M]. Amsterdam，Heidelberg：Elsevier，2007.

[11] 黄光能.大学生创业创新教育存在的问题及对策探讨[J].云南大学学报（自然科学版），2018(S1).

[12] 王志刚.加快建设创新型国家——认真学习宣传贯彻党的十九大精神

［N］.人民日报，2017-12-07.

［13］我国成功进入创新型国家行列［N］.人民日报，2022-06-07(2).

［14］《当青春遇见马克思》编写组.当青春遇见马克思［M］.北京：人民出版社，2023.

［15］王丹丹.创新 2.0 时代：众创空间的背景及发展［EB/OL］.(2021-02-09)
［2023-03-21］.http://www.ziti.info/doc_19678676.html.

［16］MOLNAR L A，DONALD R，GRIMES J，et al. Business Incubation
Works［M］.Athens，Ohio：National Business Incubation Association，1997.

［17］《科技与人文》编委会.科技与人文.第四辑［M］.北京：社会科学文献出版
社，2010.

［18］胡雁飞.杭州市创业陪跑空间全面开启品牌化建设［EB/OL］.(2022-03-
28)［2023-12-25］.http://hrss.hangzhou.gov.cn/art/2022/3/28/art_
1587843_58926803.html.

练习题

一、选择题

1.最早从经济学视角构建创新与创业体系的是(　　　)

A.德鲁克　　　B.蒂蒙斯　　　C.熊彼特　　　D.班纳吉

2.德鲁克继承并发展了熊彼特的创业理论,他强调了(　　　)在创业过程中的重要性。

A.资源　　　B.技术　　　C.政策　　　D.创业者

3.世界上第一个科技工业园区是(　　　)

A.新加坡裕廊工业园　　　B.斯坦福工业园

C.韩国大德科技园　　　D.日本筑波科学城

4.根据 GEM 的定义,初期创业活动(TEA)的过程不超过(　　　)

A.3 个月　　　B.42 个月　　　C.12 个月　　　D.6 个月

5.在创业的最初阶段,大学生可以选择(　　　)开展创业实践。

A.众创空间　　　B.孵化器　　　C.加速器　　　D.产业园

6.大学生创业园一般面向(　　　)

A.在校生和毕业 5 年校友　　　B.校友

C.教师创业团队　　　D.在校生

7. 一般来说，符合条件的高校毕业生，可申请最高 20 万元的个人创业担保贷款，由财政给予贴息。这一措施属于（　　）

　　A. 税收优惠　　　　　　　　B. 金融贷款优惠

　　C. 资助补贴　　　　　　　　D. 法律规范

8. 大学生创业者的抗风险能力比较弱。为了提高大学生创新创业的积极性和热情，最大限度地减轻他们的后顾之忧，国家一般通过（　　）给予支持。

　　A. 创业补贴　　B. 风险补贴　　C. 税收优惠　　D. 租房优惠

9. 注册公司时，下列材料不属于核心材料的是（　　）

　　A. 公司设立登记申请书　　　B. 全体股东的身份证件

　　C. 公司章程　　　　　　　　D. 银行账号

10. 根据《浙江省创业担保贷款实施办法（试行）》的规定，创业贷款逾期 3 个月以上、贷款额度 10 万元以下（含 10 万元）的一类贷款，由（　　）在 1 个月内全额代偿（含贷款期利息，不含逾期利息和罚息）。

　　A. 创业担保基金　　B. 创业人　　　C. 全体员工　　D. 投资人

二、填空题

1. 创业的内涵包含两个层面：表象上看是_____，本质上看是_____。

2. 从创业商机识别的程度划分，可以将商机划分为_____和_____。

3. 从创业团队的来源构成划分，可划分为_____和_____两种类型。

4. 蒂蒙斯的模型中，他认为_____、_____和_____是核心要素，创业过程是这三个要素匹配和平衡的结果。

5. 在熊彼特构建的创新与创业理论体系中，创新就是进行一种新的要素的组合，它包括以下五种情况：(1)_____，(2)_____，(3)_____，(4)_____，(5)_____。

6. 习近平同志在党的十九大报告中强调，_____是引领发展的第一动力，是建设现代化经济体系的战略支撑。

7. 大学生创新创业实践"三步走"是指_____、_____、_____。

8. 在创业过程中，选择已经存在的资源，只是在资源的利用方式上进行改变，形成新产品或者业务属于_____。

9. 世界上第一个孵化器是_____。

10. 注册公司的关键指标有_____、_____、_____、股东和出资金额、高管任职、公司地址、经营范围等。

三、名词解释

1.管理创新

2.返乡创业

3.机会型创业

4.创业观

5.初期创业活动(TEA)

四、简答题

1.创业的意义表现在哪些方面?

2.创新与创业的关系是什么?

3.创新型国家有哪些标志?

4.大学生创新重点关注的领域有哪些?

5.创新有哪些基本的方法?

五、论述题

1.如何理解大学生创新创业实践活动的意义。

2.如何理解技术创新的重要性。

3.如何理解创新型国家建设的意义。

第二章　创业团队

> 一个人只是单翼天使，只有两个人抱在一起才能飞翔。
>
> ——史蒂夫·鲍尔默

▶ **学习目标**

➢ 了解创业团队的内涵、特征与构成要素

➢ 掌握创业团队的组建和发展

➢ 掌握创业团队的激励、治理与冲突管理

➢ 理解创业团队的动态发展过程

引导案例

携程四重奏

季琦与他的创业团队成员梁建章、沈南鹏、范敏先后创立携程、如家，并成功在美国纳斯达克上市，创造了三年内创立两家企业赴美国纳斯达克上市的神话，他们四人组成的创业团队被称为创业"梦之队"。在这个创业团队中，第一个加入的是曾经和季琦有业务往来的梁建章，当时服务于甲骨文的梁建章拥有计算机技术专业背景。同时，创业还需要资本，于是在德意志银行工作的沈南鹏成了不二人选。就在一切就绪的时候，大家发现要创立携程还欠"东风"——一位旅游界专业人士，毕竟携程的定位是旅游产品的预订网络。于是季琦来到上海旅行社，那时身为该社总经理的范敏一听说季琦也是交大毕业，马上热情接待了这位学弟。畅谈之后，季琦"一眼相中"了范敏。当时范敏在上海旅行社也有苦恼，他的一系列计划提案在上海旅行社得不到实施，于是携程创业机会一来，范敏就加入其中。

在这几个人中,季琦擅长管理、销售与创意,梁建章有技术专长,沈南鹏融资能力很强,范敏对国内旅游市场有把握。几人起初便按照各自擅长具体分工:沈南鹏任新公司董事长,季琦任总裁,梁建章任首席执行官,范敏任执行副总裁。范敏有一段描述四人合作关系的话:"这就像是盖楼:季琦有激情,能疏通关系,他去拿批文、搞来土地;沈南鹏精于融资,他去找钱;梁建章懂IT、能发掘业务模式,他定出大楼的框架;而我来自旅游业,善于搅拌水泥和沙子,制成混凝土去填充这个框架。"

对于他们的成功,朱瑛石在《第一团队》中这样说,"他们能做到这些(连续成功创业),很大程度上是因为他们从一开始就在商业契约下运作,每个人的利益都得到了保障。在团队演变过程中,契约的约束力很强大,同时他们也都选择了尽量遵守契约。更重要的是,他们都很有远见地选择了向前,追寻前面更大的成功。"

资料来源:赵明、梁建章:《一个和四个》,《中国经济时报》;乐琰、吴现广:《沈南鹏"弦乐四重奏" 交大系创业组二闯纳市》,《第一财经日报》,2006年11月8日

第一节 创业团队的内涵、特征和构成

被誉为"全球风险投资之父"的美国风险投资家乔治·多里特有一句名言:"我更喜欢拥有二流创意的一流创业者和团队,而不是拥有一流创意的二流创业团队。没有团队的企业也许并不注定会失败,但要建立一个没有团队而具有高潜力的企业却极其困难。""创业教育之父"蒂蒙斯描述了创业的三个重要元素:创业团队、商业机会和资源。创业团队是最重要的元素之一,是创业的基石。一个好的创业团队对企业的成功起着举足轻重的作用。大量证据表明,好的创业团队有助于提高企业的综合素质,促进协同合作,降低风险,激发创新,整合资源,从而为企业的成功奠定基础。因此,如何组建、发展和管理创业团队,是所有创业者需要关心的话题。

一、创业团队的内涵

(一)创业团队的定义

创业团队是一种特殊团队,它对于创业成功具有非常重要的价值和作用。目前对于创业团队没有统一的定义。国内外学者从不同的视角对创业团队进

行描述，因此，对于创业团队的概念界定众说纷纭。本书对各学者的观点进行了梳理，具体如表 2-1 所示。

表 2-1　国内外学者对创业团队的概念界定

作者（年份）	具体描述
Kamm et al. (1990)	两个或两个以上的个人参与企业创立的过程并投入等比例的资金
Cooper & Dailey (1997)	并不单纯是一个群体，它要求每个成员都必须投入与承诺
Chandler et al. (1998)	在企业创业伊始掌管企业的个体或在运营的前两年加入企业的成员组合，但并不包括没有公司股权的一般员工
Hirata (2000)	参与且全身心投入企业创立过程，共同克服创业困难和分享创业乐趣的社会组织
Cooney (2005)	积极参与企业发展，且有重大财务利益的两个人或更多人
Schjoedt & Kraus (2009)	由具有财务或其他利益，对新创企业做出过承诺，且未来能够从新企业中获取利益的两个或两个以上的人构成
叶余建（2006）	全身心投入企业创建过程并共享创业困难与乐趣的成员组合，强调责任与风险共担
彭华涛（2007）	富有创业精神，致力创业转换、参与创业决策，拥有创业股权，分享创业收益的创业团体
朱仁宏等（2012）	有两个或两个以上具有共同愿景和目标，共同创办新企业或参与新企业管理，拥有一定股权且直接参与战略决策的人组成的特殊团队

资料来源：陈奎庆、彭伟，《创业管理：理论、案例与实训》，高等教育出版社 2017 年版

综合以上观点，本书认为创业团队需要具备以下四个要素：一是有两个或两个以上相互依存、相互作用的个体；二是把创办新企业、拓展新事业和创造新价值作为共同的目标；三是团队成员处在高层管理者位置而且一般拥有股权；四是自愿共享创业收益和共担创业风险。基于此，我们可以将创业团队定义为有两个或两个以上为共同目标而努力，拥有一定决策权和股权，共享利润和共负亏损的相互协作依赖的个体组成的特殊群体。

具体而言，创业团队的内涵主要包括以下三个方面。

首先，创业团队是一种特殊群体。在创业初期把创办新企业、拓展新事业作为共同努力的目标，在创业过程中关注创业企业的远景和战略，在共同制定计划、乐意分享资源、自愿共担风险、相互协助依赖的过程中，彼此形成特殊的情感，提高了新企业的运作效率。

其次，创业团队能发挥"1＋1＞2"的协同效应。创业团队的形成起源于成

员的异质。团队成员可以在知识、技能、资源、成员风格等方面实现互补,相互协助、相互配合,这样能够促进团队成员的交流与合作,增进彼此间的感情,增强团队凝聚力,进而实现团队绩效最大化。因此,创业团队工作绩效大于所有成员独立工作绩效之和。尽管史蒂夫·乔布斯魅力超凡,具有远见卓识,是苹果电脑的传奇人物,但发明第一台个人电脑模型的却是史蒂夫·沃兹尼亚克,提供商业专业知识和风险投资渠道的则是迈克·马克库拉。苹果公司早年成功的关键,正是由于这三位企业家组成的"智慧团队"。

最后,创业团队成员之间需具有共同特性。创业团队能够因为同样的事业走到一起,必然拥有一些共同性。一是要有共同愿景。共同愿景是指共同的方向,这往往是创业的初衷。一个创业团队的持久性在于这个团队的成员要么都曾经思考过相同的方向,要么受创始人的影响走向共同的方向。二是要有共同目标。团结在一个共同的目标下,要比团结在一个人周围容易得多;组织层面的目标往往是统一和明确的,为目标而努力,才能实现具体的结果和产出。三是共担风险。创业团队是要面向未来,去探索一个不确定的目标,有可能成功,也有可能失败,需要每个人都承担风险,唯有共同承担风险,才能共同走向未来。四是共享回报。因为共同承担了风险,所以才有机会共同享受回报。这些回报一般是多元化的,既有物质层面的,包括更高的薪金、期权、股份等,它会改变你的生活方式;也有精神层面的,包括一起探索未知、一起成长、一起让自己变得更有价值等。

小专栏 2-1 刘邦洛阳宴群臣,纵论因何得天下

汉高祖刘邦有一次在酒席宴上问群臣自己为什么能得到天下,而项羽比自己势力大得多却失去天下又是为何? 群臣的对答都没有说到点子上。刘邦笑了笑说:"公知其一,未知其二。夫运筹策帷帐之中,决胜于千里之外,吾不如子房;镇国家,抚百姓,给馈饷,不绝粮道,吾不如萧何;连百万之军,战必胜,攻必取,吾不如韩信。此三者,皆人杰也,吾能用之,此吾所以取天下也。项羽有一范增而不能用,此其所以为我擒也。"项羽依靠的是个人英雄主义,虽然可能取得一时的胜利,但很难取得长远的胜利,因为个人的精力、体力、专业、经验不可能面面俱到,不听下属意见,就会顾此失彼、疲于奔命。只有调动团队的积极性,充分发挥团队成员之间的专业互补优势,才有可能取得最后的胜利。

（二）创业团队与一般团队

创业团队是由两个或两个以上为共同目标而努力，拥有一定决策权和股权，共享利润和共负亏损的相互协作依赖的个体组成的特殊群体。根据定义来看，创业团队是一种特殊的团队，它不同于一般意义的团队，但人们容易将其和一般团队相混淆。下面我们可以从团队的基本特征、功能以及管理形式等方面进行分析，比较一般团队与创业团队之间的差异。具体如表 2-2 所示。一般团队往往是因为一项具体的工作任务或者项目而组建的团队，创业团队的组建则是为了将某个具有创新性的商业创意或想法转化为产品或者服务。一般团队中成员的职位层级可以是来自公司不同层级，而创业团队成员则处于公司高层管理职位。一般团队成员并不一定拥有公司股份，风险相对较低，创业团队成员则是共担风险、共享收益。一般团队通常遵循传统的科层制组织结构，有明显的上下级关系，创业团队中组织结构较为扁平化，团队成员通常是因为共同的使命和愿景而走到一起组成团队。一般团队由于是承担公司具体的某项任务或项目，关注的是战术性和执行性的问题，对于公司的影响较为局部；创业团队由于涉及公司战略决策和发展方向问题，对于公司的影响往往具有决定性。

表 2-2　创业团队与一般团队的比较分析

比较项目	一般团队	创业团队
目标	完成某项具体任务或项目	开创新企业、实现商业或创新的成功
职位层级	成员不局限于高层管理者职位	成员处于高层管理者职位
权益风险	并不必然拥有股份，风险较低	一般情况下在企业中拥有股份，风险较大
组织架构	遵循传统的组织架构和层级关系	较扁平化，没有过多传统上下级关系
影响范围	只是影响局部性、任务性问题	影响组织决策的各个层面，涉及范围较宽
关注视角	战术性、执行性的问题	战略性的决策问题

资料来源：陈忠卫：《创业团队企业家精神的动态性研究》，人民出版社 2007 年版

（三）创业团队的核心：团队精神

叔本华曾说过："单个的人是软弱无力的，就像漂流的鲁滨孙一样，只有同别人在一起，他才能完成许多事业。"这充分说明了团队精神的重要性。创业团队尤其如此，团队精神是创业团队的核心。创业是一项多任务的活动，无法依靠一个人完成。一个人的努力是加法，一个团队的努力是乘法。团队精

神是创业企业大局意识、协作精神和服务精神的集中体现,核心是协同合作,反映的是个体利益和整体利益的统一,并进而保证创业企业的高效率运转。团队精神的形成并不要求团队成员牺牲自我,相反,挥洒个性、表现特长,保证了成员共同完成任务目标,而明确的协作意愿和协作方式则产生了真正的内心动力。

当然,不仅仅是创业团队,任何事业都需要这种团队精神,比如我国的航天事业,从"神舟"问天,到"嫦娥"奔月,从"天问"落火,到"羲和"探日,每一次成功和进步,都离不开航天团队协同配合形成的强大合力。

立足每个创业团队成员的领域本职,激发协同智慧,凝聚创业团队力量,这就是创业团队的核心所在。

二、创业团队的特征

相对于个体单枪匹马的创业,以团队形式创业作为一种主要创业模式,已经深受社会各界认同。作为一个团队,创业团队是在创业实施过程中不断完善和优化的,所以,创业团队会对创业实施、创业绩效始终产生影响,这种影响根源于创业团队的一些基本特征。一般而言,一个创业团队具备以下三个基本特征。

(一)成员能力互补

能力互补是创业团队的重要特征之一。通过寻找团队成员,创业者可以弥补自身资源和能力上的不足,形成最佳的组合,充分发挥每个人的潜力。这种互补性有助于增强团队的凝聚力和执行力,从而实现创业团队的长期稳定发展。创业团队一般包括以下几类人:一个资源丰富的成员,在创业初期,该成员所掌握的客户资源、资金资源、市场资源、政府资源等都是创业时必须考虑的发展性问题;一个创新意识强的成员,这种人善于打破成规,为团队出谋划策;一个策划能力强的成员,他善于对市场环境做出系统而全面的分析,捕捉市场信息进而做出正确的判断;一个执行能力强的成员,这样的成员能够迅速完成具体工作任务;一个与创业公司发展的业务所需要的专业技能极其强的成员。综上,每个合伙人具备一定的能力,且他们的能力是相互补充,相得益彰,保证团队的平衡性和稳定性。

(二)成员行为风格匹配

行为风格描述的是合作伙伴的行为模式——他们如何进行思考、决策、沟通,如何高效地使用时间,如何管理自己的情绪以应对压力,如何评估他人,如何影响他人,以及如何妥善处理各种冲突,等等。在创业团队中,合伙人的行为风格对创业团队绩效和创业团队成员之间的关系产生重要影响。为了构建一个高效的团队思维模式,创业团队会拥有各种独特行为模式的合作伙伴,并确保这些行为模式能够相互适应。

我们可以参照 TOPK 技术为我们寻找行为风格匹配的合作伙伴。TOPK技术用了简单易懂的四种动物(老虎、猫头鹰、孔雀、考拉)来形容人的不同行为风格或性格类型。T(老虎)型合伙人的显著特点是,他们坚持的口号是"立刻行动,按照我的方式去执行",有强烈的自我价值感和责任感,喜欢自己决定事情的走向。O(猫头鹰)型合伙人的显著特点是,他们坚持的口号是"我们的证据在这里,所以我们要去做",高度重视事实、原则和逻辑,严格要求自己甚至他人。P(孔雀)型合伙人的显著特点是,他们充满激情,活力四射,容易与人建立联系,具备出色的语言才华,善于发表演说,经常展现出无拘无束的创意。K(考拉)型合伙人的显著特点是,他们乐于与他人合作,并努力创造一个人与人之间互相尊重的环境。TOPK 技术核心观点是:遵照"一个好汉三个帮"的智慧,如果合伙人之一是老虎型,那么就需要寻找猫头鹰、孔雀、考拉类型的其他合伙人,这样的创业团队更容易获得成功。

(三)创业团队动态性和开放性

创业过程是一个充满不确定性的过程,团队中的一些人因为能力、想法或者不能支撑公司发展等原因离开;同时,随着公司规模的扩大、业务的扩展以及行业竞争环境的变化,需要有新的团队成员加入。因此,在组建创业团队时,要注意保持团队的动态性和开放性,让真正完美匹配的人才融入创业团队。很少有新创企业在创立开始就会有完整、完美的团队。团队的组建不一定一步到位,而是按照发展需求、创业阶段、试用磨合的方式逐渐完善。一般情况下,在正式引入新成员之前,各团队成员会有一段磨合期。团队成员确定后并不是一成不变的,创业团队内成员流动是常见的事情,团队成员有更好的发展机会,团队成员间出现矛盾,团队成员能力不能满足团队目标需求,这些情况都会引起创业团队内部动态变更。因此,创业团队并不是拥有固定的成员。

三、创业团队的构成

狭义的创业团队是指有着共同目的、共享创业收益、共担创业风险的一群创建新企业的人。广义的创业团队则不仅包括狭义创业团队,还包括与创业过程有关的各种利益相关者,如风险投资家、专家顾问、核心员工、投资者和贷款方、咨询师等。我们这里讨论创业团队构成主要是指狭义的创业团队。

(一)创业团队的关键要素

创业团队需要具备四个关键要素,即目标、人员、角色分配、创业计划。

1. 目标

目标即我们为什么要建立团队,我们希望通过它达到什么目的。创业团队应该有一个明确的目标,目标引导团队成员的思想和行为。目标是将人们的努力凝聚起来的重要因素。没有目标,团队就没有存在的价值。目标在创业企业的管理中,以创业企业的远景、战略的形式体现出来。高效的团队对于他们所追求的目标有着清晰的理解,并深信这些目标具有深远的意义和价值。这种目标的重要性驱使团队成员将个人的愿景提升到集体的目标中。当团队成员为实现这些共同的目标做出承诺时,他们会明确知道团队希望他们完成哪些任务,以及他们应该如何合作以完成这些任务。因此,在启动创业团队的工作之前,应该鼓励所有成员积极参与讨论,确定共同的远大目标,这样可以激励团队成员与企业的政策和行动保持紧密的合作,充分挖掘每个人的潜力,从而取得出乎意料的成果。

2. 人员

任何一个创业团队都包含两个或两个以上的人。人是构成创业团队最核心的力量,是创业成功的关键因素。因此,我们应该充分利用创业者的各种资源和能力,将这些人力资源转化为有价值的人力资本。目标的达成依赖于团队成员。在创业团队中,选择合适的人员是至关重要的环节。只有当合适的创业团队成员被纳入,创业公司的稳定运营才能得到保障。在选择团队成员时,首先需要根据团队的目标和定位来明确团队所需的技能、经验和才能。接下来,根据个人加入团队的目的、知识结构、性格个性、兴趣和价值观,来选择最适合的成员。创业团队中成员的知识结构越合理,创业的成功性越大。在创业团队的成员选择上,必须充分注意团队整体的能力结构,尽量避免团队成员拥有相同或者相似的工作经历、专业背景、业务能力，努力吸收和发挥每个成员独特的能力和价值优势。一个人的价值观念很难改变，因此在创业团队形成之前，必须对加入团队的人员进行深入了解，吸引价值观念相近的人在一起组成团队，创业成功的可能性才会更大。总之，以上这些要素要尽量符合团队的目标、定位、职权和计划的要求。

3. 角色分配

角色分配是指要明确个人在新创企业中担任的职务，拥有的权力和承担的责任。在团队中需要定义清楚人员的"角色"，这也意味着要清晰地界定团队成员的职责边界、工作焦点以及各个团队成员之间的差异。团队成员在团队中扮演不同的角色，这些角色包括创始人（CEO）、技术专业人员（CTO）、市场营销专业人员（CMO）、运营专业人员（COO）和财务专业人员（CFO）等。通常情况下，项目的创始人也就是CEO，他们需要负责整个项目的战略和规划，并领导团队实现整个项目的愿景和目标，在所有方面都是团队中具有最高级别和权力的人员。技术专业人员（CTO）通常负责项目的技术开发和其他技术相关事项。市场营销专业人员（CMO）帮助开发市场和调研用户心理，以制定和实施正确的市场策略。运营专业人员（COO）需要确保整个项目顺利开展，他们通常负责公司的日常活动、招聘、沟通和管理。财务专业人员（CFO）通常负责整个公司的财务活动，如审核、报告和预算等。需要注意的是，以上角色分工不是固定的，可以根据实际情况进行合理的分配和组合。在实际创业过程中，人员与岗位可以设置得更加细致，以适应项目的需求。

小专栏 2-2　创业团队如何分配工作职位

创业团队在分配工作职位时应该考量哪些因素？团队构成对初创企业的绩效将会产生怎样的影响？不同的角色定位在初创企业新增价值的占比份额状况如何？来自《管理学会学报》（Academy of Management Journal）上的 *How do entrepreneurial founding teams allocate task poslitions*？能为你打开全新视角，探索以上三大问题。

文章主要采用模拟实验方法进行两项研究。研究发现，创业团队主要的工作职位有 CEO、CFO、CMO、COO 和其他角色。其中，CEO 和 CFO 被认为是更为重要的职位或较高层级职位，而 CMO、COO 和其他角色则次之。

当与外部企业或投资人合作洽谈时,创业团队需要有明确的职位区分,以免引起外部企业的困惑和不适。创业团队在分配工作职位时,需要综合考虑水平维度的专业知识和垂直维度的社会地位特征。专业知识类包括:先前有无特定职位的工作经历,如是否担任过 CEO、CFO、CMO 和 COO;先前有无有助于成为以上四类职位的工作经历,如是否从事过咨询、财会、广告或直接的管理工作,并具备相关专业能力。社会地位特征,指团队成员的一般能力,包括团队成员先天的社会地位特征和后天可获得的社会地位特征。其他条件相似的情况下,在 CFO 和 CMO 两个职位上,一个人的专业知识与特定工作职位越匹配,将越有可能担任该职位。CEO 和 COO 这两个职位的分配,与一个人的专业知识匹配度之间没有显著的正向关系。团队成员的工作职位和社会地位特征匹配度越高,创业团队将会创造更多的价值。具备社会特征优势的创业团队核心成员在创业企业新增价值中将占据更多的份额。

资料来源:Heejung Jung, Balagopal Vissa, Michale Pich. "How Do Entrepreneurial Founding Teams Allocate Task Positions?" *Academy of Management Journal*, 2017, Vol. 60, 264-294

4.创业计划

在确定团队成员的职责和权限后,接下来的问题就是如何把这些职责和权限具体分配给团队成员,这就需要计划来实现了。也就是说,要制订计划来指导各个团队成员分别做哪些工作以及怎样做。团队计划通常涵盖两个主要方面:首先是目标的最终达成,这需要一系列详细的行动计划,这些计划可以被理解为实现目标的具体操作流程;其次是按计划进行,可以保证创业团队的顺利进展,只有在计划的指导下创业团队才会一步一步贴近目标,最终实现目标。

(二)创业团队成员的角色

尽管在这个世界上可能没有绝对完美的个体存在,但组合起来可以塑造一个无懈可击的团队。被誉为"团队角色理论之父"的英国团队管理专家贝尔宾提出了著名的团队角色理论。他认为一个结构合理的团队一般包括九种角色,每一种角色都有其独特的职能,即智多星、外交家、审议员、协调者、鞭策者、凝聚者、执行者、完成者和专家(见表2-3)。这九种不同的角色分别承担行动导向、人际导向和谋略导向三大类任务。

表 2-3　贝尔宾团队角色理论之九种角色分类

类型	角色	角色描述及个性特征
行动导向 (执行团队 任务)	完成者 (CF：Completer/Finisher)	为团队带来严谨和担当。勤勤恳恳,尽职尽责,积极投入,找出差错与遗漏,准时完成任务
	执行者 (IMP：Implementer)	为团队带来稳健和信誉。执行力强,纪律性强,办事高效利索,值得信赖,保守稳健
	塑造者/鞭策者 (SH：Shaper)	为团队带来动力和韧性。极强的成就导向,充满活力,激励人心,有克服困难的动力和勇气
人际导向 (协调内外 部关系)	协调者 (CO：Co-ordinator)	为团队带来成熟、掌舵支柱。成熟和自信,能够阐明目标,促使决策,合理分工,成员信任与认同,典型的人际导向型团队领袖
	资源调查者/外交家 (RI：Resource Investigator)	为团队带来热情和发展机会。外向、热情、健谈,善于发掘机会、谈判、构建关系网络、获取外部资源
	协作者/凝聚者 (TW：Team Worker)	为团队带来高效合作和凝聚力。善于倾听,性格温和,感觉敏锐,能够防止摩擦、平息争端、趋利避害,促使团队融洽,保持振奋向上的团队精神
谋略导向 (提供创意和 专业技术支持)	创新者/智多星 (PL：Plant)	为团队带来创新和变革力。高智商,富有创造力和想象力,不墨守成规,敢想敢干,能够解决难题
	专家/专业师 (SP：Specialist)	为团队带来特殊技能,有专业性。目标专一,提供专业的知识与技能,同时表现为高度内向,自我鞭策,甘于奉献
	监控评估者/审议员 (ME：Monitor Evaluator)	为团队带来客观评判、明智决策。明智、谨慎、聪明,遇事沉着冷静,具有战略眼光与远见卓识,在重大决策上往往能够做出正确的评估与判断

资料来源:何建湘:《创业者实战手册》,中国人民大学出版社 2015 年版

　　创新者在团队中的作用通常是提出批评并有助于引出相反意见,对已经形成的行动方案提出新的看法。资源调查者在团队中的作用主要提出建议,引入外部信息,接触持有其他观点的个体或群体,并参加磋商性质的活动。协调者在团队中的作用包括明确团队的目标和方向;选择需要决策的问题,并明确它们的先后顺序;帮助确定团队中的角色分工、责任和工作界限;总结团队的感受和成就,综合团队的建议。塑造者/鞭策者的作用是寻找和发现团队讨论中可能的方案,使团队内的任务和目标成形,并推动团队达成一致意见,朝向决策行动。监控评估者/审议员在团队中的作用是分析问题和情景,对繁杂材料予以简

化,并澄清模糊不清的问题,同时对他人的判断和作用做出评价。协作者/凝聚者在团队中的作用是给予他人支持,并帮助别人,打破讨论中的沉默,采取行动扭转或克服团队中的分歧。执行者在团队中的作用是把谈话与建议转换为实际步骤,考虑什么是行得通的,什么是行不通的,并整理建议,与已经取得一致意见的计划和已有的系统相配合。完成者在团队中的作用是强调任务的目标要求和活动日程表,在方案中寻找并指出错误、遗漏和被忽视的内容,并促使团队不断完善。

前面我们提到团队中的角色分配是指一个人在团队中担任的职能角色,它是一个人的岗位职责要求其扮演的角色,具有不稳定性,会随工作岗位的变化而变化。而团队角色是与个人的气质密切相关的、稳定的行为特征,它相对稳定而且不易改变,不会因为工作岗位的变化而改变。创业团队的构建是一个持续变化的过程,不可能一蹴而就。在创业初期,团队成员通常不会拥有九种不同的角色,他们往往需要同时扮演多个不同的角色,并且频繁地进行角色轮换。因此,创业团队的建立要根据不同阶段对创业团队所要求的角色定位进行选择,并通过合理的分工来确保团队目标的实现。贝尔宾的团队角色理论作为一个理论框架,能够为创业团队的组建标准提供一定的指导和参考。

第二节　创业团队的组建和发展

一、创业团队组建的原则

在进行创业活动之前,创业者都会面临创业团队的组建问题。创业团队组建时如何选择成员? 创业团队组建时如何使团队更加稳定? 这些都是创业团队组建时需要考虑的重要问题。因此,我们提出创业团队的组建要遵循以下原则。

(一)完整性原则

团队完整性是指团队成员在职能上的多样性,即创业项目成功运行所必需的关键模块都具备相应的专业人才,以及在每一专业职能上成员的专业水平。完整性是组建创业团队的重要特征之一,是影响创业绩效的重要因素。不同行业、不同项目所需关键模块和人才有所不同。如果关键模块人才缺失,就会严重制约项目进展和降低成功概率。一个团队之所以比单一创业者更易于成功或易于实现创业绩效的持续成长,就是因为一个完整的团队,其拥有创业成功的要素更加充实、丰富,以至有足够的技术、能力和资源支撑着创业的成功开展、抵御创业风险,所以新创企业绩效的增长与创业者所管理的团队的完整程度呈正相关性。组建创业团队的完整性主要体现在:职能完整性、技能完整性、资源充实性。其中,职能完整性是指推进创业实施的所有相关职责被团队成员全面分担的程度,包含权力、责任和能力相互对等及人尽其职的程度。技能完整性是指团队成员基本具备实施某项创业所需技能的程度。资源充实性是指创业团队拥有创业所需资源的充实性程度,包含团队成员之间资源共享的程度、团队成员愿意为团队贡献资源的程度和资源满足创业需求的程度。

(二)多样性原则

多样性是指团队成员在性别、年龄、能力、人格、经验等个人特征方面的分布及其差异化程度。在动态环境下,多样性高的创业团队,成员的互补性大,抵御环境不确定性的能力强,创新性高。通常认为高度同质化的团队不利于创业公司发展,团队成员之间需要优势互补。团队成员的互补性不仅体现为专业背景互补,还经常体现为性格特点等方面的互补,例如激进者与沉稳者的互补。马云和彭蕾就是经常被提及的案例,一个是天马行空地指出战略方向,另一个则具备强力执行实现战略目标的能力。每个成员各有所长又各有所短。如果团队中一个成员所缺少的东西可以由另一个或者更多的其他成员来提供,团队的功能就会因此放大,也更能体现"1+1>2"的整合功能。因此,在选择创业团队成员时,不要倾向于选择在背景、教育、经验上与他们非常相似的人,它不能提供新企业所需的丰富的人力资源基础。需要重点考虑团队成员的多样性,只有建立多样且互补的团队,每个成员能够相互补充,彼此协作,才能真正发挥创业团队的协同效应。多样性也是复杂的。如果团队未能利用好多样性,成员容易各自成营,团队凝聚力也将受到影响。

小专栏2-3　如何选择合适的创业团队成员

选择创业团队成员对于创业项目的成功至关重要。以下是一些建议,可以帮助您选择合适的创业团队成员。

1. 测评成员的技能和经验

了解每个成员的背景和技能,包括工作经验、技能和成就。确保每个成员都有独特的技能和经验,且是具有专业能力的人。

2. 寻找有共同愿景的人

选择具有相同愿景和热情的人,共同追求项目的共同目标。团队成员应该具有类似的价值观和目标,以确保他们会在困难时期保持共同努力。

3. 考虑团队成员在团队中的角色

团队成员在团队中扮演不同的角色。这些角色包括 CEO、CTO、市场营销、财务和运营等。在选择团队成员时,确定需要哪些角色,并寻找对该角色有专业技能和经验的成员。

4. 寻找有团队合作精神的人

团队合作精神非常重要,能够培养良好的合作关系是决定创业项目成功的重要因素。选择具有良好团队合作精神的成员,就能够与其他成员相互协助,相互支持。

5. 了解成员个性和性格

选择具有强烈的个性和良好的性格特质的成员。团队成员应该具有自信和冷静的特质,在压力下能够保持头脑清醒。同时,需要具有良好的沟通技能,在团队中促进积极的沟通和建立良好的关系。

综上所述,选择合适的创业团队成员应该是一个深思熟虑的过程。要花时间分析团队需要哪些角色,了解每个人的背景和技能,寻找合适的人并保持这些人的共同信念和愿景。

资料来源:https://zhuanlan.zhihu.com/p/632190213

(三)相互信任原则

信任是人与人之间交往合作的基础,也是创业团队组建的重要原则。创业团队必须建立在相互信任的基础之上,成员之间要坦诚相待,互相支持和帮助。猜疑会让团队陷入低工作效率的陷阱中,甚至可能直接让企业猝死。很多初创企业死亡的一个重要原因,就是创始团队内部成员相互不信任、不团结。一般来说,创业者在选择创业伙伴时需要考察对方的人品,它是人们交往和合作的基础,也是决定一个人是否值得信任的前提。在创业团队中,人们注重的人品主要有:成员是否诚信、成员的行为和动机是否带有很强的私心。在很多时候,创业者在选择创业伙伴的时候是从自己身边的兄弟姐妹、同学同事、朋友以及老乡中寻找,其中最重要的原因就在于这些是可以相互信任的人,而且这种建立在情感基础上的信任更容易提高彼此的认同度,减少在创业过程中的摩擦和冲突。

(四)稳定与灵活相结合原则

创业团队成员的不稳定是普遍存在的现象,但稳定的创业团队是不断创新的基础,在巩固前期成果的基础上不断开发更多新成果。从团队的稳定性来看,群体性的创业团队不如有核心主导的创业团队,主要原因在于核心主导的创业团队是由一个核心主导来组建所需要的团队,在挑选成员的时候就已经考虑到成员的性格、个性、能力、技术以及未来的价值分配模式,这减少了由于创业成员间因为自身性格、兴趣不合以及能力的不匹配,而导致创业团队解散的情况。创业团队的组建也是一个不断动态调整的过程,应注意保持团队的动态性和开放性,使真正完美匹配的人员能被吸纳到创业团队中来。随着创业活动的推进以及外部环境变化,团队面临的问题是不确定的,其间不断地有新成员加入,也会有成员因为各种原因而选择离开。因此,在保持相对稳定性的基础上,要考虑多种实际因素灵活处理,基于创业活动发展的需要不断优化创业团队的组织结构,针对内外条件环境变化及时做出调整,以增加组织对环境的适应性。

二、创业团队组建的基本步骤

创业团队的组建是一个复杂的演进过程,不同类型的创业项目所需的团队不一样,因此没有一个固定统一的流程,但是一般而言创业团队的组建都会经历以下五个基本步骤。

(一)明确创业愿景和目标

确定创业愿景和目标,以便能够吸引和筛选适合的人才,明确业务模式、市场定位和长期发展战略。在组建创业团队前,首先要明确创业愿景和目标。愿景即团队热切期望实现的长期目标,想象一下未来,设想你的创业项目最终成为什么样子,这一目标将是团队成员为之努力奋斗的共同目标,且该目标必须切实可行。除了长期目标还应该有短期目标,即阶段性子目标,确保你的目标是具体、可实现和有挑战性的,可以根据不同的方面(如财务、市场份额、用户数量等)设定短期目标。一个清晰的愿景和目标可以吸引志同道合的人并激发团队的激情和动力,这对于选择创业伙伴以及建立创业团队的整体管理机制都起着决定性的作用。明确的创业愿景和目标可以为你的团队提供一个明确的方向,激励团队成员的努力和合作;同时,它们也是吸引投资者、合作伙伴和客户的关键因素。因此,在明确创业愿景和目标时要细心思考,并确保它们与你的价值观和激情相契合。

(二)制订创业计划

在明确创业的总体目标以及各阶段的子目标之后就需要制订详细的创业计划来实现这些目标。制订创业计划主要是在对创业目标进行细分的基础上明确在不同的创业阶段需要完成的具体任务,并结合自身的优劣势明晰实现创业目标所需要的知识技能和资源,为寻找合适的创业伙伴提供重要的参考依据。在制订创业计划书的过程中,需要思考创业项目将如何满足客户的需求,以及它在市场上的独特价值,明确创业项目的核心价值主张,即你的产品或服务为何与竞争对手不同,并能为客户带来何种好处。进行市场研究和分析,了解行业趋势、竞争情况和潜在的市场机会,将这些信息与你的愿景和目标相结合,确定你的创业项目在市场上的定位和差异化策略。

(三)招募创业伙伴

招募创业伙伴是创业团队组建最关键的一步。招募创业伙伴时需要明确创业项目所需的不同角色和技能;通过各种途径扩大关系网络,与潜在的合作伙伴进行交流,建立联系,并与他们分享你的创业愿景和机会,以寻找那些与你有共同愿景和价值观的人,并在与潜在合作伙伴进行深入交流时,评估他们的合作潜力。一方面,对于创业伙伴的选择既要考虑人员能力、风格的互补性,也需要考虑价值观方面的相似性,以保证创业团队的稳定和高效。另一方面,要考虑适度的规模,创业团队的人数不宜过少也不宜过多,具体的团队规模需要根据创业的具体目标来确定。一般认为,创业团队的规模控制在2—5人比较合适。适度的团队规模是确保创业团队能够高效运转的重要条件。

小专栏 2-4　如何了解团队成员个性和性格

了解团队成员的个性和性格是非常重要的，因为这能够帮助您更好地了解他们在工作中的行为方式、反应和决策。以下是一些了解团队成员个性和性格的方法：

1. 应聘者自评表

请应聘者填写自评表，详细写下个人的个性和性格。这些自评表可以从职业顾问或人力资源专家处获取，并可以被用作主要工具。

2. 观察交往

观察成员在与他人交往中的行为和表现。观察成员在工作中的态度、想法、行为和思路，了解其个性和性格。

3. 面谈与沟通

通过有针对性的面谈和沟通了解成员的动机，了解其对工作的期望并建立良好的信任关系，进而知道其个性和性格形成的背景和作用。

4. 直接观察

观察成员在不同情境下的情绪反应。例如，当面临挑战或压力时，是否能保持冷静和理智，以及如何与同事相处等方面。

5. 性格测评工具

可以使用一些专业的性格测评工具，例如 Myers-Briggs Type Indicator (MBTI)、DISC 等，以了解个人的性格特征和在工作中的运作方式。

需要注意的是，了解成员的个性和性格需要一定的时间和观察力，所以最好通过多种方法来获取尽量多的综合信息。同时，了解成员的个性和性格可以帮助您适当地调整和优化工作方式，更好地与成员互动，以及更好地推动整个团队的正常运转。

资料来源：https://zhuanlan.zhihu.com/p/632190213

（四）建立团队合作机制

确定创业团队成员后，为了统一创业团队的行为规范确保创业目标的实现，需要设定明确的目标和角色，建立责、权、利统一的团队管理机制和合作机制,提供开放的沟通渠道,并设立明确的目标和绩效评估机制,妥善处理创业团队内部的利益关系。这也与建立合理的报酬体系有关。通过激励奖惩体制最大限度地调动团队成员的积极性,将团队目标和个人目标结合,实现最终的创业目标。建立团队合作机制需要时间和努力,但它是确保团队高效运作和达成共同目标的关键因素。通过明确的目标、开放的沟通、明确的角色和责任,以及强调合作和协作,可以建立一个稳定和有成效的团队合作机制。

(五)团队的调整融合

创业过程中充满了不确定性和变化,可能需要对团队进行调整和融合,以适应新的市场需求、业务变化或团队成员变动等情况。在进行团队的调整融合前,需要及时评估当前团队的结构、能力和动态,并根据评估的结果,确定团队调整的需求和目标。在进行团队调整时,重要的是保持沟通和透明度,与团队成员分享调整的原因、目标和计划,解释他们的角色和责任的变化,并鼓励他们提出问题和意见。在调整融合过程中,重塑团队的动力和文化至关重要。团队调整融合后,重要的是建立团队凝聚力和合作精神。组织团队活动、分享成功故事、鼓励团队成员之间的互动和合作,以增强团队的凝聚力和团队精神。

三、创业团队的发展阶段

创业团队是一种为共同目标而组建的团队,也是一个有生命的组织。任何创业团队的发展大致会经历形成期、波动期、规范期、成熟期和解散期五个阶段。

(一)形成期

形成期的目标是明确业务方向、制定初步计划和策略,以及建立团队的基本组织结构,初步形成创业团队的内部框架,建立创业团队与外界的相关联系。这一时期创业团队成员处于极不稳定的阶段:一方面,团队缺乏一起创业的经验,成员间关系不稳定,可能出现沟通不畅等问题;另一方面,成员对自己在创业团队中的角色和职责、目标可能感到模糊,因此表现出不稳定的情绪。由于这个阶段可能会面临资源不足、市场验证和团队协作等挑战,为此,团队最主要的任务是减少不确定性,积极讨论和明确各项工作制度、共同目标,消除团队成员的疑虑,建立起团队成员间的信任关系,培养成员间的感情。

(二)波动期

团队经过形成期后,获得了信心,但同时也形成了各种观念激烈竞争、碰撞的局面,出现人际关系冲突和分化,团队成员的心理处于一种极其波动的状态。在波动期,创业团队面临市场竞争的压力和业务的不确定性,可能会出现团队内部冲突、资源紧张和运营不畅等挑战。这时,团队应该做好以下几个方面的工作:做好引导工作,找到问题根源,正确处理各种矛盾和冲突;鼓励创业团队参与管理,对有争议的问题积极发表自己的看法;打造积极向上的工作氛围,全面推崇开放、诚实、协作的办事原则,可以考虑采用柔性管理模式。

(三)规范期

在规范期,创业团队逐渐建立了稳定的业务模式和客户基础,进入正常发展的阶段,开始注重运营效率、团队文化和组织架构的建设。创业团队已经建立起一套完整的规则、流程、价值观、行为模式、方法和工具,团队成员也在不断地提高自己的工作能力和掌握新的技术手段。在团队中,成员们建立了一种相互理解、相互让步和相互帮助的关系,他们的注意力重新集中在工作上,专注于设定目标和完成任务,有计划地解决各种问题,以实现组织的和谐。这时,团队建设是核心问题。团队可以从这些方面进行团队建设:实行参与制,鼓励团队成员提建议,让成员感到自己与团队发展密切相关,提高团队归属感和凝聚力;考虑用激励手段推进成员按照规章制度改进和规范自己的行为。当然,规章制度的约束和惩罚作为辅助手段,能够提高整个创业团队的绩效。

(四)成熟期

在成熟期,创业团队已经建立了稳定的市场地位,并实现了持续的增长和盈利,必然会进一步优化产品、服务和运营,以保持竞争优势。在这一阶段,创业团队呈现开放、诚实、协作的状态,共同解决各种问题,迎接各种挑战。能够采用规范化的管理制度和标准工作流程进行沟通、化解冲突、分配资源。团队成员愿意分享建设性的看法和信息,集体感和荣誉感更强,团队不断取得成效。在这一阶段的挑战可能包括市场饱和、竞争加剧和产品更新周期等。创业团队可以关注事关全局的事情,其他工作适当授权授责给具体业务部门,并根据发展需要,随时更新工作方法和流程,提升管理效率。

（五）解散期

任何团队都有其寿命。在某些情况下，创业团队面临解散可能是由于市场失败、资金耗尽、团队成员离开等原因。团队解散可能是一些成员离开团队，也可能是整个团队的结束。面对前者，团队其他成员应该对离开团队的成员给予感谢和认可；面对后者，企业应提高对外部环境的应变能力和创新精神，若最终团队解散了，团队也可以一起庆祝，鼓励成员们继续向前。

虽然不同阶段之间不一定界限分明，但每一个阶段创业团队成员表现出来的特点还是有明显差异的，因此管理者需要根据不同阶段的规律制定创业团队管理的策略，并灵活调整战略和资源配置，从而提高创业团队的运转效率。需要注意的是，每个创业团队的发展路径可能会有所不同，而且不同团队会在同一阶段经历不同的挑战和变化。

四、创业团队组建和发展过程中常见问题

在创业团队组建和发展过程中，无论企业的商机是好是坏，也无论团队成员是否密切合作，现实过程中难免会遇到一些问题。企业可能在成立之前就已经四分五裂，也有可能在初创阶段就遭遇失败，或者长期处于分裂状态。即便这些问题不会彻底摧毁企业，它们也将对企业的发展潜力造成严重的损害。以下列举了创业团队组建和发展过程中常见的几个问题。

（一）创业初期苛求组建豪华型团队

创业一开始，部分创业者热情饱满且过于理想化，一来就想创建一个豪华团队，要求成员具有同行大企业的显赫背景，并盲目地扩充规模。实际上，这种团队往往都是以惨败收场的，豪华型团队往往需要创业项目有足够的市场潜力、商业模式有可行性和有充足的资金支持，而创业初期企业的资源都很有限，选择精益创业可以最大化生存概率，反之容易加速死亡。因此，初创企业的人员数量不能太多，能满足基本的需求就可以了，否则设置太多不必要的岗位，没有和企业的发展脚步相一致，增加了团队内耗。

（二）前期准备不足

如果一个团队没有足够的经验来创建公司，也没有掌握处理初期形成阶段各种复杂问题的技能，那么它不会考虑在企业正式成立前的试运行阶段就对潜在合伙人进行"相互协和度测试"，也不会去咨询资深顾问关于这个问题的意见。当这种团队有一天面对核心的问题时，他们可能会感到手足无措。例如：谁持有多少的所有权份额；谁拥有多大的控制权和管理权；谁应当负责投入相应的时间、资金或其他必要资源；如何解决存在的分歧，以及团队成员如何退出等问题。在企业初创阶段，当团队没有针对这类发展核心问题进行讨论，在后期便会导致团队成员之间的分歧和不愉快，这可能会导致一个原本具有良好经营前景和巨大潜力的团队因上述因素而提前解散。

（三）缺乏动态发展观念

创业团队的动态发展是指团队在创业过程中不断调整，以适应变化的市场环境和业务需求，具有持续发展和成长的能力。有些团队不能认识到创建并发展企业是一个动态的过程。在企业建立初期，许多人认为团队组建是一件很容易的事情，只要有一份合适的协议就行。他们没想到最初达成的协议在一段时间后将不再适用，也不能再准确地反映出团队成员的实际贡献。而且他们往往想不到团队中成员的组成也会在一段时间后发生变化。因此，没有动态发展观念的创业团队不可能建立起一套完善的机制来帮助或协助合伙人体面地分手，也无法让团队随着企业的发展进行必要的内部调节。

（四）盲目信任他人

诚实正直对于企业的长远发展当然很重要，而且世界上的确有很多高素质、有道德的人，然而现实世界也存在不少掠夺、偷盗、敲诈、欺骗和虚伪的现象。虽然创业者不信任他人无法取得成功，但盲目的信任同样不会成功。在现实世界里，信任应该是逐渐赢得的，因为它需要有耐心并能经受住考验。投资者们青睐那些能够紧密合作的团队，其主要原因是团队成员彼此信任。在建立信任的过程中，稍有差错就会对企业造成很坏的影响。那些不注意细节的团队，如不注意经常保持和其他人或其他公司的联系，就容易犯错误。

第三节　创业团队的管理

一、创业团队的激励

激励创业团队是保持团队动力和推动创新的关键因素之一。设计合理的报酬制度对于激励创业团队至关重要。合理的报酬制度可以帮助吸引、激励和保留优秀的创业团队成员。因此，在设计报酬制度的时候可以重点考虑以下几个方面。

（一）综合考虑团队和个体表现

设计报酬制度时，首先要确保每个团队成员的角色和职责都明确，并与团队的整体目标和战略一致。这有助于确定每个角色的价值和对团队的贡献程度，确定团队和个人绩效在报酬决策中的权重，以确保整体协作和个体贡献都能够得到公正的认可，使报酬制度能够平衡团队协作和个体绩效；评估个体的贡献度，不仅限于完成任务的数量，还包括创新、领导力、团队合作等因素，进而确保报酬制度能够平衡团队协作和个体绩效。

（二）设定清晰的绩效指标

制定明确的绩效评估标准，以衡量团队成员的工作表现。这可以基于量化指标（如销售额、利润增长等）和定性评估（如工作质量、团队合作等）来进行评估。使团队成员能够理解和追踪他们的工作表现，这可以包括销售目标、市场份额、项目完成情况等；确保绩效指标与部门和职位的职责和目标相关，不同部门和职位的绩效指标可能会有所不同，以反映他们的职能和贡献。

（三）薪酬制度灵活化

除了基本工资外，可以设立奖金制度来奖励团队成员的特定业绩。奖金可以根据实际业绩、完成的目标或公司的利润进行设定。一方面，一个灵活的薪酬结构可以包括固定工资、绩效奖金、股权激励等，以满足不同成员的需求和激励方式；另一方面，定期评估薪酬制度的有效性，并根据团队和公司的发展情况进行灵活调整，以保持激励的有效性。此外，公司还可以提供其他福利，如健康保险、退休计划或弹性工作时间等，以提供额外的价值。

（四）实施股权激励计划

股权激励是一种激励创业团队的常见方式，可以为团队成员提供股权奖励，使他们成为公司的股东，并与公司的成功紧密关联。股权分配可以根据团队成员的投入、角色和贡献程度来确定。刚加入团队的成员可先获得一部分股权，剩余股权则根据规定的评估规则，在创业过程中逐步释放给团队成员。采用期股计划时，若在团队总股份中预留一部分股权作为机动股份，将产生更好的激励效果。随着企业规模的扩大，需要设计更规范的治理结构，并考虑更多法律法规的限制，这一计划能够将团队成员的利益与企业的成功直接挂钩，增强团队的责任感。

（五）公平透明的报酬政策

设计报酬制度时要注重公平和透明原则，确保激励措施的设计和执行过程公正，避免偏袒或不公平待遇。同时，与团队成员进行充分的沟通，让他们了解报酬制度的原则和机制，了解如何获得额外的报酬，以及报酬决策的依据。设立申诉机制，允许团队成员对报酬政策提出异议，善于听取成员的反馈，以了解他们的期望和需求，及时识别成员不公平的情绪，有助于制定更合理的报酬制度。

除了通过设计合理的报酬制度达到激励效果，其他激励方式也可以贯穿在企业、团队发展过程中。比如，为成员提供培训和发展机会；定期组织团队活动和进行表彰；构建积极的工作氛围；提供弹性工作时间和远程工作选择，以满足团队成员的工作和生活平衡需求；鼓励团队成员参与企业决策过程。通过综合的考虑，能够帮助团队构建一个更合理、更全面的激励体系，从而激发创业团队的热情、创造力和工作动力，有助于团队更好地实现共同的目标。

小专栏 2-5　团队规范形成之"分粥"

由 7 个人组成的小团体，其中每个人都是平凡而且平等，但不免自私自利。他们想通过制定制度来解决每天的吃饭问题——要分食一锅粥，但并没有称量用具。那么怎么分才最有效呢？

方法一：指定一个人负责分粥事宜。很快大家就发现，这个人为自己分的粥最多。于是又换了一个人，结果总是主持分粥的人碗里的粥又多又好。阿克顿勋爵作的结论是："权力会导致腐败，绝对的权力导致绝对的腐败。"

方法二：大家轮流主持分粥，每人一天。虽然看起来平等了，但是每个人在一周中只有一天吃得饱且有剩余，其余6天饥饿难挨。大家都认为这种办法造成了资源浪费。

方法三：大家选举一个信得过的人主持分粥。开始这位品德尚属上乘的人还能公平分粥，但不久他开始为自己和溜须拍马的人多分。

方法四：选举一个分粥委员会和一个监督委员会，形成监督和制约。公平基本上做到了，可是监督委员会常常提出种种议案，而分粥委员会又据理力争，等粥分完时，粥早就凉了。

方法五：每个人轮流值日分粥，但是分粥的那个人要最后一个领粥。令人惊奇的是，在这个制度下，7只碗里的粥每次都是一样的多。每个主持分粥的人都认识到，如果7只碗里的粥不同，他确定无疑将得到那份最少的。

资料来源：https://www.sohu.com/a/506545420_121124316

二、创业团队治理

优秀的团队治理结构必须包含两个特质：一是股权设计适宜，二是职权责利对等。

(一)股权设计适宜

为建立优秀的团队治理结构，创业团队需要适宜地设计合伙人股权的进入、分配和退出机制。为了避免在今后可能产生的创业冲突，合伙人股权设计需要遵循以下原则。

1. 规则尽早制定原则

众多的创业公司在创业初期常常面临一个挑战，那就是大家满怀激情地先做事情，而不去思考自己持有的股份数量或如何获得这些股份，因为初期公司的股权可能只是一张没有实际价值的支票。当公司的财务状况变得越来越明朗，公司内部的价值也逐渐增加时，初创公司的成员会更加关注自己能获得的股份比例。如果此时再讨论股权的分配方式，很可能会导致分配不能满足所有人的期望，从而引发团队问题，影响公司的发展。

2. 股权进入慎重原则

股权分配应考虑合伙人在公司创办和运营中的贡献和投入，这可以包括投入资金、劳动力、技能、专业知识、网络资源等，合伙人应该根据其贡献程度获得相应的股权奖励。但创业者也应该慎重按照合伙人的标准发放股权，比如：慎重向短期资源承诺者、专家顾问、兼职人员和早期普通员工以及理念不认同、不能同舟共济的人发放股权。此外，新进入的股东应该能够为公司的发展提供有价值的见解和指导，表达对公司的长期承诺和稳定性。而且进入股权时应谨慎考虑已有股东的利益和股权稀释的影响，确保新进入的股东对现有股东的股权比例和权益分配没有太大影响，并遵守合适的法律和合同规定。

3. 一股独大原则

创业企业一股独大原则，也被称为"创始人至高无上"原则，指的是在创业初期，创始人或创始团队保持绝对控制权，拥有绝大部分或全部的股权。通常情况下，创业团队的股权分配绝对不能搞平均主义，一定要有大股东，尤其是在资本力量不是很强大的情况下。需要注意的是，一股独大的原则并不适用于所有创业企业，尤其是在一些情况下，需要引入外部投资、合作伙伴或高级管理人员。在决定是否采用一股独大原则时，创业者应权衡利弊，并考虑公司的战略目标、长期发展和治理结构。

4. 股份绑定原则

股份绑定原则旨在激励和留住创业者和关键团队成员，使他们与公司的长期发展紧密相连。就是说，股权按照创始团队成员在公司工作的年数，逐步兑现。几种常见的股份绑定原则是：股权期权、股份归属条件、股票退还权、股份锁定期、股份回购权。需要注意的是，股份绑定应该合理平衡，确保公平性和透明性，并充分考虑创业者和团队成员的权益保护。

5. 留期权池原则

创业公司留期权池原则是指创业公司在初始阶段设立一个留给未来关键员工的期权池，以便给后续股权调整预留空间，激励和吸引优秀的人才加入公司，并使他们与公司的长期成功密切相关。通过合理设置期权池，公司能够在需要时快速向员工提供激励措施,促使他们为公司的长期成功而努力工作,如:硅谷的惯例是预留公司全部股份的10%—20%作为期权池,较大的期权池对员工和VC具有更大吸引力。

小专栏2-6　周鸿祎:建立股权池给未来留机会

奇虎360公司董事长兼CEO周鸿祎曾经提到,创业需建股权池,不拘一格降人才。第一,创始人团队千万个要从一开始就把股份平分了。早期的一批创业者,开了一个局,这是一个"1",但能做多大,在1后面能做出多少个0出来,就需要以后加入的很多能人一起创造出来。企业要发展,要做大做强,一定要引入人才,把企业的骨干力量持续做大。第二,要达成共识,公司得留出一部分股份给未来,分给以后加入的骨干人员,这样给企业留出一个未来的发展空间。不管你团队强弱,都不要把股票分完,再强的团队,也要留个15%—20%的池子,团队弱一些,你要懂得大方地留下40%甚至50%的池子才行。这样的好处在于一开始大家利益均沾也无所谓,不论日后有更强的人进入你的团队,抑或是你们的贡献与股权不一致,总可以从"大锅饭"给牛人添点。毕竟从别人口袋掏钱这事儿太悬。就算是拿出40%来分,也总有分完的一天。股份分完了,难道我们就不需要人才了吗?一个企业对人才,永远是饥渴的,永远是需求的。所以在上市之前,我们做了一个计划,一旦我们的股票分完了,我们可以随时再增发5%,会永远保持5%。

资料来源:https://www.iheima.com/article-49002.html

6. 股权退出合理原则

提前设定好股权退出机制,约定好合伙人退出后要退回的股权和退回形式。退出的合伙人的股权回购方式只能通过提前约定的退出,退出时公司可以按照当时公司的估值对合伙人手里的股权进行回购,回购的价格可以按照当时公司估值的价格适当溢价。回购价格的确定可以根据创始人股权成熟条款,市面上关于股权成熟的模式包括按年成熟、按项目进度、项目融资进度、项目运营业绩等。为了防止合伙人退出公司但却不同意公司回购股权,可以在股东协议中设定高额的违约金条款。

7. 动态调整原则

合伙人需要事先在合伙人协议里非常明确地约定动态调整股份的条款。未来一旦发生意外情况，比如：合伙人离婚，但合伙人未做夫妻财产约定，则股权依法属于夫妻共同财产，合伙人离婚时其所持有的股权将被视为夫妻共同财产进行分割，这显然不利于项目的开展。所以，在合伙协议里，建议约定特别条款，要求合伙人一致与现有或未来配偶约定股权为合伙人一个个人财产，或约定如离婚，配偶不主张任何权利，即"土豆条款"。如果合伙人犯罪，被追究刑事责任，则其不能或不适合继续参与项目的，则应强制退出，并参照上述股权成熟机制处理。如果合伙人出现意外，可以在公司章程里约定合伙人的有权继承人只能继承股权的财产权益，不能继承股东资格。

（二）职权责利对等

创业团队治理的职权责利对等原则是指在创业公司的治理结构中，公司的创始人、管理层和其他关键团队成员应该在职权、责任和利益方面享有平等对待的原则。这个原则旨在建立公平、透明和有效的治理机制，确保各方的利益得到平衡和保护。创业团队治理的职权责利对等原则包括以下几个方面。

1. 职权平等

创业团队成员在公司治理中应享有平等的职权。这意味着每个成员都有平等的发言权、决策权和管理权，无论其在公司中的地位或股权比例如何，每个人都有权参与决策公司运营的方方面面。

2. 责任平等

创业团队成员应承担相应的责任和义务，这包括他们在公司内部担任的职位和角色所带来的责任。无论是创始人、管理层还是其他关键团队成员，每个人都应对自己的行为和决策承担责任，以确保公司的长期发展和利益。

3. 利益平等

创业团队成员的利益应该得到平等对待。这包括股权利益、薪酬福利、公司价值的增长等方面。公司应确保在分配股权、薪酬和其他利益时公平、公正和透明，避免偏袒或不平等对待任何一方。

4. 决策透明

治理结构应具有透明度，决策过程应公开、透明，并且所有团队成员都应该了解和理解决策的原因和目的。信息应在团队成员之间共享，以便他们能够做出明智的决策。

5. 利益冲突管理

当团队成员的个人利益与公司的利益发生冲突时,应建立有效的利益冲突管理机制。这可以包括公开披露冲突、独立评估和决策等措施,以确保团队成员在处理利益冲突时遵循公正和透明的原则。

创业团队治理的职责权利对等原则有助于确保公司治理的公平性、透明性和效能。它建立了一个平等和协作的环境,激励团队成员共同努力,为公司的长期成功和可持续发展而奋斗。

三、创业团队领导

(一)团队领导者及职责

创业团队领导在创业公司中起着至关重要的作用,他们的角色是多样和复杂的,需要综合运用领导能力、管理技巧和创新思维来推动公司的发展和成功。作为创业团队的领导者,他们承担着引领团队向目标前进、发展企业、解决问题和做出关键决策的责任。创业团队领导者应该有清晰的愿景和目标,并能够将其传达给团队成员,激发团队对共同目标的热情和承诺,并带领他们朝着目标努力。领导者需要具备发现和激励团队成员的能力。他们应该能够发现每个成员的优势和潜力,并提供支持和资源,以帮助他们实现个人和团队目标。创业团队领导者应该具备团队建设的技能,应该能够培养团队的协作和合作精神,并促进团队成员之间的良好沟通和相互支持。创业团队领导者在创业过程中需要做出许多重要决策,应该具备良好的决策能力,能够基于现有信息和经验做出明智的决策,并在面对挑战和不确定性时保持冷静和理性。创业团队领导者应该能够有效地管理公司的资源,包括人力资源、财务资源和物质资源,能够做出明智的投资决策,合理分配资源,并确保资源的最佳利用。由于创业环境变化快速,创业团队领导者应该具备持续学习和适应的能力,能够不断学习新知识和新技能,灵活应对变化和挑战。创业团队领导者还应该具备良好的沟通能力,能够清晰地传达信息、愿景和目标,并有效地代表公司与外部利益相关者进行沟通和协商。

创业团队的领导者在创业公司中担负着多项重要职责。

1. 决策职能

决策职能是团队领导者的基本职能之一。领导活动实际是领导者制定决策和实施决策的过程。在这个过程中，领导者将会面对各种影响决策的因素，这时必须凭借自身的经验、思维等特质，对诸多方案做出选择和决定。创业团队领导者需要制定公司的愿景和长期战略，明确公司的目标，并制定实施计划来实现这些目标。

2. 指挥职能

指挥职能是指在创业过程中，需要有领导者帮助团队成员认清所处的形势和环境，来指明活动的目标和达到目标的路径。团队组建成立之后，企业可能处于形成期，各种经营制度和沟通渠道尚未步入正轨，这时就要让指挥发挥作用，通过及时制定阶段性计划，有效地组织团队成员实施决策。在这个过程中，领导者首先要对每一位成员有充分的了解，然后与成员进行充分沟通，让员工充分发挥工作潜能。同时领导者为了调动成员实现组织目标的积极性，需运用合适的激励手段和方法，这样指挥职能才能发挥最大效能。

3. 教练职能

教练职能是指领导者以中立的身份，需要能够识别团队成员的需求，借助相应技能和工具指导团队每一位成员，为团队成员提供指导和支持，并提供适当的培训和发展机会，帮助他们发展自己的能力和实现个人目标，以最佳的状态为新创企业创造业绩。行使教练职能重点在于"培养人"而非"处理事"，指导团队成员怎样把事情做对做好，鼓励成员发挥自己的长处，激发他们的潜能，及时反馈问题，帮助成员调整到最佳状态去创造工作绩效。

4. 沟通职能

沟通职能是领导的核心职能，也是优秀领导者的关键特征。有效的沟通和有效的领导是紧密交织在一起的。领导者的沟通职能表现在通过沟通对内推动、发动以及引导团队成员实现团队目标，通过沟通解决团队内部问题及冲突，有利于创建一个和谐的团队氛围。创业团队领导者要能够与投资者建立良好的关系，向潜在投资者传达公司的价值和潜力，并与他们建立互信和合作的关系。创业团队领导者要建立和维护与合作伙伴的良好关系，以增强公司的市场竞争力和创新能力。

（二）创业型领导

创业型领导是指在创业环境中具备创新、冒险和机会识别能力的领导风格。创业型领导具有大胆决策、积极行动和持续学习的特点，他们能够在不确定和风险高的情况下引领团队前进，能够带领团队面对挑战、创造价值，并推动公司的快速成长和成功。他们是创业生态系统中的关键驱动者,能够为公司和社会带来积极的影响。创业型领导包含两个维度五大作用十九个关键特征,具体如表 2-4 所示。

表 2-4　创业型领导的两个维度五大作用十九个特征

维度	作用	特征	含义
愿景设定	创设挑战	绩效导向	设定高绩效标准
		雄心壮志	设定高目标,努力奋斗
		见多识广	知识渊博,知晓信息
		洞察深邃	直觉超强
	肩负责任	充满愿景	树立愿景,憧憬未来
		战略预见	预见未来可能发生的事件
		建立自信	帮助别人获得自信,并对他们充满信心
	清除障碍	善于交际	深谙人际交往技能
		擅长谈判	能高效地与别人谈判
		令人信服	具有不寻常的说服能力
		鼓励促进	给予勇气、信心或希望
角色创建	建立承诺	鼓舞人心	激发别人的情感、信念、价值观和行为,并激励他们为实现愿景而努力奋斗
		满腔热情	展示和传递浓厚的工作热情
		组建团队	促进团队成员共同工作
		持续改进	致力于持续改进绩效
	明晰界限	高效整合	将人和事整合成一个富有凝聚力的工作整体
		智力激发	鼓励别人开动脑筋去挑战其他人的信念、成见和态度
		积极进取	通常保持乐观自信
		果断决策	坚定快速地做出决策

资料来源:斯晓夫、吴晓波、陈凌、邹爱其:《创业管理:理论与实践》,浙江大学出版社 2016 年版

　　创业型领导具备创新思维,能够挖掘和发现新的商业机会,愿意承担风险,敢于冒险,追求机会的最大化;能够激励和激发团队成员的潜力和创造力,鼓励团队成员追求卓越,并提供支持和资源来实现团队目标;能够通过榜样作用、故事分享和鼓励创新等方式,营造积极的创业文化,激发团队成员的创业精神和

热情;注重长期可持续发展,而不仅仅关注眼前的利益,考虑到企业的社会责任和环境影响,并努力打造一个可持续发展的商业模式。总之,创业型领导是组织开展战略性创业、获取竞争优势并持续创造价值的基石。

四、创业团队冲突管理

(一)创业团队冲突类型

创业团队冲突是指在创业团队中出现的不同意见、利益冲突或者人际关系问题等,阻碍了团队的协作和合作。创业过程中,团队成员可能因为各种原因而产生冲突,这些冲突可能涉及决策、目标、资源、角色、沟通等方面。有些学者将冲突的类型分为认知冲突和情感冲突,不同类型的冲突具有其特定的特征。

1. 认知冲突

创业团队的认知冲突是指团队成员在对问题的认知、理解和解释上存在差异,导致彼此之间发生冲突。这种冲突往往源于个人的知识、经验、背景、思维方式等方面的差异,冲突更多是针对事情而非个人。团队成员的认知冲突可能是因为对业务战略、产品发展或市场定位等方面的观点不同而发生的,也可能是对风险和机会的评估、问题的解决方法和策略、公司的目标和优先事项等方面存在不同的认知而发生的。适当的认知冲突能够激发他们对自身不足的质疑和反思,进一步促进团队成员间的思想交流和碰撞,从而有助于加强团队成员的认同感,提升团队决策的质量,并最终提升创业团队的整体表现。

2. 情感冲突

创业团队的情感冲突是指团队成员之间因为情感和情绪上的不一致而产生的冲突,这种冲突往往源于个人的情感态度、价值观、期望和人际关系等方面的差异。与认知冲突相反,这是对人不对事,因此常常会引发团队成员间的敌意、疑虑和不信任,这样的情感抵触会大幅度地削弱团队的工作效率,影响集体决策的效果,极端情况下甚至可能导致团队解散,从而对创业目标的实现产生不良影响。解决创业团队的情感冲突需要团队成员之间的情感智慧和情商,团队成员应该尊重彼此的情感和情绪,理解个体差异,建立积极的沟通和情感支持的机制。

(二)创业团队冲突管理原则

每一个创业团队内部或多或少会存在冲突,一些团队因为激烈的冲突而没落甚至解散,另一些团队则因为冲突而实现了突破和发展的飞跃。因此,创业团队在处理冲突时应采取有效的策略尽量避免和减少情感冲突,引导和创造认知冲突,在团队中构建坦诚合作的氛围,提高团队效能。要有效管理团队成员之间的冲突,需要遵循以下三条原则。

(1)分清冲突的性质。认知冲突要适当鼓励,情感冲突则应该降到最低。

(2)要针对不同类型的冲突采取不同的措施。个人与个人之间、个人与团队之间、个人与组织之间、团队与团队之间、团队与组织之间都可能产生冲突,要分别采用不同的管理对策。

(3)既要预防团队成员之间的情感冲突,又要激发团队成员之间的认知冲突。

(三)创业团队冲突管理对策

冲突管理是创业团队从始至终的一个重要管理环节。很多团队领导者很害怕冲突,主要是因为冲突很可能会随时蔓延,导致一发不可收拾。不存在没有冲突的关系,也不存在没有冲突的团队。要对团队冲突有正确认知,对冲突持开放的态度。面对冲突,团队领导者及成员要善于对冲突进行合理的引导,这样会有助于发挥冲突对团队绩效的正面影响。创业团队可以通过以下方法预防冲突、解决冲突。

1.建立强大的沟通渠道

创业团队成员之间的有效沟通是冲突管理的基础。鼓励团队成员之间开放、坦诚和透明的沟通,确保并鼓励团队成员自由表达意见,不用担心被批评或指责,并且能够倾听和理解其他人的观点,有助于减少误解和偏见,加强团队的凝聚力。

2.促进团队建设

通过团队建设活动和培训课程,培养团队成员的合作意识和团队精神,加强团队凝聚力和互信,提高团队成员之间的合作和协作能力。定期组织团队建设活动,加强团队成员之间的信任和合作关系。一个紧密团结的团队更容易在面对冲突时协同合作。

3.设立冲突解决机制

建立一个明确的冲突解决机制,让团队成员知道如何处理冲突。这包括指定责任人、设立沟通渠道、制定解决冲突的程序和时间表等。如果冲突无法自行解决,可以考虑寻求一个中立的第三方调解人,这个人可以是团队领导者、顾问或专业的调解人,确保团队知道在冲突发生时应该采取什么措施。

4.采用积极的解决方法及时干预

当冲突发生时,及时干预并采取行动是至关重要的。寻求积极的解决方法,如合作、协商和折中,避免采取竞争、回避或妥协的消极方式。通过开放和建设性的对话,寻找双赢的解决方案,以满足各方的需求和利益。

5.持续监测和反馈

在冲突解决后,持续监测团队的合作状况和冲突情况。及时提供反馈和建议,帮助团队改进冲突管理和提示解决的能力,通过不断学习和改进,提高团队的整体效能。

这些对策并非刚性规定,每个团队都具有一定的特殊性,必须结合团队企业的实际情况来引导管理冲突。在对团队冲突进行引导和管理时,还需要进一步完善企业的战略,丰富企业文化,不能一味地阻碍冲突的发展。否则,长此以往会造成更大的矛盾。

讨论案例

西少爷拆伙:又一个创业公司的悲剧

11月15日晚7点半,西少爷创始人之一袁泽陆匆匆赶到五道口某创业沙龙活动现场,这比之前约定时间晚了近半个小时。活动主办方曾担忧,袁泽陆是否能如期出席。两天前,西少爷另一创始人宋鑫在知乎上发布一篇名为《西少爷赖账,众筹的钱怎么还》的文章,指责CEO孟兵将其"逼"走,并拖欠早期众筹股东的钱迟迟不还。在静默一天之后,14日晚间,西少爷官方以另外两位创始人罗高景、袁泽陆的身份发布公开信回应宋鑫指责,称其全文污蔑。主要当事人孟兵则以"新品研发"为由,表示不再对该事做进一步的解释说明。从4月8日开业,到6月中旬宋鑫离开,在短短两个月里,这家由四名合伙人创办的明星创业公司缘何分东离西?

这家公司从第一天就存在隐患。孟兵、宋鑫、罗高景三人在2012年年底的西安交通大学北京校友会上认识(彼时袁泽陆尚未加入)。已在投资机构工作三年的宋鑫,有了想要出来创业的想法,于是通过校友会的关系认识了有技术能力的孟兵等人。三人一拍即合,第二年4月份,成立了名为"奇点兄弟"的科技公司。由于孟兵承担了主要的产品研发工作,因此孟兵、宋鑫、罗高景的股权分别为40%、30%、30%。

"矛盾不是突然爆发的,在做第一个项目时就有积累。"在接受凤凰科技采访时,袁泽陆如此说道。从2013年4月份开始创业,他们曾经一起住在30元一间的昏暗旅馆里,灭蟑螂,写方案。但共苦经历并没有阻止矛盾的产生。5月份,孟兵、宋鑫之间便开始争吵。在罗高景看来,宋鑫没有工作成果是争吵的直接原因。宋鑫认为产品本身存在问题因此才会卖不出去,而孟兵则将责任归结为销售不力。彼时,孟兵、宋鑫两人已经表现出了对彼此的不满。10月份,由于业绩实在不佳,孟兵、宋鑫、罗高景三人不再坚持之前的项目,开始转做肉夹馍,袁泽陆也在这时候加入,形成西少爷四个创始人的状态。随着西少爷的走红,孟兵、宋鑫之间的不满在一片红火之下被暂时地"和谐"掉了。这个团队并不是稳定架构。孟兵和宋鑫都属于个性强势的人。区别在于,孟兵会表露出来,所以会在爆发争吵时,指责宋鑫"产品有什么问题,都怪你销售做得不好";宋鑫看上去并没有那么强攻击性,但在骨子里,却是个非常固执己见的人。袁泽陆大多充当着调解者的角色。

火爆的销售业绩加上"互联网思维"的外衣,孟兵以创业明星的姿态登上各类媒体讲述创业故事。开业不到一周,便有投资机构找来,并给出了4000万元的估值。四个人认为这时候需要引入投资来扩大业务,但就在引入投资、协商股权架构的过程中,孟兵、宋鑫之间的矛盾被彻底激发。5月初,西少爷四人开始与投资人商讨有关投资的细节。据袁泽陆介绍,当时孟兵提到为了公司之后在海外的发展,希望组建VIE结构,他的投票权是其他创始人的三倍。由于孟兵的口气比较随意,袁泽陆、宋鑫、罗高景都没有太在意。不久,在孟兵转发给他们拟好的正式合同里,增加了组建VIE结构、增加孟兵投票权这两项,"当时我们都感到很意外"。

宋鑫表示,在与投资人协商时孟兵并没有提出三倍投票权,他直至看到那封邮件时才知道孟兵给自己增加了投票权。宋鑫担忧的是,孟兵的投票权超过50%,那么自己是处于一个被动的地位,可能会因为他的决定而被迫出局。而袁泽陆也感到不满,感觉自己的权力被削减。按照孟兵的解释,当时之所以会提出三倍投票权,是因为在公司决策过程中需要有一人能够保证话语权,以便于公司的管理和决策。但宋鑫称,当时孟兵给他的说法是,自己没有安全感,暗示担心被夺权。那么,为何会没有另外三个合伙人的明确同意,就在合同中增加该条款?随后在5月中旬,袁泽陆、罗高景做了让步,表示2.5倍投票权可以接受。袁泽陆希望双方都下一个台阶,所以提出了2.5倍。孟兵妥协了,说没问题。但宋鑫没有同意。宋鑫给出的方案是,如果是投资人的意思要增加孟兵的投票权,并保证自己30%的股权不变那么他就同意。但在袁泽陆、罗高景看来去见投资人不是一个好的处理方法,这意味着将内部矛盾公开化。此时,袁泽陆对宋鑫的不满也已产生,"盂兵在很多时候会做出让步的,但宋鑫不顾大局只顾自己有些自私,那个阶段公司事情进展很慢"。

整个5月,引入投资的事情一直僵持着。这个情况下,在5月底6月初,宋鑫回西安学习豆花的制作。这成为他后面出局的导火线。"原本计划三五天就能回来的宋鑫,却花了整整11天时间在西安,关键是最终也没能搞定小豆花配方。"在西少爷的官方声明中如此写道。过长时间的学习再度引起了另外三人的不满,使得他们决定要将宋鑫除名。袁泽陆称:"学豆花这个事只是一个导火线,关键是我们的经营理念出现了分歧,宋鑫阻碍了公司的进程,在那种情况下,不能够再继续合作下去了。"

宋鑫是如此描述当时的情景:"他们三个一大早就出去了,在下午的时候给我发了条微信,说股东决议我必须离开,当时我都蒙了。在晚上又收到一条短信,说房子是属于公司的,我必须搬出去。"整个股东的通知,都是由微信完成,之所以没有面对面进行沟通和决议,袁泽陆给出的理由是因为担心盂兵和宋鑫两个人当面打起来。按照宋鑫的说法,之后给另外三个人打电话并找了大家之前经常去的地方,但均未联系上。之后,四个人在西少爷五道口店附近的咖啡馆坐下来谈了几次,但都不欢而散。盂兵、袁泽陆、罗高景三人给出的方案是,27万元加2%的股份,买回宋鑫手中30%的股份。"这27万元是宋鑫之前在公司工资的4倍,4倍的投资回报应该也可以"。但宋鑫要1000万元,理由是当时西少爷的估值有4000万元,他可以分得四分之一。"这根本是不可能的。"袁泽陆如此说道。由于一直没有谈拢,目前宋鑫仍然有"奇点兄弟"近30%的股权。在7月份,宋鑫另起炉灶重新开了名为"新西少"的肉夹馍店。

西少爷的口水战尚未结束。宋鑫说他需要给参与众筹的人一个答复。袁泽陆的想法是不会继续回应,不会跟随炒作。而风暴中心的盂兵继续保持沉默,在凤凰科技的追问下,他说:"这个事给我最大的经验是,股权的平均化不可取,这个会给公司埋下一个定时炸弹。"

资料来源:《西少爷拆伙:又一个创业公司的股权悲剧》,《现代营销》(经营版)2015年第1期

思考题:

1.导致西少爷创业团队散伙的直接原因是什么?

2.出现这样一种结局背后最根本的原因是什么?

3.从西少爷团队的创业经历中你认为如何才能组建一个优秀的创业团队?

本章小结

创业团队是有两个或两个以上为共同目标而努力，拥有一定决策权和股权，共享利润和共负亏损的相互协作依赖的个体组成的特殊群体。创业团队成员的选择在知识、技能和经验方面主要关注互补性，而在个人特征和动机方面则考虑相似性。

创业团队需要具备四个关键要素，即目标、人员、角色分配和创业计划。目标引导团队成员的思想和行为，人员是构成创业团队最核心的力量，角色分配是要明确个人的职务、权力和责任，创业计划是指导团队成员分别做哪些工作以及怎样做。

创业团队的组建一般都会经历以下五个基本步骤：明确创业愿景和目标、制定创业计划、招募创业伙伴、建立团队合作机制和团队的调整融合。新企业创建伊始就拥有一支成功稳定的创业团队是不现实的，创业团队还具有动态渐进的演进属性。

合理的报酬制度可以帮助吸引、激励和保留优秀的创业团队成员。在设计报酬制度的时候可以重点考虑团队和个体表现、清晰的绩效指标、灵活的薪酬制度、股权激励、公平透明的报酬政策。

为建立优秀的团队治理结构，创业团队需要适宜地设计合伙人股权的进入、分配和退出机制。在创业公司的治理结构中，公司的创始人、管理层和其他关键团队成员应该在职权、责任和利益方面享有平等对待的原则。

创业团队冲突是指在创业团队中出现的不同意见、利益冲突或者人际关系问题等，可能阻碍团队的协作和合作。创业团队在处理冲突时应采取有效的策略尽量避免和减少情感冲突，引导和创造认知冲突，在团队中构建坦诚合作的氛围，提高团队效能。

延伸阅读

[1] 诺姆·沃瑟曼.创业者的窘境[M].七印部落,译.武汉:华中科技大学出版社,2017.

[2] 朱瑛石.第一团队[M].北京:中信出版社,2008.

[3] 彼得·蒂尔,布莱克·马斯特斯.从0到1:开启商业与未来的秘密[M].北京:中信出版社,2015.

[4]本·霍洛维茨.创业维艰：如何完成比难更难的事[M].杨晓红,钟莉婷,译.北京:中信出版社,2015.

[5]马修·萨伊德.多样性团队[M].季丽婷,译.天津:天津人民出版社,2021.

参考文献

[1]陈奎庆,彭伟.创业管理:理论、案例与实训[M].北京:高等教育出版社,2017.

[2]陈忠卫.创业团队企业家精神的动态性研究[M].北京:人民出版社,2007.

[3]丁栋虹.创业学[M].上海:复旦大学出版社,2014.

[4]何建湘.创业者实战手册[M].北京:中国人民大学出版社,2015.

[5]姜彦福,张帏.创业管理学[M].北京:清华大学出版社,2005.

[6]刘沁玲,陈文华.创新与创业管理[M].北京:清华大学出版社,2016.

[7]苗苗,蒋玉石,周静.创业管理[M].北京:电子工业出版社,2019.

[8]饶扬德,刘万元,邓辅玉.创业学[M].北京:中国人民大学出版社,2016.

[9]施涛,游浚,卢安文.创业管理[M].北京:高等教育出版社,2018.

[10]斯晓夫,吴晓波,陈凌,等.创业管理:理论与实践[M].杭州:浙江大学出版社,2016.

[11]杰弗里·蒂蒙,小斯蒂芬·斯皮内利.创业学[M].周伟民,吕长春,译.北京:人民邮电出版社,2005.

[12]张玉利.创业管理:第5版[M].北京:中国机械工业出版社,2020.

练习题

一、选择题

1.下列对创业团队定义理解不正确的一项是（　　）

A.团队成员处在高层管理者位置而且一般拥有股权

B.创业团队的出现伴随新行业的出现

C.由两个或两个以上具有一定关系的个体组成

D.创业团队的出现伴随新价值的产生

2.创业团队的关键要素不包括（　　）

A.人员　　　　　　　　B.目标

C.技术　　　　　　　　D.计划

3.贝尔宾团队角色理论之九种角色中不包括（　　　）

A.政治家　　　　　B.外交家　　　　　C.审议员　　　　　D.凝聚者

4.创业团队的组建需遵循以下几个原则（　　　）

A.完整性原则　　　　　　　　B.多样性原则

C.相互信任原则　　　　　　　D.稳定与灵活结合原则

5.组建创业团队会经历以下几个步骤（　　　）

A.明确创业愿景和目标　　　　B.制定创业计划

C.招募创业伙伴　　　　　　　D.建立团队合作机制

E.团队的调整和融合

6."创业团队呈现开放、诚实、协作的状态，团队成员能够共同解决各种问题，迎接各种挑战"。以上情景最有可能出现在创业团队的哪一发展阶段（　　　）

A.形成期　　　　　B.波动期　　　　　C.规范期　　　　　D.成熟期

7.合伙人股权的进入、分配和退出机制的设计需要遵循以下原则（　　　）

A.开心即可原则　　　　　　　B.一股独大原则

C.股份绑定原则　　　　　　　D.股权稀释原则

8.不属于贝尔宾团队角色理论中九种不同的角色承担的任务类型是（　　　）

A.行动导向　　　　B.情感导向　　　　C.人际导向　　　　D.谋略导向

9.团队领导者需要行使以下哪些职能（　　　）

A.决策职能　　　　B.指挥职能　　　　C.教练职能　　　　D.沟通职能

10."团队成员在完成创业目标的过程中出现的意见观点和看法的不一致，一般对事不对人"，这属于哪种冲突类型（　　　）

A.认知冲突　　　　B.情感冲突　　　　C.行为冲突　　　　D.人际冲突

二、判断题

1.创业团队成员处在高层管理者位置而且一般拥有股权。　　　（　　　）

2.创业团队的目标是为了完成某项具体任务或项目。　　　（　　　）

3.在组建创业团队过程中，成员风格越相似越好，这样大家更合得来。（　　　）

4.组建创业团队的完整性主要体现在：职能完整性、技能完整性、资源充实性。　　　（　　　）

5.确定创业团队成员后，为了统一创业团队的行为规范确保创业目标的实现，还需要明确职权划分，建立责、权、利统一的团队管理机制和合作机制。（　　　）

6.任何创业团队的发展大致会经历形成期、波动期、稳定期、成熟期和解散

期五个阶段,每个阶段界限清晰。 （　　）

7.在创业初期,团队成员人数和岗位设置越多越好,以更好地发展起来。

（　　）

8.指挥职能是指在创业过程中,领导者帮助团队成员认清所处的形势和环境,来达到目标的路径和指明活动的目标。 （　　）

9.认知冲突更多是针对事情而非个人,适当的认知冲突对团队来说是有益的。 （　　）

10.创业团队遇到成员间认知冲突要适当鼓励,情感冲突则应该降到最低。

（　　）

三、名词解释

1.创业团队

2.留期权池原则

3.创业型领导

4.认知冲突

5.情感冲突

四、简答题

1.创业团队与一般团队有什么区别?

2.结合实际情况,说明组建创业团队的基本步骤。

3.如何构建一个更合理的激励体系来激发创业团队的积极性和工作动力?

4.简述创业团队领导者四大职能。

5.简述创业团队的关键要素。

五、论述题

1.结合实际,谈一谈创业团队在组建和发展过程中会遇到哪些常见问题。

2.结合实际,谈一谈如何有效地解决创业团队冲突。

3.根据本章内容,分析可从哪些方面做好创业团队管理。

第三章 创业机会

善于识别和把握时机是极为重要的。在一切大事业上,人在开始做事前要像千眼神那样察视时机,而且进行时要像千手神那样抓住时机。

——培根

➤ 学习目标

- ➢ 了解创业机会概念与基本特征
- ➢ 了解创业机会类型和来源
- ➢ 了解创业机会重要性
- ➢ 了解创业机会识别过程和方法
- ➢ 了解创业机会评价目的、评价框架
- ➢ 了解创业机会的社会风险

引导案例

饿了么的创业之路

饿了么的创业旅程始于 2008 年,当时张旭豪还是上海交通大学的一名研究生。他和他的室友们经常面临一个问题:晚上学习到很晚,却找不到合适的外卖来解决饥饿。于是,张旭豪有了一个想法:为什么不自己创建一个外卖平台呢?

他和康嘉、汪渊、罗宇龙、邓烨和闵婕等人一起,开始着手实现这个想法。他们最初的模式很简单:搜集附近的餐馆菜单,然后用户通过电话订餐,他们再向餐馆下单,并配送到用户手中。这个模式在当时非常受欢迎,因为他们解决了用户在夜晚找不到外卖的问题。

随着业务的发展,电话接单的模式开始显得力不从心。订单量的增加使得他们难以有效地处理所有的订单,而且电话沟通也容易出现误解和错误。于是,张旭豪决定改变策略,他们开始开发一个网络平台,让用户可以直接在网上下单。

这个转变对饿了么来说是一次巨大的飞跃。它不仅提高了订单处理的效率,还大大提升了用户体验。用户可以在网站上浏览各种餐馆的菜单,选择自己喜欢的食物,然后下单等待配送。这种模式使得饿了么的业务迅速扩展,很快就覆盖了上海的大部分地区。

饿了么的成功并不是一帆风顺的。在初创阶段,他们面临着资金紧张、人员不足等问题。张旭豪和他的团队不得不节衣缩食,甚至有一段时间只能拿微薄的薪水。但是,他们并没有放弃,而是坚持下去,不断优化产品,提升用户体验。

在推广方面,饿了么也展现了他们的创新精神。他们想尽各种方法来宣传自己的平台,比如在三轮车上贴广告。这些推广方式让饿了么迅速在市场上获得了知名度。

经过多年的努力,饿了么逐渐从一家小型的创业公司成长为估值数十亿美元的巨头。他们不仅在上海地区取得了成功,还逐渐扩展到全国其他城市。最终,在2018年,饿了么被阿里巴巴全资收购,成为中国互联网历史上最大的一笔全现金收购案。

对于张旭豪来说,把公司卖给阿里并不是终点,而是新的起点。他继续留在饿了么担任重要职务,并致力于推动公司的发展。他的激情和决心不仅感染了整个团队,也使得饿了么在外卖市场上取得了更大的成功。

资料来源:《饿了么创始人张旭豪的10年创业人生》,https://zhuanlan.zhihu.com/p/34719258

第一节　创业机会的特征和类型

一、创意与创业机会

美国纽约大学教授柯兹纳对创业机会的定义是,它是未明确的市场需求或未充分使用的资源或能力。这种机会并不等同于传统意义上有利可图的商业机会,其最大的特点是发现甚至创造新的手段—目的关系来实现创业收益。这涉及对"产品、服务、原材料或组织方式"的重大革新。

(一)创意的含义

创意是指独特的、创新的、有潜力的想法或解决方案,能够解决问题、满足需求或创造价值。

(二)创业机会的含义

创业机会是指创业者可以利用的、具有较强吸引力和持久性的商业机会。这种机会可以为消费者提供有价值的产品或服务,并使创业者自身获益。它不仅仅是一个广义的商业机会范畴,而且具有其独特性。所谓的目的,指的是计划服务的市场或要满足的需求,表现为最终的产品或服务;所谓手段,指的是服务市场或满足需求的方式,具体体现为用来提供最终产品或服务的价值创造活动的流程和体系。

创意是创业的起点,它是创业者思考和创造的结果。一个好的创意应该具备独特性、创新性和吸引力,能够引起人们的兴趣和关注。它可以来源于个人灵感、市场需求、技术进步等。仅仅有一个创意并不能保证创业的成功。创业者需要进一步评估创意的市场潜力、竞争环境、资源需求等因素,确定是否有足够的机会来实现创意并创造价值。

(三)创业机会的特征

创业学领域的先驱蒂蒙斯认为创业机会的特征是具有吸引力、持久性和适时性,并且可以为购买者或者使用者创造或增加价值。此外,这里将创业机会补充为具有创造顾客价值、可行性、"机会窗口"性和可盈利性的特点,具体如下。

1. 吸引力

创业机会应该能够吸引消费者或用户的兴趣和关注,满足他们的需求或解决他们的问题。一个具有吸引力的创业机会通常具备市场需求、创新性、盈利潜力和竞争优势等特点。如果创业机会能够吸引足够的消费者或用户,并为他们创造或增加价值,那么它就有更大的成功潜力。

2. 持久性

创业机会应该具备长期的存在价值,而不只是一时的热门趋势。市场和技术环境都在不断变化,只有具备持久性的创业机会才能适应这些变化并持续地满足消费者的需求。持久性可以来自创新的技术、独特的资源、品牌知名度等方面。创业者需要评估创业机会是否具备持久性，以避免选择只是短期热门的机会。

3. 适时性

创业机会应在适当的时间出现。对创业者来说，这意味着在他们的能力和资源准备就绪时，市场上也存在相应的需求。适时性可以提供更好的商机和竞争优势，帮助创业者抓住市场机会并取得成功。创业者需要密切关注市场趋势、技术进步、竞争态势等因素，并在适当的时机采取行动。

4. 创造顾客价值

指创业者通过提供新的产品、服务或解决方案，满足或超越顾客的期望，从而创造出经济价值和社会价值。这种价值可以是直接的，例如通过销售产品或提供服务获得利润；也可以是间接的，例如通过改善顾客的生活或工作质量，提高他们的满意度和忠诚度，从而增加企业的市场份额和品牌影响力。

5. 可行性

指创业者能够利用现有的资源和能力，以及市场需求和机会，来实施创业活动并取得成功的可能性。它涉及市场需求、资源可用性、技术和知识支持、竞争优势和盈利潜力等因素的评估。如果一个创业机会在这些方面具备可行性，那么创业者就有更大的成功概率。

6. "机会窗口"性

指创业机会存在的特定时间段或时机（见图3-1）。在这段时间内，市场条件、技术发展、消费者需求等因素都有利于创业者实施创业活动并取得成功。"机会窗口"性的存在是因为市场和环境是不断变化的，而某些机会只在特定的时期内有效。如果错过了这个"机会窗口"，即使创业想法很好，也可能无法获得成功。

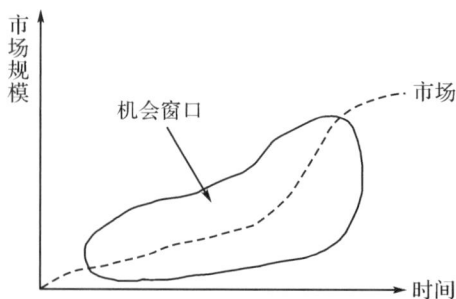

图 3-1 "机会窗口"

机会窗口对创业者主要有以下几点启示。

第一,敏锐观察市场:创业者应该密切关注市场动态和趋势,寻找潜在的机会窗口。他们可以通过市场调研、竞争分析和顾客反馈等方式来了解市场需求和竞争情况。

第二,快速行动:一旦发现机会窗口,创业者应该迅速采取行动,抓住时机。他们需要尽快制定商业计划、筹集资金、建立团队等,以便在机会窗口关闭之前迅速进入市场。

第三,创新思维:机会窗口通常是短暂的,因此创业者需要具备创新思维和灵活性,以应对不断变化的市场环境。他们可以寻找新的解决方案、采用新的商业模式或技术,以满足市场需求并获得竞争优势。

第四,风险管理:机会窗口往往伴随着一定的风险,创业者需要进行风险评估和管理。他们可以制定风险管理策略,如分散投资、寻求合作伙伴或进行市场测试等,以降低风险并增加成功的机会。

7. 可盈利性

指创业项目或商业活动能带来足够的利润,以覆盖成本并实现投资回报。一个具有可盈利性的创业机会应该具备以下特点:市场需求旺盛,有足够的潜在顾客愿意购买产品或服务;产品或服务有竞争优势,能够吸引并留住顾客;成本控制合理,能够保持较高的利润率;运营模式可行,能够实现持续的盈利增长。

二、创业机会的类型

创业机会总是以不同的形式出现。虽然以前的研究主要关注创业机会的识别和评估,但近年来的研究开始探讨创业机会的不同形式。根据不同的划分标准,创业机会可以划分为不同的类型。

(一)阿迪切威利分类法

阿迪切威利分类法是由阿迪切威利等人在2003年提出的一种创业机会识别和开发的理论。该理论从市场需求和资源的关系出发,认为机会识别包括三个不同的阶段:察觉(Perception)、发现(Discovery)和创造(Creativity)。这一理论强调了创造力在机会识别中的重要性,并将其视为一种能够提升人们的机会警觉性的关键个人特质。

根据创业机会的来源和发展情况对创业机会进行分类并提出创业机会矩阵。这个矩阵有两个维度:横轴代表探寻到的价值,纵轴代表创业者的创造价值能力。按照这两个维度,将不同的机会划分为四种类型(见图 3-2)。

1. 填补空白型机会(Value-Creating Opportunities)

这类机会是指市场上存在某种需求或问题,但尚未有产品或服务能够满足这些需求。创业者通过创造新的产品或服务来填补这一空白,并创造价值。在创业机会矩阵中,这种机会位于横轴的高端和纵轴的高端,代表探寻到的价值高且创业者具备较高的创造价值能力。

2. 降低成本型机会(Cost-Reducing Opportunities)

这类机会是指市场上存在某种高成本的产品或服务,而创业者能够提供更低成本的解决方案。通过降低成本,创业者可以提高效率和竞争力,并创造价值。在创业机会矩阵中,这种机会位于横轴的低端和纵轴的高端,代表探寻到的价值较低但创业者具备较高的创造价值能力。

3. 提升体验型机会(Experience-Enhancing Opportunities)

这类机会是指市场上存在某种产品或服务,但用户体验不够好或有待改进。创业者通过提供更好的用户体验,满足用户的需求,并创造价值。在创业机会矩阵中,这种机会位于横轴的高端和纵轴的低端,代表探寻到的价值高但创业者创造价值的能力相对较低。

4. 创造新市场型机会(Market-Creating Opportunities)

这类机会是指市场上不存在某种产品或服务,但创业者能够创造出全新的市场。通过创造新的市场需求,创业者可以开辟新的商机,并创造价值。在创业机会矩阵中,这种机会位于横轴的低端和纵轴的低端,代表探寻到的价值较低且创业者创造价值的能力也相对较低。

图 3-2 创业机会的四种类型

(二)目的手段关系分类法

目的手段关系分类法是一种用于分析和评估创业机会的方法,它将创业机会分为不同的类型,根据其目的和实现手段之间的关系进行分类。

根据目的手段关系分类法,创业机会可以分为以下三种类型。

1. 问题解决型机会(Problem-solving Opportunity)

这种类型的创业机会旨在解决市场上存在的问题或痛点。创业者通过提供解决方案来满足市场需求,并创造价值。这类机会的目的是解决问题,手段是通过创新的产品或服务来实现。

2. 趋势利用型机会(Trend-exploiting Opportunity)

这种类型的创业机会是利用市场的趋势和变化来获得商业成功。创业者通过抓住市场趋势,提供符合市场需求的产品或服务,并创造价值。这类机会的目的是利用趋势,手段是通过创新的产品或服务来实现。

3. 需求满足型机会(Demand-satisfying Opportunity)

这种类型的创业机会旨在满足市场上未被满足的需求。创业者通过提供符合市场需求的产品或服务,并创造价值。这类机会的目的是满足需求,手段是通过创新的产品或服务来实现。

目的手段关系分类法提供了一个框架,用于分析和评估创业机会的不同方面。创业者可以根据自己所拥有的资源和能力,选择适合的机会类型,并进行相应的策略和规划。同时,这种方法也帮助创业者更好地理解市场需求和趋势,从而更好地把握商机。

(三)谢恩和文卡塔拉曼的创业机会分类法

基于外部环境的不同,谢恩和文卡塔拉曼将创业机会分为技术机会、市场机会和政策机会。

1. 技术机会

技术机会是指基于新的技术或发明创造的创业机会。创业者通过引入新的技术或创新解决方案,满足市场需求并创造价值。例如,互联网、人工智能、生物技术等领域的创新都属于技术机会。

2. 市场机会

市场机会是指基于市场需求或问题解决的创业机会。创业者通过发现市场上的需求缺口或痛点,并提供相应的产品或服务来满足这些需求。例如,电子商务、共享经济、健康科技等领域的创新都属于市场机会。

3. 政策机会

政策机会是指基于政府政策或法规变化的创业机会。创业者通过利用政府的政策支持或改变,开展新的业务或提供新的服务。例如,可再生能源、环保科技、教育科技等领域的创新都属于政策机会。

(四)萨拉斯瓦西等人的分类法

萨拉斯瓦西认为创业机会是供求关系的不同组合,并根据供求关系的明确程度将创业机会划分为以下四种类型。

1. 可行性机会(Feasibility Opportunity)

这种创业机会是基于对现有产品或服务进行改进或创新的想法。创业者通过提供更好的解决方案来满足市场需求,并创造价值。这种机会的供求关系相对明确,因为存在现有的市场和需求。

2. 探索性机会(Exploratory Opportunity)

这种创业机会是基于对新市场、新技术或新业务模式的探索和发现。创业者通过创造新的产品或服务来满足未被满足的需求,并开辟新的市场。这种机会的供求关系相对模糊,因为市场需求和解决方案尚未完全明确。

3. 建构性机会(Architectural Opportunity)

这种创业机会是基于对现有产品、服务或系统的重新设计和构建。创业者通过改变现有的商业模式、技术或流程,提供更高效、更有价值的解决方案。这种机会的供求关系相对明确,因为存在现有的市场和需求,但需要对现有系统进行重构。

4. 破坏性机会(Disruptive Opportunity)

这种创业机会是基于对现有市场或行业的颠覆和重塑。创业者通过引入新的技术、商业模式或策略,打破现有的竞争格局,并创造全新的市场。这种机会的供求关系相对模糊,因为需要创造新的市场需求和解决方案。

三、创业机会的来源

对于创业者来说,拥有一个良好的创业机会,就相当于一艘在大海中航行的船只拥有了方向和动力。创业机会是创业者实现商业成功的基础,它决定了创业者的发展方向和目标,但如何从复杂多变的市场环境中找到富有价值潜力的创业机会是创业者面对的一个重要挑战。

蒂蒙斯认为创业机会主要有以下七个来源。

(一)法规的改变

政府的政策和法规的变化可以创造新的商机。例如,政府对某个行业的监管放宽或加强,可能会带来新的创业机会。

(二)技术的快速变革

科技的迅速发展和创新可以创造新的商机。新技术的出现和应用可以改变现有市场格局,为创业者提供新的机会。

(三)价值链重组

企业价值链的重新组织和调整可以创造新的商机。例如,通过整合供应链、优化生产流程等方式,可以提高企业的竞争力并创造新的利润点。

小专栏 3-1 腾讯的价值链分析

腾讯的价值主张是为用户提供"一站式在线生活服务",在企业发展的不同阶段采取不同的价值创造方式。腾讯公司在创业初期以 QQ 业务为核心。为了维持经营和持续地为用户提供便利的网络沟通,公司通过三种模式来赢利:提供广告服务,收取广告佣金;提供 QQ 会员服务,收取会员费;提供移动 QQ 业务,通过与通信运营商的利润分成,收取无线增值费。在成长期,腾讯公司创造价值的核心逻辑是不断满足用户新需求,跟随市场先行者,不断地推出新业务,持续调整公司的收入模式和价值内容。腾讯公司在成熟期构建的价值链具有非常强的竞争力。在成熟期,腾讯公司整合信息流、收益流,注重改善用户体验,增强企业的整体竞争力,整合行业资源,把握行业发展趋势,业务模式的完善使其形成了较为完善的一站式生活平台。

资料来源:https://zhuanlan.zhihu.com/p/456845182

(四)技术创新

通过引入新的技术或改进现有技术,可以创造新的商机。技术创新可以帮助企业提高效率、降低成本,并提供更好的产品和服务。

(五)现有管理者或者投资者的管理不善

当现有管理者无法有效管理企业或投资者无法准确评估企业价值时,可能会出现商机。其他人可以通过改善管理和投资决策来获得竞争优势。

(六)战略型企业家

战略型企业家能够识别和利用市场中的商机。他们具备敏锐的市场洞察力和创新能力,能够抓住机遇并成功创业。

(七)市场领导者的短视

市场领导者可能因为过于自满或缺乏长远眼光而错失商机。其他创业者可以利用这些机会来挑战市场领导者的地位,并获得市场份额的增长。

四、创业机会来源的新划分

随着互联网的飞速发展,创业机会越来越多,其来源也随之更加广泛。结合当下诸多新的创业形态,我们将创业机会的来源归纳为:新技术的发明与运用、市场的不对称、产业与市场结构的变化以及宏观环境的变化四个方面。

(一)新技术的发明与运用

新技术的发明与运用是创业机会的重要来源之一。随着科技的不断进步和创新,新的技术被发明和应用到各个领域中,为创业者提供了许多新的机会。例如,人工智能、大数据、区块链等新兴技术的发展,为创业者带来了许多创新的商业模式和产品。通过利用新技术的优势,创业者可以提供更高效、便捷、个性化的产品和服务,满足市场的需求。

（二）市场的不对称

市场不对称指的是市场上存在信息不对称、资源不对称等问题，这给创业者提供了利用这些不对称来创造新的价值的机会。例如，通过提供更准确的信息、整合资源或填补市场空白等方式，创业者可以利用市场的不对称来获得竞争优势。在互联网时代，信息的获取和传播变得更加容易，创业者可以通过准确洞察市场需求或消费者行为，找到市场的痛点并提供解决方案。

（二）产业与市场结构的变化

产业与市场结构的变化也为创业者提供了机会。随着经济的发展和产业结构的调整，一些传统行业可能会面临挑战，而新兴产业则会崛起。创业者可以通过抓住这些变化带来的机遇，进入新兴产业并创造新的商业模式和产品。例如，共享经济、在线教育、健康科技等领域都是当前快速发展的新兴产业，为创业者提供了广阔的发展空间。

（四）宏观环境的变化

宏观环境的变化包括政治、经济、社会等方面的变化，这些变化会对市场和产业产生重大影响。例如，政府的政策支持、经济形势的变化等都可能为创业者带来新的机会。在当前的经济转型时期，政府鼓励创新创业的政策和支持措施不断增加，为创业者提供了更好的发展环境和政策支持。

五、当前大学生的创业机会

高校毕业生是创新创业的生力军。近年来国家大力推进创新创业，为大学生创业提供政策便利。2023 年，人力资源和社会保障部聚焦青年求职创业需求，梳理和编写了《高校毕业生等青年就业创业政策汇编》，帮助广大青年和用人单位知晓政策和享受政策，助力青年就业和创业。其中涉及创业相关的政策和机会如下。

（一）一次性创业补贴政策

对首次创办小微企业或从事个体经营，且所创办企业或个体工商户自工商登记注册之日起正常运营 1 年以上的离校 2 年内高校毕业生，给予一次性创业补贴。补贴标准和申领流程由各省级人社、财政部门确定。符合条件的高校毕业生可以去当地人社部门申请。

（二）一次性求职创业补贴政策

对毕业学年有就业创业意愿并积极求职创业的低保家庭、贫困残疾人家庭、原建档立卡贫困家庭和特困人员中的高校毕业生和中等职业学校（含技工院校）毕业生，残疾及获得国家助学贷款的高校毕业生和中等职业学校（含技工院校）毕业生，给予一次性求职创业补贴。

符合条件的毕业生申请求职创业补贴，向当地人社部门提供毕业生获得国家助学贷款（或享受低保、身有残疾、原建档立卡贫困家庭、贫困残疾人家庭、特困救助供养）证明材料、学籍证明复印件等。申请材料经毕业生所在学校初审和公示，报当地人社部门审核后，将补贴资金支付到毕业生本人社会保障卡银行账户。

（三）创业担保贷款及贴息政策

小微企业当年新招用符合创业担保贷款申请条件的高校毕业生等人员人数达到企业现有在职职工人数15％（超过100人的企业为8％），并与其签订1年以上劳动合同的，可申请最高不超过300万元的小微企业创业担保贷款，由财政给予贴息。

符合条件的高校毕业生可申请最高20万元的个人创业担保贷款，由财政给予贴息。合伙创业的，可根据符合贷款条件的合伙创业人数适当提高贷款额度。

对10万元及以下的个人创业担保贷款，以及全国创业孵化示范基地或信用社区（乡村）推荐的创业项目，获得设区的市级以上荣誉称号的创业人员、创业项目、创业企业，经金融机构评估认定的信用小微企业、商户、农户，经营稳定守信的二次创业者等特定群体，免除反担保要求。

第二节　创业机会的识别和构建

一、创业机会的重要性

曾经有媒体问新东方的创始人俞敏洪什么时候是最佳的创业时机，他回答道："什么时候是最佳的创业时机？我认为创业并没有最佳时机，所有的日子都是创业的最佳时机。学生应该什么时候开始创业,我觉得这件事情值得探讨。创业不能是一时的冲动,不能因为看到别人创业,所以自己也要去创业。众所周知,创业需要很多投入,需要投入时间和大量的金钱,牺牲别的机会。所以,创业需要非常谨慎。"

很多创业期公司在实际运作中空有创业的激情却无法把握创业管理的精髓,以致搞不清楚为什么别人的公司能赚钱而自己却不能,为什么别人的公司能延续而自己却不能,为什么别人的公司在同样的困境中总能突围而自己却不能。一个重要的原因就是对创业机会的把握不够。

具体来讲,创业机会的重要性主要体现在以下几个方面。

(一)宏观层面

1. 创造就业机会

创业机会可以带动就业,为社会提供更多的工作岗位,缓解就业压力。创业机会可以带动新兴产业的发展。随着科技的进步和社会的变革,新兴产业不断涌现,需要大量的人才来推动其发展。创业者通过创新和创业活动,可以发掘并满足这些新兴产业的需求,从而创造更多的就业机会。譬如,互联网、人工智能、新能源等领域的快速发展,为创业者提供了广阔的发展空间,也为社会带来了大量的就业机会。

2. 促进经济发展

创业机会的重要性在于促进经济发展。通过带动就业增长、促进技术进步和创新、培育新的产业和市场以及推动资源的有效配置和经济的可持续发展,创业活动对于经济的发展起到了重要的推动作用。因此,政府和社会应该积极支持和鼓励创业,为创业者提供良好的创业环境和政策支持,共同推动经济的繁荣和发展。

3. 促进社会进步

创业可以促进社会公平和社会正义。创业者通常具有创业精神和奋斗精神,他们通过自己的努力和创造力实现了成功。这种成功的案例可以为其他人树立榜样,激发更多人投身于创业活动。同时,创业者在经营过程中注重社会责任和公益事业,通过创造就业机会、提供良好的工作环境和回馈社会等方式,促进社会公平和社会正义。创业还可以促进社会文化的发展。创业者往往具有开放的思维和多元的背景,他们能够带来新的观念、新的价值观和新的文化元素。通过与不同地区、不同文化的人们进行交流和合作,创业者能够促进文化的交流和融合,丰富社会的多样性和包容性。这种文化交流和融合有助于推动社会的进步和发展。

(二)微观层面

1. 提升竞争力

创业机会的重要性在于提升竞争力。通过建立自己的品牌和市场地位、降低成本并提高效率、拓展市场份额和增加销售额以及不断创新和适应市场变化,创业者可以在竞争激烈的商业环境中脱颖而出,并取得成功。因此,创业者应该积极寻找和抓住创业机会,以提升自身的竞争力。

2. 实现个人价值

首先,创业机会为个人提供了展示自己才能和能力的平台。创业者可以通过自己的努力和创新,将自己的想法转化为具体的产品或服务,并推向市场。在这个过程中,创业者需要充分发挥自身的专业知识、技能和创造力,不断解决问题和应对挑战。通过成功创业,个人可以实现自我价值的最大化,获得成就感和自豪感。其次,创业机会为个人提供了自主决策和自我管理的机会。与传统的就业方式相比,创业更加自由灵活,个人可以自主选择自己的工作内容、工作时间和工作地点。创业者可以根据自身的兴趣、能力和目标来制定发展战略和规划,并亲自参与实施。这种自主决策和自我管理的机会使个人能够更好地发挥自己的潜力,实现个人的职业发展和成长。还可以提供更多的选择和机会,进一步实现个人的价值和梦想。

3. 提供生活改善的机会

创业机会为个人带来了财务上的回报和个人财富的积累。成功的创业不仅可以创造就业机会,还可以带来丰厚的经济收益。创业者可以通过销售产品或服务获得利润,并通过投资和发展来实现财富的增长。这种财务上的回报和个人财富的积累可以改善个人的生活质量。

总而言之,创业机会的重要性在于它为创业者提供了实现财富和个人发展的机会,同时对经济增长、社会影响力和创业精神的培养起到积极作用。

二、创业机会识别的过程和方法

创业机会识别是创业者在创业过程中寻找和发现有潜力的商业机会的过程。创业机会识别是创业过程中非常关键的一步,它涉及对市场、客户需求和潜在机会的全面了解和分析。林赛和克雷格将创业机会识别过程分为机会搜寻、机会识别和机会评价三个阶段,如图 3-3 所示。在初始的创意形成后,创业者还要去搜集各种信息来验证创意的可行性。

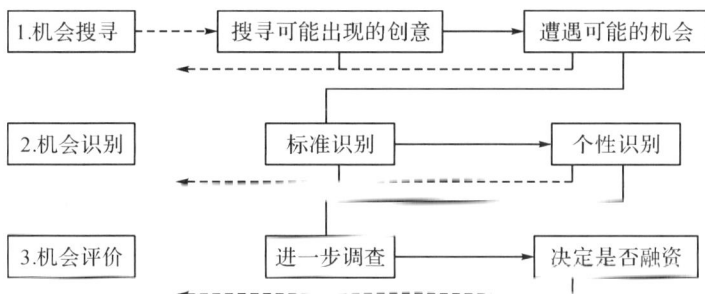

图 3-3　机会识别过程三阶段模型

(一)巴林杰(Barringer)认为识别机会有 3 种途径[①]

(1)观察趋势并研究趋势如何为创业者创造机会,通过观察经济因素、社会因素、技术进步,政治活动与管制变革变化的趋势。具体而言,经济因素包括:经济状况、可支配收入水平、消费者消费模式;社会因素包括:社会与文化趋势、人口统计变化、人们的流行观念;技术进步:新技术、新兴技术、原有技术的新用途;政治活动和管制变革:政治领域的新变化、新的法律法规等。

(2)认识问题并找到解决方法。很多公司的创建是由于人们经历了一个问题,并在之后意识到该问题的解决方式代表了一个商业机会。技术的进步可能会给不擅长使用该技术的人带来问题。

(3)寻找市场缺口。在市场中寻求缺口的一种常见方法是:当人们因无法找到他们需要的产品或服务时会变得沮丧,并且其他人也有类似的感觉。这种场景就展现给了创业者机会。产生新的商业机会的一个相关方法是利用现有的产品或服务,通过定位于完全不同的目标市场,创造一个新的品类。这种方法从根本上来说涉及创造空缺并填补它。

(二)创业机会的过程

总而言之,创业机会的识别是一个复杂的过程,具体可细分为以下 8 个小的步骤。

---

① 布鲁斯 R.巴林杰著;陈忠卫等译.创业计划书　从创意到方案[M].北京:机械工业出版社,2016.

(1)市场调研:通过调查市场需求、竞争情况、消费者行为等,了解市场状况和趋势。

(2)观察社会变化:关注社会热点、政策变化、技术发展等,发现新的商业机会。

(3)利用网络资源:通过搜索引擎、社交媒体、行业论坛等途径,获取信息和交流经验。

(4)分析自身优势:了解自己的技能、知识、兴趣和经验,找到适合自己的商业领域。

(5)创新思维:运用创新思维方法,如头脑风暴、反向思考等,发掘新的商业机会。

(6)与专家交流:与行业专家、投资人、顾问等交流,获取专业意见和建议。

(7)风险评估:对潜在的商业机会进行风险评估,包括市场风险、技术风险、财务风险等。

(8)制定商业计划:根据商业机会的特点和需求,制定详细的商业计划书,包括市场定位、产品策略、营销策略、财务预测等。

创业机会识别是一个迭代的过程,需要不断学习和调整。创业者应该保持创业心态,勇于接受挑战和风险,并寻求专家和导师的指导和支持。通过系统地进行市场研究、问题识别、创意生成、可行性分析、原型开发和测试、市场验证、商业计划制定以及执行和调整,创业者可以更好地识别和追求创业机会,并提高创业成功的机会。

小专栏 3-2　瑞幸咖啡

瑞幸咖啡是一家中国的连锁咖啡品牌,成立于 2017 年。它的创业之路充满了挑战和机遇。瑞幸咖啡的创始人陆正耀曾在神州租车担任 CEO,他看到了中国咖啡市场的潜力,决定创立一家新的咖啡品牌。瑞幸咖啡的创始团队由一群年轻的创业者组成,他们有着丰富的行业经验和创新精神。然而在成立初期,它面临着激烈的市场竞争和资金短缺的问题。然而,瑞幸咖啡凭借其独特的商业模式和创新的营销策略,迅速在市场上崭露头角。瑞幸咖啡采用"新零售"模式,通过线上线下相结合的方式,为消费者提供便捷的购物体验。它还推出"买一送一""免费试喝"等促销活动,吸引了大量消费者。此外,瑞幸咖啡还与多家企业合作,推出了一系列联名产品,进一步扩大了市场份额。然而,瑞幸咖啡也面临着一些挑战。近年来,中国政府对食品安全问题进行了严格监管,这对瑞幸咖啡提出了更高的要求。此外,随着竞争的加剧,瑞幸咖啡需要不断创新和提升服务质量,才能保持竞争优势。总之,瑞幸咖啡的创业之路充满了挑战和机遇。它凭借着创新的商业模式、灵活的营销策略和优秀的团队,在中国咖啡市场上取得了巨大的成功。未来,瑞幸咖啡将继续努力,为消费者提供更优质的产品和服务。

资料来源:根据网络材料整理改编

(三)创业机会的识别技巧

1. 市场研究和趋势分析

了解当前市场的需求和趋势,寻找尚未满足或正在兴起的市场空白。这可以通过行业报告、竞争对手分析和消费者调研来实现。

2. 问题识别与解决

观察和理解现有市场中存在的问题,并提供创新的解决方案。这可以通过与潜在客户的沟通、参与社区讨论和观察用户行为来实现。

3. 技术变革的机遇

关注新兴技术和科技发展,寻找可以应用到现有业务中的创新技术。这可以通过参加科技创新活动、关注科技媒体和与科技公司合作来实现。

4. 资源整合

柯兹纳认为,机会是一种通过对资源的创造性整合,满足市场及客户需求的渠道。利用已有的资源和能力,发掘新的商业机会。这可以通过重新审视公司的核心竞争力和资源优势,以及与其他企业进行合作来实现。

5. 社会影响和可持续发展

关注社会问题和可持续发展趋势,提供符合时代需求的商业解决方案。这可以通过关注环境保护、社会责任和公众利益等领域的动态来实现。

三、创业机会的构建

创业机会的构建是一个多阶段的过程,它涉及创业者与相关方的互动和交流。在这个过程中,创业者的社会资源起着关键的作用。这些资源包括他们的知识、技能、网络以及他们与其他利益相关者的关系。这些社会资源可以帮助创业者发现并评估市场,制订并实施商业计划,以及成功地将他们的创新想法转化为可行的商业机会。

根据 Wood 和 McKinley(2010)的模型,创业机会被定义为一个独立于当前资源控制者(即创业者)的现有资源的、理想的、可行的未来市场提供。这个模型强调了社会互动在创业机会构建过程中的重要性,因为这个过程受到社会交互和调节接触的结构的影响。

(一)创业机会的构建过程

尼尔·托彻认为创业机会的构建过程可以概括为以下几个步骤。

1. 社会互动产生机会

创业者通过与相关方的交流互动,发现并评估市场机会。这些相关方包括潜在消费者、供应商、竞争对手等。

2. 机会评估

创业者根据自身资源和能力,评估机会的可行性和盈利潜力。这需要对市场需求、竞争态势、技术可行性等进行深入分析。

3. 制定商业计划

基于对机会的评估,创业者制定详细的商业计划,包括产品或服务开发、市场推广策略、组织结构设计等。

4. 实施行动

创业者动员资源,实施商业计划,推动创业项目从概念变为现实。这可能涉及融资、招聘、生产等多个环节。

5. 调整优化

在实施过程中,创业者不断收集反馈信息,根据实际情况调整优化商业计划,以提高成功概率。

6.发现新的机会

获得成功后,创业者将继续互动交流,发现新的机会并进行下一轮创业活动。

这个过程受到社会互动和个体判断的影响,既需要客观的市场分析,也需要创业者的主观努力。不同类型的创业机会可能需要不同的社会资源支持。

(二)创业机会的构建

指在市场中发现并开发潜在的商业机会,并将其转化为可行的创业项目的过程。创业者需要通过深入的市场调研、创新思维和合作伙伴关系等方式来发现和构建创业机会。同时创业机会的构建是创业过程中最关键的一步,它涉及市场研究、创意生成、评估与筛选、商业计划、资源整合、实施和执行等多个方面。下面将详细介绍创业机会的构建过程。

(1)创业机会的构建需要进行市场研究。市场研究是了解目标市场需求、竞争情况和趋势的重要手段。创业者可以通过市场调研、用户调研、竞争对手分析等方式,获取关于市场潜力、目标用户需求、竞争对手优势等信息。通过深入了解市场,创业者可以找到潜在的商业机会。

(2)在市场研究的基础上,创业者可以开始创意生成。创意生成是通过头脑风暴、观察市场趋势和倾听用户需求等方式,产生新的商业创意。创业者可以思考如何改进现有产品或服务,如何解决市场上存在的问题,或者如何应对新的市场趋势和变化。创意可以是新产品、新服务、新技术或新商业模式等。

(3)创业者需要对创意进行评估与筛选,以确定其商业可行性和市场潜力。创业者可以使用各种方法,如市场调研、商业模型分析等,对创意进行评估。评估的关键是判断创意是否满足市场需求、是否具有竞争优势、是否可行可持续等。通过评估与筛选,创业者可以确定最有潜力的创业机会。在确定创业机会后,创业者需要编写商业计划。商业计划是向投资者、合作伙伴和其他利益相关者展示创业机会的重要工具。商业计划应包括产品或服务的特点、目标市场和目标用户、竞争策略、市场营销策略、财务预测等内容。商业计划应该清晰、具体、合理,并能够吸引潜在的投资者和合作伙伴。

(4)创业者需要整合所需的资源,包括人力资源、资金、技术等。创业过程中,创业者往往面临着资源不足的问题。因此,创业者需要寻找合适的团队成员,吸引投资者或寻找其他资金来源,获取必要的技术支持等。资源整合是实现创业机会的重要一环。

（5）在资源整合的基础上，创业者可以开始实施和执行创业计划。实施和执行包括产品开发、市场推广、销售和运营等活动。创业者需要制定详细的实施计划，并按计划实施。在实施过程中，创业者需要不断学习和适应市场变化，及时调整策略和行动，以保证创业项目的成功。

（6）创业者应该保持持续创新和改进的精神。创业机会的构建并不是一次性的过程，而是一个持续的过程。创业者应该不断寻找新的创业机会，持续改进和创新产品或服务，以适应市场的变化和需求的变化。同时，创业者也应该关注行业的发展趋势和新的技术创新，及时调整自己的创业方向和策略。

创业机会的构建是一个复杂而关键的过程，如图 3-4 所示。创业者需要通过市场调研、创新思维、寻找合作伙伴和体现个人兴趣等多种方式来发现和开发潜在的商业机会。在构建创业机会的过程中，创业者应该保持开放的思维和积极的态度，不断学习和适应市场的变化，提高自己的创新能力和竞争力。只有不断地寻找和构建创业机会，才能在激烈的市场竞争中脱颖而出，实现个人和企业的成功。

图 3-4　创业机会的形成过程

第三节　创业机会的评价

一、创业机会的评价准则

成功地进行机会识别后，需要进行创业机会评价。对于创业者而言，市场机会评价类似于对投资项目的评估，对投资的回报潜力至关重要。同时，这一阶段也帮助创业者从另一角度审视他们的创意是否具备进一步发展为实际企业的潜力。如果能更客观地对企业进行评价,就能有效地规避很多可能发生的灾难性后果,从而大大增加企业的成功率。因此,在充分利用创业机会之前,创业者有必要对其进行科学评估,以做出明智的决策。

(一)市场评估准则

1.市场定位

通过深入了解目标受众和竞争对手,创业者可以明确自己的市场位置,并制定相应的战略,包括确定独特的卖点、建立差异化的品牌形象,以及制定有效的市场推广计划。通过精准的市场定位,创业者能够更好地满足目标受众的需求,提升竞争力,从而为企业的成功打下坚实基础。

小专栏 3-3 大疆无人机

大疆在 2016 年 9 月发布了他们的第一款小巧型可折叠无人机——大疆"御"Mavic Pro。"御"Mavic Pro 的发布表明了无人机技术已经再次发展到了全新的阶段,机型越来越小,对大众而言使用越来越方便。"御"Mavic Pro 与精灵系列的不同之处便是其便携和小巧的设计。"御"Mavic Pro 折叠起来大约只有一个水瓶大小,在市场上同等功能的无人机中,还从未有能与之相比的机型。"御"Mavic Pro 一经发布就成了全球最受欢迎的消费级无人机,显示出大疆在创造一款集先进技术、时尚设计和用户友好功能于一身的无人机方面取得的巨大成功。

大疆在接下来的进阶之路上,又发布了他们有史以来最小型的无人机——大疆"晓"Spark。这款产品重量只有 300 克,也是大疆迄今为止价格最亲民的无人机。"晓"Spark 针对的是普通的无人机爱好者和初入门者,其特点是简易的操作方法和全新的"Gesture"高级飞行模式,该模式下,用户可以通过简单的手势控制无人机的飞行。通过"晓"Spark,大疆再一次展示了先进技术和小巧机型完美融合的创新成就。

随后,大疆发布的"御"Mavic Air 主打功能强大、便于携带、适合所有级别和年龄的无人机爱好者使用。在它发布的时候,大疆已经成为无人机行业的领导者,在一众竞争者之中一骑绝尘,它的对手只剩下自己。通过"御"

Mavic Air，大疆又一次展示了他们永不止步的精神。"御"Mavic Air 比其前代产品机型更小，功能更加先进，包括搭配三轴云台，1200 万像素、4K 高清相机，前、后、底部三方位的障碍感知系统，8GB 的内存，以及更加智能的飞行性能。发布后，"御"Mavic Air 成为全球无人机市场最受欢迎的消费级无人机，进一步巩固了大疆在无人机行业的主导地位。

资料来源：《大疆如何从初创到无人机帝国的进阶之路》，https://zhuanlan.zhihu.com/p/358146316

2. 市场规模

一般而言，市场规模大，进入障碍低，竞争程度略微下降。如果规模非常大，市场非常成熟，成长空间小，利润空间必然很小。所以，仅凭市场规模的大小不足以判断创业机会的优劣，我们应结合其他指标进行综合评估。

3. 市场渗透能力

一个潜在的新创企业，其市场渗透能力的评价，也就是市场机遇的实现过程。在评估市场渗透能力时，创业者需要仔细研究目标市场的规模、增长趋势、关键驱动因素以及潜在的竞争格局。通过对未来巨大的市场需求的预测，可以确定最佳的进入时间。

4. 市场占有率

评估市场占有率是了解企业在整个市场中的地位和竞争力的关键指标。通常来说，市场占有率低于 5% 的新企业在市场竞争中并不具备较高的竞争力，尤其是在高科技产业领域。只有当新企业拥有成为市场前几位的实力，才有可能受到投资者的青睐。

5. 产品的成本结构

分析产品的成本结构是确保企业财务可行性的重要一步。比如，可以根据可变成本和固定成本的比例，以及经济规模产出的大小，来判定一个企业所创造的附加价值的幅度和将来可能的盈利空间。

(二)效益评估准则

效益评估主要包括合理的税后净利润、达到损益平衡所需的时间、投资回报率、资本需求、毛利率、退出机制与策略等。

1. 达到损益平衡需要的时间

合理的损益平衡所需的时间应该在两年以内,否则这个创业机会可能就没有投资的价值。也有一小部分需要长期投资的创业机会,前期投入创造行业进入壁垒,获得先行优势,以确保企业在后续经营中持续盈利。

2. 投资回报率

考虑到创业过程中可能遇到的各类风险,合理的投资收益率应高于25%。一般来说,低于15%的回报率是不可取的。在评估创业机会时,创业者和投资者都应当谨慎地审视投资回报率,并确保其处于一个相对可行和有吸引力的水平,以最大限度地保障投资的可持续性和盈利性。

3. 资本需求

不同创业项目对资金的需求量不同,投资者一般会更倾向于资本需求较低的创业项目。通常情况下,知识密集型的创业机会对资金的需求较低,而投资回报率相对较高。

4. 毛利率

毛利率是创业机会盈利能力的重要指标,直接影响企业的财务表现和可持续性。高毛利率的创业机会相对风险较低,也更容易实现损益平衡。通常来说,毛利率在40%是比较理想的。如果毛利率在20%以下,那么这个初创企业就不会被投资者考虑了。

5. 退出机制和策略

通常情况下,退出比进入更具挑战性,因此一个吸引人的创业机会应考虑所有投资者的退出计划和策略规划。常见的退出机制包括上市/IPO(首次公开募股)、并购、私募股权转让、回购和分红等。

6. 合理的税后净利润

一般而言,具有吸引力的创业项目至少应该有超过15%的税后净利润。如果企业的税后净利润低于5%,那么这个项目通常不会得到投资者的认可。因此,创业者在规划项目时,需要关注税后净利润这一关键指标,通过优化经营策略和财务规划,提高项目的盈利水平,从而增强投资吸引力。

二、创业机会评价框架

(一)蒂蒙斯的创业机会评价框架

1.基本内容

蒂蒙斯的创业机会评价框架包括8个方面的53个指标,涉及行业和市场、经济因素、收获条件、竞争优势、管理团队、致命缺陷、个人标准以及理想与现实的战略差异等。创业者可以运用该系统模型,对产业和市场问题,竞争优势,财务指标,管理团队,以及致命缺陷进行评价[①]。表3-1列出了评估框架的细节。

表3-1 蒂蒙斯创业机会评价框架

评价项目	评价指标
行业和市场	1.市场容易识别,可以带来持续收入 2.顾客可以接受产品或服务,愿意为此付费 3.产品的附加值高 4.产品对市场的影响力大 5.将要开发的产品生命长久 6.项目所在的行业是新兴行业,竞争不完善 7.市场规模大,销售潜力达到1000万—10亿元 8.市场成长率在30%—50%甚至更高 9.现有厂商的生产能力几乎完全饱和 10.在5年内能占据市场的领导地位,达到20%以上 11.拥有低成本的供货商,具有成本优势
经济因素	1.达到盈亏平衡点所需要的时间在1.5—2年以下 2.盈亏平衡点不会逐渐提高 3.投资回报率在25%以上 4.项目对资金的要求不是很大,能够获得融资 5.销售额的年增长率高于15% 6.有良好的现金流量,能占到销售额的20%—30%以上 7.能获得持久的毛利,毛利率要达到40%以上 8.能获得持久的税后利润,税后利润率要超过10% 9.资产集中程度低 10.运营资金不多,需求量是逐渐增加的 11.研究开发工作对资金的要求不高

---

① SPINELLIS, ADAMSR. New Venture Creation: Entrepreneurship for the 21st Century[M]. New York: McGraw-Hill, 2016.

续　表

评价项目	评价指标
收获条件	1.项目带来的附加价值具有较高的战略意义 2.存在现有的或可预料的退出方式 3.资本市场环境有利,可以实现资本的流动
竞争优势	1.固定成本和可变成本低 2.对成本、价格和销售的控制较高 3.已经获得或可以获得对专利所有权的保护 4.竞争对手尚未觉醒,竞争较弱 5.拥有专利或具有某种独占性 6.拥有发展良好的网络关系,容易获得合同 7.拥有杰出的关键人员和管理团队
管理团队	1.创业者团队是一个优秀管理者的组合 2.行业和技术经验达到了本行业的最高水平 3.管理团队的正直廉洁程度能达到最高水准 4.管理团队知道自己缺乏哪方面的知识
致命缺陷	不存在任何致命缺陷
个人标准	1.个人目标与创业活动相符合 2.创业家可以做到在有限的风险下实现成功 3.创业家能接受薪水减少等损失 4.创业家渴望进行创业这种生活方式,而不只是为了赚大钱 5.创业家可以承受适当的风险 6.创业家在压力下状态依然良好
理想与现实的差异	1.理想与现实情况相吻合 2.管理团队已经是最好的 3.在客户服务管理方面有很好的服务理念 4.所创办的事业顺应时代潮流 5.所采取的技术具有突破性,不存在许多替代品或竞争对手 6.具备灵活的适应能力,能快速地进行取舍 7.始终在寻找新的机会 8.定价与市场领先者几乎持平 9.能够获得销售渠道,或已经拥有现成的网络 10.能够允许失败

资料来源:Stephen Spinelli. New Venture Creation:Entrepreneurship for the 21st Century,McGraw Hill,2015

2.注意事项

蒂蒙斯提出的创业机会评价指标体系,是迄今为止最为完善的一种评估方法。在使用时需要考虑到以下几点。

(1)此评价体系适合具有行业经验的投资人或资深创业者对创业企业进行综合评价。

（2）评价创业机会的可行性需要综合运用定性和定量方法。

（3）由于涉及众多项目，该评价体系可作为参考选项库，在实际运用时结合不同创业机会的优劣进行排序。可以通过重新分类、简化创业机会属性，提高使用效能。

（4）这一评估系统和评估的项目都是比较专业化的。在应用过程中，要了解创业行业、企业管理、资源团队等相关的经验资料，以及 50 多个指标的具体内涵和评价技巧。

3. 评估方法

蒂蒙斯所建立的创业机会评估系统仅是一系列的评估准则，实际应用中仍需有一套较为科学的评估程序与评估手段。以下是两种常见的、易于操作的评估方法。

（1）标准矩阵打分法。

标准矩阵打分法是一种简易的创业机会评价操作方法，将创业机会评价体系的每个指标分为三个打分标准，其中最好 3 分、好 2 分、一般 1 分，形成矩阵表。打分完成后，计算每个指标的加权评价分。

这种方法可以用于比较不同的创业机会，最终的量化结果可以直接用于创业机会的排序。对于单一创业机会的评估，可以使用多人评分的加权平均值。加权平均数愈高，则说明创业机会有较高的成功率。一般来说，100 以上的创业机遇可以再做计划，100 以下的创业机遇要被考虑排除。

（2）贝蒂选择因素法。

贝蒂选择因素法是一种基于矩阵的简化评分的方法。评价者依据自己对创业机会的认知与掌握，依据蒂蒙斯的创业机会评估系统，来判定企业所获得的机遇是否满足所需的各项指标。若达不到 30 项，则表示有问题或风险；若有 30 项以上，则表示这一创业机遇是有潜力的，值得一试。

在运用这个方法的时候要小心，如果有"致命缺陷"的话，就应当立即予以否定。这些重大的问题往往与制度上的限制、关键技术的缺失、创业者缺乏与之相匹配的资源等因素有关。这样的方式更有利于企业家对自己的创业机会进行评价。

4. 局限性

蒂蒙斯创业机会评价体系也存在着一定的局限性。它主要是基于风险投资商的风险投资标准建立的，与创业者的标准还存在一定的差异。虽然这些评价标准经常被风险投资家使用，但是创业者可以通过关注这些问题而受益。

（1）评价主体要求较高：运用这种评估方法，要求使用者具有创业嗅觉灵敏、经营意识清晰、经营管理经验丰富以及对产业资讯的系统性掌握。对于初次创业者或大学生创业者，直接进行创业机会自评可能效果不佳，尽管这并不妨碍该体系作为创业者选择与评价项目的参考标准。

（2）指标体系维度交叉重复：蒂蒙斯指标体系的各维度划分存在不够合理的交叉重叠现象，导致评价项目存在重复。例如，在竞争优势、管理团队、个人标准、理想与现实的战略性差异等维度中都涉及"管理团队"的评价项目。这种不统一的维度划分影响了评价难度和考量权重，降低了创业机会评价指标的有效性。

（3）指标体系缺乏主次，定性定量混合：蒂蒙斯指标体系的指标过多，但主次关系不够清晰，且包含定性和定量评价项目，存在交叉现象。指标过多使得使用复杂，而在实际评价中难以准确量化每个方面的指标并设定科学的权重，影响了实际效度。

（二）刘常勇的创业机会评价框架

刘常勇的创业机会评价框架涵盖市场评价和回报评价两个方面，共包含 14 个指标，详见表 3-2。相对于蒂蒙斯的框架，这个框架更为简单易操作，更符合中国企业的特点。评价方法主要参照标准矩阵打分法和贝蒂选择因素法。

表 3-2　刘常勇创业机会评价框架

评价项目	评价指标
市场评价	1. 具有市场定位，专注于具体顾客需求，能为顾客带来新的价值 2. 依据波特的五力模型进行创业机会的市场结构评价 3. 分析创业机会所面临的市场规模大小 4. 评价创业机会的市场渗透力 5. 预测可能取得的市场占有率 6. 分析产品成本结构
回报评价	1. 税后利润率至少高于 5% 2. 达到盈亏平衡的时间应该不超过 2 年 3. 投资回报率应高于 25% 4. 资本需求量较小 5. 毛利率应该高于 40% 6. 能创造新企业在市场上的战略价值 7. 资本市场的活跃程度 8. 退出和收获回报的难易程度

资料来源：何建湘：《创业者实战手册》，中国人民大学出版社 2015 年版

(三)哈曼的 Potentionmeter 评估法

哈曼的方法采用预设权值的选项式问卷,创业者填写不同因素的情况,迅速获取特定创业机会的成功潜力指标。设立创业机会评价指标时需要充分考虑四个方面的因素:第一,财务因素,即创业机会是否能为创业者或股东创造经济回报,不论是对于投资者还是创业者财务因素都是极其重要的;第二,客户的因素,企业的机遇能否给客户带来持续的使用价值;第三,内部因素,即谁去开发创业机会以及开发者所拥有的资源;第四,学习和创新因素,即创业机会的创新程度和未来持续性,体现了企业的核心竞争力,涉及企业的持续战略优势。

三、创业机会风险

(一)创业风险的类型

1. 资金风险

资金风险主要是指因创业过程中融资不能满足创业投资需求而造成创业失败的可能性。资金短缺可能导致企业无法正常运营,造成某个环节运转瘫痪,使整个创业项目暂停。创业者通常需要大量资金来支持企业的启动和运营,包括人力资源、设备、市场推广等方面的资金。

2. 技术风险

技术风险是指由于技术方面的因素及其变化的不确定性可能导致创业失败的风险。这一风险涵盖了多个方面,包括技术的成熟度、市场对技术的接受度以及竞争对手在技术方面的垄断情况,都可能对企业的成功产生负面影响。

3. 团队风险

团队是创业成功的重要因素。团队风险则涉及团队成员的能力、合作默契、离职风险等多个方面。缺乏清晰的制度规范与执行机制,以及团队角色配置不当,都可能导致创业者解体,成为创业过程中的主要风险。

4. 管理风险

管理风险是指创业者在创业初期由于管理和决策不当而带来的不确定性和损失。随着企业的发展壮大,创业者往往在管理方面出现问题,包括决策不谨慎、经营理念不明确、用人不当、盲目追随潮流、决心不足等,这可能导致创业的失败。

5.环境风险

创业的外部环境包括市场竞争、法规政策、经济周期等。市场的不确定性可能导致产品市场逐渐饱和或者市场需求下降,而法规政策的不稳定性也可能对企业运营产生潜在的风险。创业者在面对外部环境时需要保持敏感性,不断优化企业战略,灵活调整经营计划,以适应市场变化和应对外部风险。

(二)创业风险的规避

1.慎重选择创业项目

在创业前进行充分的市场调研和分析,了解目标市场的需求、竞争格局、潜在风险等因素,切忌盲目跟风。创业团队可以选择自己感兴趣或者热爱的行业,保持热情才能够在创业之路上坚持走下去。

2.广交友,听取前辈的建议

创业过程中会遇到问题难以预料。多认识一些创业者,与他们交流探讨,能够避免我们走弯路。参与一些创业者活动,现场主动索要对方的联系方式,是一种直接但有效的资源开发渠道。

3.做好资金筹措和财务管理

"兵马未动,粮草先行",任何创业项目都离不开资金。创业者可以通过校园创业扶持项目、天使投资人以及亲友等途径获取启动资金。同时也要制订详细的财务计划,合理预算和控制成本,确保企业的现金流稳定。

4.打造强力团队

团队的合作效能直接影响企业的发展。设立明确的责任和目标,每个团队成员都应该清楚自己的责任和目标,确保团队朝着共同的目标努力。建立有效的沟通机制,定期的团队会议、沟通平台的使用、透明的信息共享等都是有效的沟通手段。做到知人善任并建立一套有效的激励机制。

5.制订完善的创业计划书

新项目往往存在模糊的概念,通过起草创业计划书,创业者可以清晰地列出项目的正反方面,并逐一深入分析,从而更全面地了解该项目。在实际创业中,创业计划书可作为实施创业计划的操作指南。此外,制订出色的创业计划书也是吸引外部投资的关键。

6.尽早明确企业的核心竞争力

在激烈的市场竞争中,企业产品面临来自现有竞争对手和潜在新进入者的挑战。高生产成本、薄弱销售系统、高用户转换成本等因素可能使企业处于劣势，甚至威胁企业生存。为规避这些风险，必须积极寻找市场空隙，开发渠道资源，打造具有强大竞争力的核心产品和服务。

7. 实践为重，培养创业能力

为提高成功概率，建议在创业前进行实践，利用业余时间创建一些投资低、见效快、风险小的项目，培养创业能力和社会适应力。通过实践积累创业经验，熟悉社会环境，提高社交技能。在创业决策时，要科学、慎重，充分考虑可能遇到的困难，避免决策的随意性。

讨论案例

大学生创新创业的超级楷模——扎克伯格

扎克伯格，全名马克·艾略特·扎克伯格，是一位美国企业家和计算机程序员，也是著名的社交媒体平台 Facebook 的创始人之一。他的创业之路充满了困难和挑战，但他的毅力和创新精神使得他最终取得了巨大的成功。扎克伯格在哈佛大学就读期间，就已经展现出他的计算机技术才能和创业雄心。Facebook 的成功使得扎克伯格成为亿万富翁，并获得了许多荣誉和奖项。然而，扎克伯格的创业之路并没有止步于此。他继续进行创新和扩张，使得 Facebook 逐渐从一个社交网络平台转型为一个全球科技巨头。他收购了一些与社交媒体相关的公司，如 Instagram 和 WhatsApp，进一步扩大了 Facebook 的影响力和用户基础。总的来说，扎克伯格的创业之路展现了他的勇气、才智和对技术的热爱。他通过不断创新和努力，成功地将一个简单的大学社交网络发展成为一个全球化的科技企业。他的故事鼓舞着许多年轻人追求创业梦想，并证明了创业者只要坚持不懈，就有可能实现自己的目标。

创业初始之路

2004 年，他与同学埃迪温·索林、安德鲁·麦克科勒姆和克里斯·休斯创立了一个名为"Facemash"的网站，该网站允许学生根据照片来对比其他学生的吸引力，并进行投票。这个网站一夜之间就在校园内引起轰动，但也因为侵犯了隐私权而被关闭。然而，这次失败并没有让扎克伯格气馁。他继续努力，于2004 年 2 月创建了一个名为"Thefacebook"的社交网站，该网站旨在帮助哈佛大学的学生之间更好地联系和交流。最初，Thefacebook 仅限于哈佛大学的学生使用，但很快就扩展到了其他大学，如斯坦福大学、耶鲁大学和哥伦比亚大学等。这个社交网络迅速获得了大量用户和关注度，使得扎克伯格开始意识到这个项目的巨大潜力。2005年,Thefacebook更名为Facebook,并开始向全球范围内的高校推广。同年,Facebook获得了来自风险投资公司Accel Partners的125万美元投资,这笔投资为Facebook的发展提供了资金支持和经验指导。随着时间的推移,Facebook的用户数量不断增长,吸引了更多的投资者和广告商的关注。然而,扎克伯格在创业过程中也遇到了许多挑战。他曾与他的合作伙伴发生争执,甚至面临诉讼和离职的威胁。此外,他还要面对Facebook在隐私保护和数据安全方面的批评。尽管如此,扎克伯格始终保持着对于Facebook的信心,并采取了一系列措施来改善用户隐私和数据保护措施。随着时间的推移,Facebook逐渐发展成为全球最大的社交媒体平台之一。

经营理念和战略高度与众不同

当时,美国全国社交网站非常多,可以说多如牛毛。但是相比之下他们认为扎克伯格在经营理念和战略定位高度方面鹤立鸡群。扎克伯格告诉合伙人,他发现人类喜欢社交的三大秘密:人人有一种归属感的渴望,人人都有被赞美的追求,人人或明或暗地有一种偷窥欲。也就是秘密了解对方的情况。这是人类喜欢社交的最本质最本源的东西。

扎克伯格带领团队运营Facebook的过程中,开发了很多非常好的功能,其中三个功能非常有代表性。

第一个功能叫图片比较功能(facemash)。在哈佛大学的时候,Facebook上线的一个功能就叫图片比较功能,也叫图片选秀功能。通过这个功能让大学生在众多的图片当中选择你喜欢的人,最后选出全校的俊男美女来。这个非常有趣味性的功能,很快就让哈佛大学学生着迷了,不到一个星期,哈佛大学的本科生就有一半注册了会员。

第二个功能就是实名注册制。在扎克伯格和Facebook之前,社交网站几乎不是实名注册。没有实名注册必然会出现乱糟糟的场面,想上传任何信息都可以,结果导致网站不良信息泛滥。有一个网站叫myspace,拿出1/3的人来,专门处理这些网上的纠纷和删除冗杂的信息。造成很大的人力浪费,同时也造成很大的社会污染。实名制以后就好多了。为什么?因为实名,上传你的身份证信息,要求发布者对自己的言行负责任。一旦上传不良信息马上就可以追根溯源,上传者就会受到应有的处罚或制裁,严重的要负法律责任。这个功能出现以后净化了整个社交网站。

第三个功能就是图文自愿上传。每个用户都有生成照片、文字、视频上传与否的自由,这样一来极大丰富了网站的资讯,使网站更有趣味性,更有可读性，吸引客户的能力更强了。这三个功能的开发，我们可以看到，扎克伯格确实有创新创意方面的天赋，在产品开发方面也是一个天才。

遭遇史上最大隐私集体诉讼

2019年7月24日，美国贸易委员会给Facebook开出一张巨额罚单：50亿美元！为什么？Facebook侵犯了网站上22亿用户的隐私权。22亿什么概念？是全球总人口的31%。这一事件指出了两个问题：一是Facebook在运营过程中确实违规了，美国是一个法治社会，违规就要受到处罚。二是Facebook今天的影响力，已经大到必须政府加以控制的局面。该事件过后，Facebook依然是全球最大的社交平台之一。

扎克伯格和Facebook带来的大启示

没有新技术就没有新产业。为什么扎克伯格笃定要把自己的一生投入到社交平台、社交革命上呢？主要是他自身的实践让他获得一个重大的体会：就是新技术对传统产业具有重大革命和颠覆的意义。大家都知道，过去传统的社交方式，大不了就是搞个商会或者协会，最多几百人几千人了不得了。现在，通过计算机、移动互联网、App，设计了这么一个网站就可以聚集全球27亿人，活跃用户日达到13亿人，市值达到5500亿美元，年销售收入可以达到700亿美元左右，净利润率可以达到30%—40%。你可以想象一个社交平台能有这么大的规模，而且成为全球市值最大的第五大公司，核心的核心主要是新技术对传统产业进行的一次革命。所以扎克伯格看好新技术，他现在正在布局未来的新技术。比如说物联网技术、大数据技术、云计算技术、AI增强现实技术、VR虚拟现实技术、AR人工智能技术等，这些技术如果在社交平台上加以应用的话，整个社交产业又会发生一次颠覆性的革命。这是扎克伯格所看到的，所以说扎克伯格现在干劲冲天，底气十足，布局巨大，战略安排清晰。

关于新技术的认识，还有一个例子就是亚马逊掌门人贝索斯。1994年他看到一则消息，媒体公布1993—1994年两年间网络的传输速度提高了2057个单位。就这么一个很简单的消息，他看了以后马上就在琢磨，他想随着这个网络速度的提高，将来什么产业能够分得一杯羹？于是他回到办公室里开始数产业了，什么电脑产业、软件产业、食品产业、医药产业、图书产业、商品产业等，最后数了20个产业。他又在分析什么样的产业能够在这个地方分得一杯羹呢？他说这个产业一定是标准化的，最后数来数去他发现图书是一个最标准化的产品，于是他就开始做图书。结果一发而不可收。现在不光是图书，亚马逊的业务还包括电商，亚马逊也成了全球最大的电商平台。这完全是得益于对技术的认识。因此,正在开发新产品新技术的企业家创业家们,一定要注意新技术的发展和传统产业的结合,在它们的结合当中肯定会有爆炸点、爆发点,一旦你找到这样的一个点,你也将一发而不可收。

Facebook 始终贯彻的行为准则是"完成胜于完美"。这一准则体现了 Facebook 企业文化中对于效率和实际成果的重视,鼓励员工和团队在面对任务和挑战时,优先追求完成任务,而不是过分追求完美以至于影响进度。这句话乍听起来有点像心灵鸡汤,其实不是,它是一句实实在在的,掷地有声地指导企业实践的话。核心要义是:以最快的速度完成一个产品后快速抛向市场,倾听客户意见,然后根据客户的意见进行更新调整迭代,再抛向市场,这样反复多次,甚至无限循环下去。这个产品是从客户中来再到客户中去这样一个逻辑,因此它能非常贴近客户的真实需求,所以说它在市场中是受欢迎的。如果你闭门造车,在办公室里,在车间里造一个产品,以自己想象的完美来制造,结果第一会时间一拖再拖,第二和客户真正需求相距甚远,当产品真的抛向市场的时候,会发现一个重要的问题——客户根本不想要。这个时候亡羊补牢,为时已晚。所以说这句话对于现实生活中正在开发产品的创业者来说,具有非常现实的指导意义。

案例来源:《世界创新创业的超级楷模——faccbook》,https://zhuanlan.zhihu.com/p/78221457

思考题

1.试讨论扎克伯格是如何成功创立 Facebook 的。

2.如果你是扎克伯格,根据当今科技发展迅速,公司可能会面临哪些问题?你认为公司应该如何应对这些难题?

本章小结

创业机会是指创业者可以利用的、具有较强吸引力和持久性的商业机会,这种机会可以为消费者提供有价值的产品或服务,并使创业者自身获益。

创业学领域的先驱蒂蒙斯认为创业机会的特征是具有吸引力、持久性和适时性,并且可以为购买者或者使用者创造或增加价值。此外,本书认为创业机会还具有创造顾客价值、可行性、"机会窗口"性和可盈利性的特点。

根据不同的划分标准,创业机会可以划分为不同的类型。根据阿迪切威利分类法将创业机会分为填补空白型机会、降低成本型机会、提升体验型机会和创造新市场型机会。根据目的手段关系分类法将创业机会分为问题解决型机会、趋势利用型机会和满足需求型机会。谢恩和文卡塔拉曼基于外部环境的不同，将创业机会分为技术机会、市场机会和政策机会。萨拉斯瓦西根据供求关系的明确程度将创业机会划分为可行性机会、探索性机会、建构性机会和破坏性机会。

蒂蒙斯认为创业机会主要有法规的改变、技术的快速变革、价值链重组、技术创新、现有管理者或者投资者的管理不善、战略型企业家、市场领导者的短视这 7 个来源。除此之外，本书还将创业机会的来源归纳为新技术的发明与运用、市场的不对称、产业与市场结构的变化以及宏观环境的变化 4 个方面。

创业机会的重要性主要体现在宏观和微观两个层面。

林赛和克雷格创业机会识别过程分为机会搜寻、机会评价和机会识别 3 个阶段。

巴林杰认为识别机会有 3 种途径：观察趋势并研究趋势如何为创业者创造机会、认识问题并找到解决方法和寻找市场缺口。

本章主要介绍了蒂蒙斯的创业机会评价框架和刘常勇的创业机会评价框架。

创业风险主要分为资金风险、技术风险、团队风险、管理风险和环境风险。

延伸阅读

[1] REBECCA A, CORBIN R T. Community Colleges as Incubators of Innovation: Unleashing Entrepreneurial Opportunities for Communities and Students[M]. Oxford:Taylor and Francis,2023.

[2] 周冬梅,陈雪琳,杨俊,等.创业研究回顾与展望[J].管理世界,2020,36(1).

[3] 刘志阳,李斌,庄欣荷.初创企业创业机会迭代机制研究[J].科学学研究,2019,37(3).

[4] 傅颖,斯晓夫,陈卉.基于中国情境的社会创业:前沿理论与问题思考[J].外国经济与管理,2017,39(3).

[5] 斯晓夫,王颂,傅颖.创业机会从何而来:发现,构建还是发现＋构建？——创业机会的理论前沿研究[J].管理世界,2016(3).

参考文献

[1] 王朝云.创业机会的内涵和外延辨析[J].外国经济与管理,2010,32(6).

[2] 杰弗里·蒂蒙斯,小斯蒂芬·斯皮内利.创业学:第六版[M].周作民,吕长

春,译.北京:人民邮电出版社,2005.

［3］林嵩,张帏,姜彦福.创业机会的特征与新创企业的战略选择:基于中国创业企业案例的探索性研究［J］.科学学研究,2006,24(2).

［4］斯晓夫,吴晓波,陈凌,等.创业管理理论与实践［M］.杭州:浙江大学出版社,2016.

［5］ARDICHVILI A，CARDOZO R，RAY S. A theory of entrepreneurial opportunity identification and development［J］. Journal of Business Venturing, 2003,18(1).

［6］SARASVATHY S D，DEW N，VELAMURI S R，et al. Three views of entrepreneurial opportunity［M］Springer，New York. Handbook of entrepreneurship research,2003.

［7］林嵩.创业机会识别的过程解构与机制探讨［J］.技术与创新管理,2010,31(3).

［8］LINDSAY N J，JUSTIN C. A framework for understanding opportunity recognition：Entrepreneurs versus private equity financiers［J］. The journal of private equity，2002(1).

［9］巴林杰.创业计划书:从创意到方案［M］.陈忠卫,等,译.北京:机械工业出版社,2016.

［10］张红,葛宝山.创业机会识别研究现状述评及整合模型构建［J］.外国经济与管理,2014,36(4).

［11］张秀娥,孙中博.创业机会识别机制解析［J］.云南社会科学,2012(4).

［12］WOOD M S, WILLIAM M. The production of entrepreneurial opportunity：a constructivist perspective［J］. Strategic entrepreneurship journal,2010.

［13］TOCHER N, SHARON L O, DIANNE J H. Proposing social resources as the fundamental catalyst toward opportunity creation［J］. Strategic entrepreneurship journal,2015.

［14］王连青.创新创业理论与实践教程［M］.北京:科学出版社,2020.

［15］杜爽.Timmons创业机会评价模型中行业与市场指标研究对我国创业企业的应用与启示［J］.商场现代化,2005(6).

［16］SPINELLIS, ADAMSR. New Venture Creation：Entrepreneurship for the 21st Century［M］. New York：McGraw-Hill,2016.

［17］TIMMONS J A. New venture creation：Entrepreneurship for the 21st century:4th edition［M］.Burr Ridge：Richard D. Irwin,1994.

[18] 王飞.大学生创业风险管理能力培育研究[J].教育发展研究,2016,36(Z1).

[19] 张翼.大数据时代高校大学生创业风险的防范研究[J].创新创业理论研究
与实践,2020,3(15).

练习题

一、选择题

1. 根据阿迪切威利分类法,创业机会可以分为哪些?（　　　）

A. 问题解决型机会　　　　　　　B. 填补空白型机会

C. 需求满足型机会　　　　　　　D. 提升体验型机会

2. 谢恩和文卡塔拉曼的创业机会分类是基于外部环境的不同,将创业机会
分为哪些?（　　　）

A. 市场机会　　　B. 技术机会　　　C. 政策机会　　　D. 金融机会

3. 哪些是蒂蒙斯认为的创业机会来源?（　　　）

A. 市场的不对称　　　　　　　　B. 价值链重组

C. 技术的快速变革　　　　　　　D. 战略型企业家

4. 创业机会的特征不包括下列哪项?（　　　）

A. 持久性　　　　　　　　　　　B. "机会窗口"性

C. 创新思维性　　　　　　　　　D. 吸引力

5. 林赛和克雷格创业机会识别过程不包括（　　　）

A. 机会搜寻　　　B. 机会判断　　　C. 机会识别　　　D. 机会评价

6. 巴林杰认为识别机会的三种途径不包括（　　　）

A. 寻找市场缺口　　　　　　　　B. 观察趋势

C. 寻找目标　　　　　　　　　　D. 认识问题

7. 以下哪几项属于蒂蒙斯创业机会评价表的评价项目?（　　　）

A. 行业和市场　　　　　　　　　B. 收获条件

C. 竞争优势　　　　　　　　　　D. 管理团队

8. 以下哪几项是效益评估准则的内容?（　　　）

A. 合理的税后净利　　　　　　　B. 资本需求

C. 退出机制与策略　　　　　　　D. 市场周期

9.刘常勇的创业机会评价框架涵盖哪两个方面？（　　　）

A.市场评价 　　　　　　　　 B.技术评价

C.回报评价 　　　　　　　　 D.人力评价

10.以下哪个选项不属于市场评估准则的范畴？（　　　）

A.市场渗透能力 　　　　　　 B.市场规模

C.资本需求 　　　　　　　　 D.市场定位

二、判断题

1.总体而言,创意与创业本质上没有区别。 （　　　）

2.创造新市场型机会是指市场上不存在某种产品或服务,但创业者能够创造出全新的市场。 （　　　）

3.创业需要很多投入,需要投入时间和大量的金钱,牺牲别的机会,所以学生不适合。 （　　　）

4.林赛和克雷格创业机会识别过程分为机会搜寻、机会评价和机会识别。

（　　　）

5.Wood 和 McKinley 的模型强调了社会互动在创业机会构建过程中的重要性。 （　　　）

6.技术变革的机遇对于创业机会非常重要。 （　　　）

7.哈曼的方法采用预设权值的选项式问卷。 （　　　）

8.贝蒂选择因素法是一种基于矩阵的简化评分的方法。 （　　　）

9.创业的外部环境包括企业文化、人力资本结构、经济周期等。 （　　　）

10.通常来说,毛利率在 20％ 是比较理想的。 （　　　）

三、名词解释

1.创意与创业机会

2.问题解决型机会

3.趋势利用型机会

4.创业资金风险

5.创业环境风险

四、简答题

1.简述创业机会的特征。

2.简述创业机会的来源。

3.简述巴林杰识别机会的 3 种途径。

4.简述尼尔·托彻创业机会的构建过程。

5.简述蒂蒙斯创业机会评价表的局限性。

五、论述题

1.作为大学生,如何在生活中发现和识别创业机会。

2.作为大学生,在创业过程中应该如何规避创业风险。

第四章　产品设计与推广

你不能只问顾客要什么,然后想法子给他们做什么。等你做出来,他们已经另有新欢了。

——史蒂夫·乔布斯

▶ 学习目标

- ➢ 理解产品在创业中的地位
- ➢ 掌握产品的定义和特点
- ➢ 了解产品生命周期理论
- ➢ 掌握产品打磨逻辑
- ➢ 掌握产品开发绩效评定的五个标准
- ➢ 掌握产品设计的三大步骤:用户画像、痛点分析、最小化可行产品
- ➢ 熟悉产品定价的三类方法
- ➢ 了解品牌推广含义、作用和策略
- ➢ 熟悉促销的含义、作用和方式

引导案例

九阳:一个产品(豆浆机)成就一个企业、行业

以前,做豆浆是一项"浩大"的工程:先把黄豆浸泡5小时,用搅拌器打碎;再用中火煮磨碎的黄豆,边煮边搅;为了除去黄豆的涩味,需要让豆浆煮沸2—3次;最后滤去豆渣。做一杯豆浆,大概要花8个小时,普通家庭无法自行加工豆浆,只能去豆浆坊购买豆浆。九阳股份创始人王旭宁将所有加工过程浓缩成一台豆浆机,让人在极短的时间里喝到新鲜豆浆。1994年,这个愿望果然实现,8

小时的做豆浆过程缩短到 10 多分钟,豆浆作坊也进入厨房,成为一台和保温桶差不多大小的家庭豆浆机。九阳发明了世界第一台豆浆机,让千家万户方便喝上了自制的熟豆浆,而且非常的细腻,口感特别香醇丝滑。之后,九阳对豆浆机不断改进,早期的不易清洗、噪声大的问题都在不断完善。如今的豆浆机非常受消费者欢迎,普遍反映九阳豆浆机的做工和质量都特别好,看上去非常有质感,材质是 304 食品级不锈钢,使用起来健康安全。豆浆机不仅可以做豆浆,还可以做米糊、做果蔬冷饮等,具有八大功能,用起来非常方便。而且,九阳并不局限于一台豆浆机。为打破"九阳就等于豆浆机"的固有印象和单一的营收结构,九阳股份出售九阳豆业股权,积极拓展新业务。2014 年,九阳成立 Onecup 胶囊咖啡机作为专注于研发胶囊机和饮品的子品牌。2017 年,Onecup 开始售卖咖啡机。同时,紧紧围绕豆浆机,九阳研发、生产了一系列小家电,旗下有知名的"九阳"品牌,涵盖豆浆机、破壁机、电饭煲、空气炸锅、炊具、净水器、电蒸锅、开水煲、面条机等产品。2018 年 9 月,九阳股份收购了尚科宁家 51% 的股权,实现"走出厨房,进入客厅"的转型,进一步拓展产品范围,如今有了折叠式吸尘器、蒸汽消毒拖把、手持式吸尘器、扫地机器人和电动扫帚等清洁电器产品。2021 年成立清洁电器部门,推出了洗地机等家用清洁产品,定位在 2000—3000 元价位。除此之外,九阳股份还在净水器、饮水机等多领域有所涉及,未来可能还会推出智能机器人等相关产品。九阳起步于一台豆浆机,开创了一个品类、成就了一个行业,而且该行业不断拓展延伸。近十年,九阳股份的收入与净利润表现基本保持了同步的稳定增长。2020 年,厨房小家电市场需求迎来集中性爆发,九阳股份营收首次突破百亿元,净利润增长至历史最高水平,达到 9.40 亿元。

九阳股份告诉我们:创业成功,始于产品成功!创业者何以安身立命?唯有产品。

资料来源:根据九阳官方网站资料修改、整理

第一节　产品与产品开发

一、产品的基本概念

引导案例告诉我们,产品对于创业者而言,是安身立命之所在。没有一个产品,创业无从说起。创业者的地位不是由自己或其他外部组织确立的,而是由市场确立的,是由顾客对产品的反应来确立的。为了取得强有力的地位,创业者必须拥有一款深受顾客喜爱的产品,这款产品与市场上所有其他同类产品都有所不同。

(一)产品的含义

产品是指创业者供人们使用和消费,并能满足人们某种需求的任何东西,包括有形的物品、无形的服务、组织、观念或它们的组合。从根本上说,产品实质上就是为解决问题而提供的有形或无形的组合。对于创业者而言,懂得产品整体概念(能够更深刻、更准确地表述产品概念)更为重要。创业者在规划产品、开发产品、设计产品、推广产品时,要考虑到一个产品应该能提供给顾客五个层次的价值。根据菲利普-科特勒等学者的论述,产品整体概念的五个层次如下。

1. 核心产品

核心产品是指向顾客提供的产品的基本效用或利益。从根本上说,每一种产品实质上都是为解决问题而提供的服务。因此,产品被创业者规划推向市场之前,都必须具有反映顾客核心需求的基本效用或利益。

2. 形式产品

形式产品是指核心产品借以实现的形式。由五个特征构成,即品质、式样、特征、商标及包装。即使是纯粹的服务,也具有相类似的形式上的特点。因此,产品被创业者规划推向市场之前,必须具有一定的可见形式。

3. 期望产品

期望产品是指购买者在购买产品时期望得到的与产品密切相关的一整套

属性和条件。因此,产品被创业者规划推向市场之前,必须具备满足消费者期望的一系列属性。

4. 延伸产品

延伸产品是指顾客购买形式产品和期望产品时附带获得的各种利益的总和,包括产品说明书、保证、服务(安装、维修、送货、技术培训等)。因此,产品被创业者规划推向市场之前,必须具有一定的利益总和,创业者应该认识到服务在产品整体概念中所占的重要地位。

5. 潜在产品

潜在产品是指现有产品包括所有附加产品在内的,可能发展成为未来最终产品的潜在状态的产品。因此,产品被创业者规划推向市场之前,必须指出现有产品可能的演变趋势和前景。

近年来,产品外观日益被创业者和消费者重视。实际上,它可以被包含在期望产品的概念之中,作为产品设计的外在体现,深刻地影响人们的购买行为。研究指出,产品外观意象激发用户的情感体验,成为影响消费者购买决策的重要因素,消费者在购物场所做出的购买决定中,有超 90% 是基于产品的外观做出的。在产品同质化严重的今天,产品外观还起着"品牌代言人"的作用,传递着品牌的内涵与价值。例如,苹果从众多同类品牌中脱颖而出,其时尚的外观功不可没。可见,一个优秀的外观设计不仅能提升产品的附加值,还能帮助品牌实现差异化,提升消费者的品牌印象,助力品牌的打造。

(二)产品的特点

从产品的含义,我们可以了解到产品的一些特点。对于创业者而言,了解产品的特点,有助于他们对产品更好地把握和规划。具体而言,产品有以下四个特点。

1. 意象性

产品的意象性是指产品在满足消费者需求的过程中,消费者会凭借自身的感官,对产品的造型产生直觉联想,是消费者真实的感觉与期望,是与实现需求相关的全部感知事物及意象的集合。意象来自感知,意象包括记忆意象和想象意象,这些都是产品的组成部分。比如,电影《泰坦尼克号》中,主人公露丝带着大包小裹登上打捞船,看到自己 17 岁时的画像和一同被打捞上来的各种梳妆用品,跨世纪的相遇让她感触良多,晶莹的泪花在眼中闪烁。这些物品激发出露丝少女时代一系列的记忆。梳妆用品本是产品,但是在露丝眼里,绝不仅仅是产品。可见,消费者对产品会产生情感认知,这也说明产品具有意象性。

2. 感知性

产品的感知性是指产品是为了满足消费者需求而存在的,产品不是企业提供的事物,而是属于顾客的事物,因此,产品的本质是顾客的"感知",其依赖顾客而存在,不可能独立于顾客。所以,很多时候,产品是什么不重要,重要的是顾客认为你是什么,顾客把你看成什么。比如海尔曾经推出一款洗衣机,但是有的顾客却用来清洗土豆。所以,这款洗衣机其实是"洗土豆机",这才是消费者感知到的。

3. 过程性

产品的过程性是指选择、付款、安装、使用、报废等过程都属于产品。比如,顾客购买了一台洗衣机,它需要安装在自家房子的某个角落,既要接电,也要排水,才能正常使用。所以,这个安装的过程也是产品的一部分,因为,如果没有安装,这个产品是毫无用处的,甚至不能称为产品。

4. 动态性

产品的动态性是指在社会需求不断变化的背景下,产品的品种、规格、款式也会相应地改变,新产品不断出现,产品质量不断提高,产品数量不断增加。即便是同一家公司,也需要不断推出新产品,来吸引消费者。比如肯德基会定期推出新品。

(三)产品对于创业的重要性

当今社会已不再缺乏产品,甚至已经到了产品泛滥的时代,所以对于创业者,不是必须发明全新产品,而是选择什么产品去创业,创业者需要具备产品思维,在茫茫产品中鉴别出适合自己创业的产品,从了解产品入手。创业过程本质上就是产品的开发和推广过程。产品对于创业者而言,其重要性体现在以下几点。

1. 创业者需要具备产品导向思维

产品导向思维是指能够理解市场需求并以用户为中心来构思和设计产品。成功的创业者通常需要具备产品导向思维,他们必须能够关注用户体验、产品功能和市场竞争力,致力于创造出有价值的产品。如果缺乏这种产品导向思维,他便不是一个合格的创业者,他不懂得用产品去解决消费者的问题。

2. 创业者应该具备敏锐的产品洞察力

敏锐的产品洞察力是指能够识别市场的机会和痛点,创业者需要对市场进行深入的考察,找到解决方案和满足用户需求的机会。产品是针对市场的机会和痛点存在的，而市场的机会和痛点需要创业者分析和研判。创业者具备了这种敏锐的产品洞察力，相当于帮助产品找到其发挥作用的机会。如果产品是千里马，那么创业者就是伯乐。万科的创始人王石就具备了敏锐的产品洞察力，拿下了好几个不被竞争对手甚至公司职业经理人看好的地块，最后赚得盆满钵满。

3. 创业者应该在产品上体现出创新和创造力

创业总是需要创新，商业模式的创新、营销策略的创新等。显然，创业者首先应该在产品上体现出创新和创造力，不断寻求新产品，以区别于竞争对手并提供独特的产品价值，从而打破传统产品的桎梏。苹果公司正是依靠这种快速开发新产品的创新和创造力立足市场。

4. 创业者需要优化产品

创业者需要注重数据分析，通过收集和分析数据来了解用户行为和产品表现，借助数据来支持决策，并通过数据的反馈来不断优化产品。华为就是利用大数据分析，聚焦客户关注的挑战和压力，在此基础上完善产品，提供有竞争力的通信解决方案和服务，持续为客户创造最大价值。

5. 创业者需要确保产品安全

习近平总书记在党的二十大报告中指出"人民群众获得感、幸福感、安全感更加充实、更有保障、更可持续，共同富裕取得新成效"，"物质富足、精神富有是社会主义现代化的根本要求。物质贫困不是社会主义，精神贫乏也不是社会主义。我们不断厚植现代化的物质基础，不断夯实人民幸福生活的物质条件"。"人民性是马克思主义的本质属性，党的理论是来自人民、为了人民、造福人民的理论，人民的创造性实践是理论创新的不竭源泉。一切脱离人民的理论都是苍白无力的，一切不为人民造福的理论都是没有生命力的。"总而言之，党带领全国人民追求物质富足、精神富有，在这个过程中，不断丰富产品的多样性，是一项重要的举措。如果没有产品，这个世界与一片荒漠无异。这个世界之所以美丽可爱，也是因为人类创造了一个丰富多彩的产品世界。这些产品首先满足了人们对物质、精神的需求，也满足着人民对美好生活的向往。同时，创业者作为产品生产和经营的主体，不管生产、经营何种产品，必须是质量有保证、使用安全的，这是最基本的职业道德和伦理，是最大的社会责任。尤其是食品和药品，事关公众身体健康和生命安全，党和国家是绝不允许出现产品质量问题的。

二、产品生命周期

万事万物都有生老病死的生命周期,产品也是有生命周期的。一个产品在不同时期,其能够满足消费者的需求程度是完全不同的。比如 20 世纪 90 年代的传呼机,很好地满足了消费者跨越时空交流的需求,但是进入 21 世纪,它变得一文不值。

(一)产品生命周期概念

产品生命周期是指产品从投入市场到更新换代和退出市场所经历的全过程,是产品在市场运动中的经济寿命,也即在市场流通过程中,由消费者的需求变化以及影响市场的其他因素所造成的产品由盛转衰的周期。产品生命周期可划分为四个阶段。

(二)产品生命周期四阶段理论

产品生命周期理论是美国哈佛大学经济学教授雷蒙德·弗农在 1966 年首次提出的,是指无论什么产品,都有一定的市场寿命,一般会经历引入期、成长期、成熟期、衰退期四个阶段。

1. 引入期

引入期是指产品刚刚被企业推向市场、尚未被市场普遍接受的一段时期。由于消费者对刚刚进入市场的新产品缺乏了解,在绝大多数情况下不会购买,因此产品在引入期的市场占有率比较低,但同时因为产品上市之前已经进行过可行性论证,这样的产品在市场上是有需求的,并且具有良好的市场前景。

2. 成长期

产品生命周期进入成长期,此时顾客对产品已经熟悉,大量的新顾客开始购买,市场逐步扩大,消费者口碑宣传,产品被广泛传播,开始大批量生产,由于规模经济效益,生产成本相对降低,企业的销售额迅速上升,利润也迅速增长。

3. 成熟期

在成长期,潜在竞争对手看到有利可图,纷纷进入市场参与竞争,使同类产品供给量增加,价格随之下降,企业利润增长速度逐步减慢,最后达到生命周期利润的最高点,市场需求趋向饱和,潜在的顾客已经很少,销售额增长缓慢直至转而下降,标志着产品进入了成熟期。在这一阶段,竞争逐渐加剧,产品售价降低,促销费用增加,企业利润下降。

4. 衰退期

成熟期继续向前发展,就逐步进入衰退期。此时,随着科学技术的发展,新产品或新的代用品出现,顾客的消费习惯也发生改变,转向其他产品,原来产品的销售额和利润额迅速下降,此时产品生命周期进入衰退期。

(三)创业者熟悉产品生命周期的重要性

产品在不同的生命周期,对消费者的吸引程度、定价策略、促销手段的有效性都会有所不同。比如,在产品的成长期,往往可以适当制定较高的价格。而在产品的衰退期,往往降价都很难刺激消费者购买。因此,对于创业者而言,了解产品生命周期是非常重要的。

1. 帮助创业者确定当前的目标,让产品开发工作有的放矢

因为创业者资源是有限的,不可能同时干所有的事,应该集中力量办大事,所以每一阶段都要有一个核心目标,所有的产品开发工作都要围绕各自的目标展开。如果是一个衰退期的产品,则不必制定目标去开发了。

2. 帮助创业者做出更好的产品定价决策

后文会讲到需求导向定价,这种定价方法比较适合处于成长期的产品。由于产品在不同的生命周期意味着消费者的偏好程度不同,当产品处于成长期的前期,创业者常常可以通过高价格快速从市场获取回报,有购买能力和意愿的顾客都会快速购买,随着新产品推出的时间越来越长,该产品逐渐进入成熟期,有购买能力和意愿的顾客越来越少,企业就开始降价销售,获取更多的回报。iPhone 就是一个很好的例子,它更新换代很快,因为这种定价思路非常适合生命周期比较短的产品。

3. 帮助创业者做出更好的营销策略

产品生命周期的不同阶段,创业者制订的营销策略是不同的。市场经济的竞争复杂多变,创业者只有掌握市场的主动权,才能在激烈的市场竞争中立于不败之地。进行正确的产品生命周期的营销策略管理,已成为创业者在市场竞争中制胜的有力方法。创业者应在营销管理工作中选择适合自己的营销策略,以求在发展道路上闯出一条适合自身发展的、独特的成长之路。

三、产品开发

由于人们的消费水平提高,创业者需要不断改进产品,增加特色和功能,提高产品质量,改进外观包装、装潢等,才能适应消费者不断变化的需求。例如:电灯的发明、汽车设计的更新换代、饮食方式的创新、洗发水增加去头屑功能等。产品开发应选择那些能够顺应并且满足顾客需求,同时又能够设计并开发出的新产品。产品开发能够为创业企业带来收益和利润,并使其一直保持市场的竞争优势。

(一)产品开发的含义

产品开发是指从设计到落地量产的过程,是一个系统的、有步骤的过程,它需要考虑到市场前景、产品功能、生产成本、使用人群、消费需求等多个方面,其中每一个环节的处理都要精细到位,这样才能保证产品开发的效率和质量。产品的开发要求很高,既要创意好也要速度快。创业者作为产品的规划者、开发者、设计者、生产者,在产品开发中,必须思考缩短产品的开发周期的有效方法。

(二)产品打磨逻辑

产品开发也是一个产品打磨的过程,必须遵循一定的打磨逻辑,对产品进行思考。打磨逻辑有如下三点。

1. 一个好的产品必须有良好的产品评价

对于创业者而言,良好的产品评价来自全方位,可以是你的潜在顾客,可以是你的同学师长,也可以是产品经理、心理学家等。自己判断自己的产品,总是觉得很不错,但是也很有可能是受限的。甚至,都不能一味咨询消费者,正如乔布斯说的"你不能只问顾客要什么,然后想法子给他们做什么。等你做出来,他们已经另有新欢了"。那么,人们常常会从哪些方面评价一个产品呢?其实评价标准是广泛的,包括方方面面,比如你的产品名称是否朗朗上口,是否容易对外传播,让人过目不忘?你的产品是不是真正解决了部分人的问题,这些问题是不是很重要?你的产品是否体现了绿色环保?你的产品包装是否给人带来方便、舒适?你的产品是否方便实用?

2. 一个好的产品必须针对切实的痛点

产品的基本功能是解决问题,但是不同的问题,要求被解决的迫切程度和重要程度是不同的。痛点是客户最迫切需要解决的问题,是最紧要的需求,如果不能解决,他的生活和工作就无法正常继续下去。创业者寻找的产品,是一款"神品""爆品",才是好的产品,这就首先要在市场上找到产品对应的痛点,痛点先行。当然有的时候,痛点也要创业者挖掘。比如阿胶和灵芝,大家都知道是补气血的,所以阿胶和灵芝产品能解决气血虚的问题。但是,这是不是一个痛点? 这就需要创业者进一步挖掘和唤醒。气血好能带来美! 所以阿胶和灵芝可以卖给有变美需求的人。于是,阿胶、灵芝补气血可以针对"不美"这个痛点。

3. 一个好的产品必须有明确的目标客户

绝大多数产品只能针对一定范围内的人群,而不是全部的消费者,所以,好的产品必须要事先设定好目标人群,在所设定目标人群的属性范围内设计产品的功能。产品设计要从客观的角度出发,让产品更能满足用户的实际需要。产品功能不是天生就可以满足用户需求的,要基于实际的场景出发。下文我们会讲到用户画像,就是必须有一个准确的、详细的、清晰的用户画像。

小专栏 4-1　创业好产品的四个评判标准

　　创业者评判一个产品能否推动创业成功,除了看是否能够解决用户问题之外,还有是否能够给用户好的体验。为此,可以从以下四个方面进行评判(见图 4-1)。

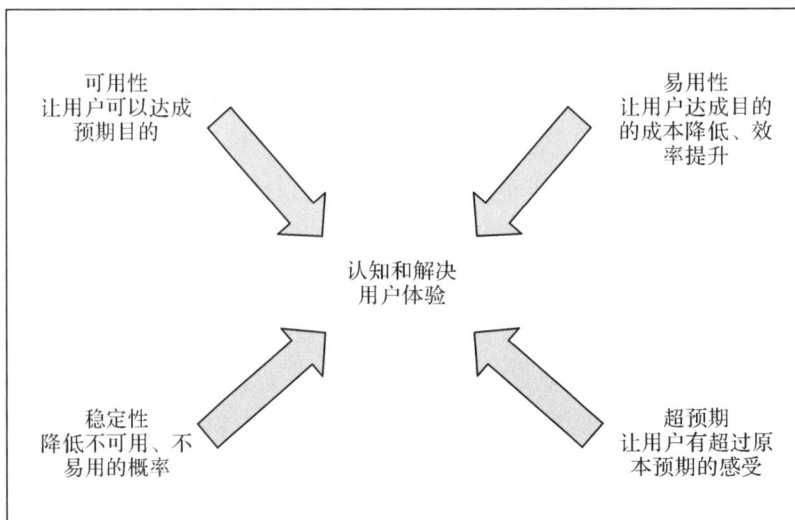

图 4-1　成功产品评判标准

1. 可用性

可用性是用户价值的核心。可用性指的是让用户达成预期目的,通常也是核心用户价值的体验。确保绝大多数场景下,用户能够达到自己的目的,这是用户体验的基础。可用性差的产品,体验一定是零。

2. 易用性

易用性是用户达成目标的成本,用户用任何产品完成任何任务,都是需要成本的。怎样降低这个成本,是产品在完成可用性基础上的终极目标。易用性不会影响用户达成目标,只影响用户达成目标的成本和对成本的感受。解决问题是可用性,而低成本地解决就是易用性。比如,最早版本的火车票预订网站12306的体验非常糟糕,与大家日常使用的互联网产品比,无论从功能设计,还是从交互视觉设计而言,差距都很大。不过只要12306的订票功能能够良好运行,人们买到的票都可以真的用来坐火车,那它的可用性就是没问题的,需要优化的就是易用性。

3. 稳定性

稳定性是指用户在各种场景下,能无异常地完成任务。体验的稳定性在过去的纯线上产品中,出现异常的概率通常不高,或者用户感受不深。如今结合线下体验的互联网产品,其出现异常的概率和影响程度都差别巨大。在复杂场景下,它们出现异常的概率比较高,那就意味着经常会出现不可用的情况。假如不可用的情况会让用户彻底失望,用户就会离开产品寻求替代品。稳定性对于用户体验意义重大。

4. 超预期

超预期是让用户对目标产品的体验超过用户的既定预期。在产品的实际使用中,给用户带来惊喜般的超预期体验,着实能让用户感觉满意,能牢牢抓住用户,又能获得口碑的超预期体验,能拓展顾客群体,扩大企业的利润空间。而要想成功打入新的市场,则必须超越顾客预期,否则无法和竞争者拉开差距,在顾客心目中确立自己的地位。从这个意义上说,商业的本质就是经营顾客预期。创业者或产品经理都希望能带给用户超预期的惊喜,这不仅仅关乎用户口碑,也会给他们的工作带来成就感。

资料来源:刘飞:《产品思维》,中信出版集团 2019 年版

(三)产品开发绩效的评判

如果满足了可用性、易用性、稳定性、超预期四个条件,则说明该产品值得开发,但是不等于产品开发是成功的。从创业者的角度来看,满足以上四个条件还是不够的,因为赢利能力往往难以迅速、直接地评估。因此,评判产品开发成功与否,还有其他评判依据,主要是要考虑以下几点。

1. 产品质量

开发出的产品有哪些优良特性?能否稳定地满足顾客的需求?产品质量最终反映在其市场份额和顾客愿意支付的价格上。一款产品能够稳定地赢利,必须有稳定的产品质量。因此,只有开发出来的产品质量好且稳定,创业者才能说这次产品开发是成功的。

2. 产品成本

产品的制造成本,包括固定设备和工艺装备,以及为生产每一单位产品所增加的边际成本。产品成本决定了创业企业以特定的销量和销售价格所能够获得的利润的多少。如果产品成本过高,意味着创业者盈利空间不大,产品开发就不是成功的。

3. 开发时间

创业者能够以多快的速度完成产品开发工作也是一个评判标准,开发时间决定了创业者如何对外部竞争和技术发展做出响应,以及创业者能够多快从开发产品的努力中获得经济回报。如果开发时间很长,意味着很可能被竞争对手抢先,因此也不是成功的产品开发。

4. 开发成本

不仅产品成本要考虑,开发成本也要考虑。因此创业者在为获得利润而进行的所有投资中,企业在产品开发活动中的花费中,开发成本占有很大的比重。如果产品开发的成本很高,说明不是成功的产品开发。

5. 开发要求

开发能力是企业的创业者重要资产,它使创业者可以更高效、更经济地开发产品。如果一个产品的开发要求很高,创业者不具备开发能力,现在和未来都不能更好地开发产品,则产品开发不可能是成功的。因此,开发要求是至关重要的。如果开发要求高,创业者望而却步,那显然不是成功的产品开发。

第二节 产品设计

一、用户画像

产品设计之初,首先要分析你的目标用户在哪里,他们是怎么样的一群人。在大数据时代背景下,用户信息充斥在网络中,将用户的每个具体信息抽象成标签,利用这些标签将用户形象具体化,能够帮助创业者确定具有针对性的产品设计目标。

(一)用户画像的含义

用户画像是指真实用户的虚拟代表,是建立在一系列属性数据之上的目标用户模型。用一些标签(比如人口属性、行为属性等)可以具象化潜在目标顾客群体,清晰界定不同目标顾客群体。作为一种设计工具,用户画像可以很好地帮助创业者跳出"为自己设计"的惯性思维,聚焦目标用户,发现核心价值,赋能产品。用户画像可以使产品的服务对象更加集中,通过将用户的每条信息抽象成标签,利用这些标签将顾客形象具体化,从而为用户提供有针对性的服务。同时,用户画像能够为大量调研数据分析提供归类依据,为后期快速投入市场测试提供有效决策依据。

(二)用户画像常见标签

用户画像以顾客为中心,将顾客信息标签化,通过采集与分析顾客的相关数据,多维度多粒度地刻画顾客特征,实现对顾客精准定位,进而达到洞察顾客的目的。用户标签是高度浓缩的特征信息词汇,具有语义清晰、指向明确的特点,能简洁地向人们传递顾客的特征信息。用户画像的常见标签有以下四种。

1. 用户自然特征

主要是根据人口统计学知识定义的顾客自身及家庭的基础信息,例如性别、年龄、健康状况、职业、文化水平、星座等。

2. 用户兴趣特征

主要指顾客在历史行为中表现出来对现实的态度、行为方式以及心理特征，包括娱乐偏好、品牌偏好、生活偏好、文化偏好、性格情绪、消费心理等方面。

3. 用户社会特征

描述顾客在社会劳动中的一些特征，包括生活圈、社交圈、工作圈的特征，比如是否购车购房、婚姻状况、父母子女情况等。

4. 用户消费特征

描述顾客对某个产品的购买行为，即顾客与产品之间的互动行为特点。如购买力水平、购买渠道偏好、购买频次、在互联网或移动终端发生的交互信息（访问内容偏好、操作行为偏好、访问渠道偏好）等。

如果你的产品是一款中高端的现磨咖啡，针对的目标客户是职场白领，对其用户画像，可以如下这样进行。性别：不限。年龄：25—45 岁。地域：商业氛围浓厚的一线城市。教育水平：大专以上。职业：办公室工作为主，以电脑的使用为主要工作工具。兴趣爱好：旅游、音乐、阅读、健身、交友等。收入：年收入在 8 万—50 万元之间，具体根据城市的社会平均工资有一定的浮动。购买行为特点：一周 3—7 次，喜欢在办公室周围购买，喜欢和接受通过小程序下单或者送货到公司办公场所，可能具有一定的咖啡瘾，但对于咖啡品牌没有特别认定。

（三）用户画像的作用

通过用户画像，创业者可以进行精细化运营及个性化推荐，包括个性化推荐内容、产品、服务等。但其作用不仅仅于此。

1. 帮助创业者换位思考

换位思考本意就是设身处地地想象，换个角色，站在用户角度，具象化、真实感受潜在用户遇到的问题、需求、痛点。产品的设计，第一步就是要设身处地地想象你的目标顾客，此时此刻，对这款产品的需求是怎么样的。比如一款运动饮品，要尽可能丰富地想象你的目标顾客是在什么情况下需要你，什么时间、什么地点，周围环境如何，他的内心深处有什么愿望，他希望怎么样的一款产品。一般地讲，运动饮品的目标顾客，可能是一个夏天的上午在绿茵场上激烈地奔跑了半小时，汗流浃背，极其口渴，电解质随着汗水流失的人。显然，只有对目标用户有了明确的画像，才能真正做到换位思考。

2.帮助创业者营销策划

基于对用户画像和产品画像的分析,找到两者之间的供需契合点,分析竞品的优劣,扬长避短,设计营销方案。通过分析顾客分层和分群特征,挖掘数据背后的规律,总结顾客的特点,结合营销方案,有针对性地设计营销话术,有效激发顾客需求,降低营销成本,提高营销效率。

3.帮助创业者交叉销售

通过用户画像,针对同一客群的用户,根据利用时序规则找出用户生命周期中购买产品的时间顺序所属阶段,分析其业务开办情况,把握时机对匹配度高的产品进行交叉销售。通过分析购买热销产品的用户在各个维度上的画像特征,通过产品画像来反推该类用户群体的产品偏好、交易偏好等信息,再以此信息与其他产品画像相匹配,实现交叉销售。

二、痛点分析

痛点首先是需求,需求是产品设计的生命之源,需求是产品设计的出发点和最终落脚点。产品设计首先要了解用户,在此基础上,定义出自己想解决的主要问题,即目标用户的痛点。产品设计之初,最需要明确的就是目标用户痛点是哪些,需求是否刚性,通过用户调研,获得明确的需求数据。比如创业者如果要设计一款新手机,首先需要通过普遍的大众调查,清楚用户目前的手机偏好,了解用户在使用手机过程中的痛点,通过分析调查数据,推断出未来几年手机的流行趋势等。所以,产品设计的第一步就是痛点分析。

(一)痛点的含义

痛点是指消费者对以商品或服务形式存在的消费品的需求和欲望达到了某种非常急迫的程度,如果不予以满足,甚至不能很好地生活下去。可见,痛点,首先是一种需求。随着社会生产力的不断发展,创业者将向市场提供数量更多,质量更优的产品,以便更好地满足消费者的消费需求。随着人们物质文化生活水平的日益提高,消费需求呈现出多样化、多层次,并由低层次向高层次逐步发展,消费领域不断扩展,消费内容日益丰富,消费质量不断提高的趋势。

马斯洛认为,人类价值体系存在两类不同的消费需求,一类是沿生物谱系上升方向逐渐变弱的本能或冲动,称为低级消费需求和生理需求,如生理需求、安全需求。一类是随生物进化而逐渐显现的需求,称为高级消费需求,如社交需求、尊重需求和自我实现需求。在现实生活中,理想与现实之间总会存在差距,人们会很自然地产生减少甚至消除这个差距的愿望,于是就产生了需求。一个产品就是为了解决某些问题或满足某些需求而出现的。消费需求的本质就是问题,其解决之后有可能带来产品盈利。

痛点就是人们在日常生活与工作过程中遇到的不顺心、麻烦,甚至是痛苦之事。人们遇到痛点第一反应是难受,第二反应是希望能找到解决方案。痛点是一切创业项目的来源。因而创业者需要围绕痛点来进行思考,这就是痛点思维。痛点是一切产品的基础。

(二)了解需求

因为痛点首先是需求,所以,痛点分析必须先理解需求。需求是指用户对现存问题解决的需要。从衣食住行的生活需求,到社交、成就感、归属感的精神需求,其实是来源于我们的基因(先天因素)和国家民族文化(后天获得)。创业者正是为需求而存在。创业者或产品经理应该关注日常生活中那些让大众烦恼不堪,又不得不解决的事情,这就是需求的一个重要来源。根据需求的来源不同,需求分为商业需求、项目需求、市场需求、用户需求这四类。

1. 商业需求

源于市场分析、销售人员的策略、盈利预测综合分析结果,通常这是公司内部负责客服、运营、市场等工作的相关人员反馈的需求。

2. 项目需求

源于某个项目推进,或者市场战略目标分析出来的项目规划,也可以是创业者或产品经理主动策划产生的需求。

3. 市场需求

源于对市场分析后获得的有价值的需求。创业者或产品经理通过对市场的长期接触和观察,会形成一些看法或者方向,这就是一个需求来源。

4. 用户需求

源于用户的反馈、想法等。用户在使用已有产品过程中感受到的不方便、可改进,都可能成为用户反馈给创业者或产品经理的需求。

(三)痛点分析方法

1932 年,美国政治学家拉斯维尔提出"5W 分析法",后经过人们的不断运用和总结,逐步形成了一套成熟的"5W+1H"模式,运用于各种解决问题的场景。创业者进行痛点分析,可以采用"5W＋1H"法。就是对用户痛点科学地分析,在调查研究的基础上,就其内容(What)、当事人(Who)、地点(Where)、工作时间(When)、动因(Why)、怎么样(How),进行详细描述和分析,达到对用户痛点的全面了解。

1. 内容(What)

内容(What)是指用户对产品的痛点是什么,他们有什么需求,需求的强烈和紧迫程度如何,为什么认为是痛点。以上文提到的职场白领对现磨咖啡的需求来分析。痛点内容是职场白领没有时间和场地亲自去磨一杯咖啡,如上班时间在办公室磨咖啡,可能会被领导或同事认为"你很空,你有闲心,你没有花百分百时间和心思在工作上",他们也不喜欢喝速溶咖啡,但是又喜欢喝咖啡,他们的职场生活需要一点点缀和压力的缓解,能有那么一个真正属于自己身心的瞬间,如果没有这杯咖啡,他们不仅精神不振,甚至开始怀疑工作为了什么。

2. 当事人(Who)

当事人(Who)是指这款产品的用户是哪些人,是谁迫切需要这款产品。他们是一群什么样的人,他们具有什么样的特点？比如,依然用上文提到的职场白领对现磨咖啡的需求来分析。痛点当事人是职场白领,他们是一群接受过高等教育的人,他们不喜欢被工作物化,不想成为"辘轳",他们希望有真正属于自己的时光,他们希望有一款产品能够激发他们的个性,彰显他们的追求,代表传统文化的茶叶,恐怕难抚他们的心,他们也不想过于廉价地满足自己的日常之需。

3. 地点(Where)

地点(Where)是指消费这款产品的用户在什么地点会需要。很多产品的痛点是与地点密不可分的。比如在医院,你迫切需要一个口罩;在山上,你需要一支登山杖。产品的痛点与时间、地点密不可分。比如,依然用上文提到的职场白领对现磨咖啡的需求来分析。地点是办公职场。为什么不是家中？如果是家中,咖啡机可以替代。正如上文分析,正是在紧张繁忙的工作中,才需要别人为他现磨一杯咖啡。而且,为了一个敬业、忙碌的形象,也不能天天在办公室磨咖啡。

4. 工作时间(When)

工作时间(When)是指消费这款产品的用户在什么时间会需要。很多产品的痛点是与时间密不可分的。比如在晚上,你迫切需要一盏灯。比如,依然用上文提到的职场白领对现磨咖啡的需求来分析。时间是工作日。如果是非工作日,职场白领有更多自由的时间,他们可以在家中自己磨一杯咖啡,或者在家中,职场白领享受了自由,已经不需要咖啡来抚慰心灵。甚至是夫妻吵架、孩子吵闹、家务劳动等占据了他们的心思,常常顾不上喝一杯咖啡。所以,现磨咖啡的痛点时间是工作时间。这个时候,他们常常产生"我在为了单位(老板)卖命"的错觉,常常忙得"失去了自由",需要一杯咖啡来抚慰自己的"痛楚"。

5. 动因(Why)

动因(Why)是指这款产品的用户为什么会需要,消费者对这款产品消费的动因是什么。很多产品的痛点是与动因密不可分的。现磨咖啡的痛点时间是工作日,为什么这个时间需要一杯现磨咖啡?这个时候,员工常常产生"我在为了单位(老板)卖命"的错觉,常常忙得感觉"失去了自由",需要一杯咖啡来消除自己的"痛楚"。创业者进行痛点分析时,要深入思考,在这个时间,这个地点,此时此景,消费者为什么需要这个产品?这个产品存在的意义和作用到底何在?更深层次,这个产品存在的必要性到底如何?甚至,此时此景这群人,为什么只有一杯现磨咖啡才能带来心灵的慰籍?

6. 怎么样(How)

消费者的痛点是怎么样的,因此这款产品是怎么样的。痛点分析引发产品介绍。产品介绍需要包含几个基本的要素:产品功能、产品功能特点、产品核心优势。

比如有一款产品叫"Linktop多功能健康检测仪",可以这样介绍产品。

产品功能:Linktop多功能健康检测仪可以让用户在几秒钟内测量出体温,用户可以存储和共享他们的数据。当然测量体温只是它的功能之一,Linktop多功能健康检测仪还可以检测人体的血压、心率等,而且其检测精度非常高。

功能特点:穿戴方便、信息获取快速、测量精准。

产品优势:方便、快捷、无创地获取用户的数据。

技术优势:采用了最先进的红外传感器,位于设备的侧面,通过蓝牙与用户的智能手机连接。

核心优势:拥有CFDA认证,以及欧盟CE医疗认证。

小专栏 4-2　挖掘需求的方法

1. 来自用户

包括用户访谈、可行性测试、问卷调查、用户反馈,目的是通过与用户的接触,深入观察、倾听、理解用户到底想要什么,挖掘用户内心深处所想的但是没能被表达出来的需求。除此之外,社交平台也是挖掘需求的一个重要渠道。创业者可以通过微博、贴吧等平台了解用户在这些地方所发表的看法和意见。

2. 来自竞品

即将自己的产品与其他同类型的产品(直接、间接潜在竞品)进行分析比较,并给出分析结果,用来了解现有竞品的相关信息从而在产品的设计和研发过程中进行借鉴。

3. 来自市场分析报告

创业者应该时刻了解行业信息以及市场状况,能够从市场变化中发掘一些有用的信息。平时工作之余,应该多关注媒体热点资讯,关注互联网相关的媒体网站,以提高产品的市场敏锐度及判断力。

资料来源:权莉:《从需求到产品》,人民邮电出版社 2018 年版,第 12 页

三、形成产品(创意)

经过用户画像和产品需求分析,创业者根据需求(痛点)分析,产生解决问题的想法,这就形成了产品的创意。比如针对一些特殊人群使用导航存在的困难和不便(虽有语音导航系统可以指示出行,但有周边声音干扰且对听障或者老人不太友好等,也会造成对周边环境声音感知不到,造成隐患)。有人想出一个创意——一款身体触觉感知的导航辅助戒指设计,即一款可以通过振动提示你走路方位的戒指。

(一)产品创意的种类

产品的领域是非常广阔的,产品创意的空间也是无限的。随着时代的发展,产品所涉及的领域日益扩展,对于产品创意的需求也在日益增加。在这样的发展背景下,创业者必须结合产品设计领域的特色,灵活、高效地运用好产品创意,真正实现二者协同全面发展,进一步增进和优化产品整体水平与发展质量。根据研究,产品创意的种类有以下几类。

1. 突破性创意

利用创新思维中的突破常规思维,可以重新定义产品,与原来产品的设计原理完全不同,同时带来功能完善或者成本较低。这类基本原理的改变,全新突破,大大改善了产品的品质或功能。如智能手机、光学洁牙产品,与传统产品相比,产品原理得以优化,产品功能大大提升,虽然名字接近,其实内涵和外延均已发生突破。

2. 迭代性创意

利用创新思维中的改进思维,可以通过产品的流程改进,提升产品的质量水平,同时降低成本,这就是迭代性创意。这类流程上的改进,带来产品功能完善和销量增加。如银行的很多服务由原来柜台面对面服务,通过流程的改进,采用了网上银行,大大提升了效率,降低了成本,也减少了顾客的交通成本和等待时间。

3. 衍生性创意

利用创新思维中的发散思维,可以产生新的、在原来功能基础之上延伸出来的功能,这就是衍生性创意。这类创意所产生的新功能延伸,改进或修正了原有的产品、服务或流程。如航空自助售票亭、手机延伸功能等。

4. 定制性创意

组织为满足一个顾客的特殊需求,而产生独特的产品和服务的创意。这些创意可能在新的或现有的产品上增加一些定制化的功能。如智能手机增加健康监测功能。

(二)原型设计的类型

原型设计,是产品设计过程中的一个关键环节,通常在产品设计阶段的早期进行。产品原型设计的目的是验证产品的概念、功能和用户体验,以便在进一步的开发和生产中进行改进。在产品开发工作环境中,产品原型的本质是一种交流工具。通过原型设计,产品经理或者创业者可以准确地向设计师以及开发人员传达产品定位、目标、功能、构架、流程等信息,还可以与顾客、投资者和利益相关者进行沟通和反馈,从而改进产品设计并增强其市场竞争力。伴随互联网的发展,目前最常见的原型设计方式是通过原型设计工具创建原型图。原型图具有产品界面展示、交互效果以及产品架构等信息,它是一款产品在正式发布之前的一种模型,能够直观地呈现产品的所有功能细节以及逻辑关系。根据不同的项目需求,原型图的细节和重点也不尽相同,有些侧重概念表达,有些注重交互设计,因而产品原型图的呈现形式其实是多种多样的。原型图有如下四种类型。

1. 线框草图

草图就是线框图,它可以是纸质稿,也可以是电子稿。草图是一种最简单、快速、低成本的原型设计方法,它关注页面结构、布局和基本元素的位置,不关注细节、交互以及视觉效果。草图通常用于最初期的概念验证以及初步布局设计阶段,能帮助团队快速迭代和优化产品设计方案,并为后期的数字在线版原型提供参照基础。

2. 低保真原型图

低保真原型图无须装饰和设计,只专注呈现设计的核心想法和概念,它像一个框架,没有填充修饰物,目的是尽可能在早期检测和修复产品策略的主要问题。低保真原型图构建起来比较容易,成本也低,且易于展示和分享,因而能快速得出产品反馈,有利于推动后期的产品迭代和策略优化。

3. 中保真原型图

中保真原型图更多的是指在电脑上使用原型设计工具制作的产品图形界面设计,虽然有一定的界面展示,但不需要过多的细节修饰。中保真原型图可以具备必要的交互效果。中保真原型图可以看作是把纸质的草图数字化,以便通过软件在电脑上不断改进和补充,可以更灵活地选择界面布局和导航方式,设置控件和界面元素以及进行可用性测试。

4. 高保真原型图

高保真原型图具有逼真的界面设计和完善的交互效果,相当于一个最小化可行产品,可以帮助快速验证市场,让用户体会到真实的产品使用感受。高保真原型图的受众更广,不仅产品、设计、研发人员可以使用,市场人员、运营人员、老板、股东以及种子用户都可以参与体验。高保真原型图不仅是团队高效沟通的工具,也是获取用户反馈数据的重要方式之一。由于制作高保真原型图需要耗费一定的时间和精力,因此高保真原型图往往不是必需的。

(三)最小化可行产品

将产品原型提供给消费者,由消费者根据自己的想法对产品属性进行评价,从中系统地获得消费者的意见和建议。根据前面的原型设计,寻找对应的潜在目标顾客群体,寻找合适的机会,快速将少量的产品原型投入市场,并做好记录和收集顾客反馈的准备,这是产品设计中的最后一环,称为最小化可行产品,即 MVP(Minimum Viable Product)。是指先向市场推出极简的原型产品,然后不断地试验和学习,以最小的成本和有效的方式验证产品是否符合用户需求,据此调整方向,是"验证性学习"。创业者懂得最小化可行产品是非常重要的。举例说明,今夜酒店特价的创始人任鑫,在他们准备上马这个项目的初期,参考了国外同类产品的模式,重点面向商旅人士,在一个城市寻找几家深度合作的酒店,建立线上支付体系,采用预付费的模式。结果,一段时间下来,经营状况非常惨淡,每天的订单量屈指可数。一开始他们觉得方向没错,应该是执行出了问题。直到半年后,他们终于清醒过来,其实是最初的假设都有问题,但是大半年的时间已经浪费了。当任鑫后来反思这一段创业经历的时候,得出一个结论:创业公司尽全公司之力做了一款产品,最后却没人使用,这才是真正的浪费。所以,如果一开始他不着急投入大量人力物力,深入线下与大量的酒店谈合作,而是把艺龙、同城、淘宝等线上房源数据迁过来,做一个很好的实验,测试用户是否需要这样一个服务,如果需要则哪种模式更符合消费者的使用习惯,这样可能一两个月的时间就能掌握有效信息,而且成本极低。所以,懂得最小化可行产品是多么重要。最小化可行产品的构建流程如下。

1. 明确产品目标

首要目标就是要确定产品到底解决用户的哪些痛点,给用户带来什么样的价值,在此之前用户是如何满足自己的需求,最好能用一句话总结表述。其实,这个步骤与前文的需求分析是互相衔接的。

2. 定义产品的用户行为路径

梳理用户的行为流程,分解用户对产品的具体操作步骤。在前文提到的用户画像基础上,对目标用户使用产品的流程进行分析,用户如何使用产品以及是否能够快速掌握学习使用方法,对后期产品推广极其重要。

3. 根据用户路径罗列产品功能

根据用户使用产品的路径行为,集思广益列出产品帮助用户实现目标需要具备的功能。这对创业者改进产品极其有帮助。很多时候,消费者使用产品过程中,会发现一些开发者原本想不到的功能。

4. 构建功能集合

通过前期的头脑风暴,把丰富的功能列在白板上,创业者根据研发资源、设计资源、用户体验等维度对功能进行优先级排序,对功能列表做减法和收敛,构建功能集合。

5. 验证性投入市场

经过讨论和分析,明确最终功能集合,可以画出产品原型图,寻找对应的潜在目标顾客群体,抓住合适的机会,快速将少量的产品原型投入市场,并做好记录和收集顾客反馈的准备,不断进行验证性学习,正式进入开发生产环节。

第三节 产品定价与品牌推广

一、产品定价

价格通常是影响交易成败的重要因素,同时又是创业中最难以确定的因素。创业者产品定价的目标是促进销售,获取利润。这要求创业者既要考虑成本的补偿,又要考虑消费者对价格的接受能力,从而使产品具有买卖双方双向决策的特征。此外,价格还是创业中最灵活的因素,它可以对市场做出灵敏的反应。同时,面临一个完全竞争的市场,有较多的竞争对手,无法控制市场价格,市场上同质商品的可选择性强,市场信息充分,创业者对市场信息的反应灵敏。为抢占市场份额,创业者常常要多角度制定应对策略,展开价格大战。所以,创业者需要掌握产品定价方法。在这里,介绍三种定价方法:成本导向定价法、需求导向定价法和需求差异定价法。

(一)成本导向定价法

当某一行业的某一产品在特定市场以相同的价格出售时,成本低的企业能够获得较高的利润率,并且在进行价格竞争时可以拥有更大的回旋空间,成本导向定价法正是利用这一原理。成本导向定价法是创业者定价首先需要考虑的方法。成本是创业过程中所发生的实际耗费,客观上要求通过商品的销售而得到补偿,并且要获得大于其支出的收入,超出的部分表现为企业利润。以产品单位成本为基本依据,再加上预期利润来确定价格的成本导向定价法,是最常用、最基本的定价方法。成本导向定价法又衍生出了总成本加成定价法、目标收益定价法、边际成本定价法等几种具体的定价方法。

1. 总成本加成定价法

总成本加成定价方法是指把所有为生产某种产品而发生的耗费均计入成本的范围,计算单位产品的变动成本,合理分摊相应的固定成本,再按一定的目标利润率来决定价格。

其计算公式为:单位产品价格＝单位产品总成本×(1＋目标利润率)。

例如,某洗衣机厂生产 2000 台全自动洗衣机,总固定成本 600 万元,每台洗衣机变动成本为 2000 元,确定目标利润率 25％。则总成本加成定价法确定价格的过程如下:

单位产品固定成本＝6000000÷2000＝3000 元,单位产品变动成本 2000 元,单位产品总成本 5000 元,则单位产品价格是:

5000×(1＋25％)＝6250 元。

这种方法的缺点是,对总成本的确定是在假设销售量达到某一水平的基础上进行的,若产品销售出现困难,则预期利润很难实现,甚至成本补偿也变得不现实。但是,这种方法也有一些优点:首先,这种方法简化了定价工作,便于企业开展经济核算。其次,若某个行业的所有企业都使用这种定价方法,他们的价格就会趋于相似,因而价格竞争就会减到最少。最后,在总成本加成的基础上制定出来的价格对买方和卖方来说都比较公平,卖方能得到正常的利润,买方也不会觉得受到了额外的剥削。

2. 目标收益定价法

目标收益定价法又称投资收益率定价法,是根据企业的投资总额、预期销量和投资回收期等因素来确定价格。仍然举上文例子,假设建设洗衣机厂的总投资额为 800 万元,投资回收期为 5 年,则采用目标收益定价法确定价格的基本步骤为:

(1)确定目标收益率,目标收益率＝1÷投资回收期×100％＝1÷5×100％＝20％。

(2)确定单位产品目标利润额,单位产品目标利润额＝总投资额×目标收益率(假定为 20％)÷预期销量(预计 2000 台),即 8000000×20％÷2000＝800 元。

(3)计算单位产品价格

单位产品价格＝企业固定成本(上文可知 600 万元)÷预期销量＋单位变动成本(上文可知 2000 元)＋单位产品目标利润额＝6000000÷2000＋2000＋800＝5800 元。

与总成本加成定价法相类似,目标收益定价法也是一种生产者导向的产物,很少考虑到市场竞争和需求的实际情况,只是从保证生产者的利益出发制定价格。另外,先确定产品销量,再计算产品价格的做法完全颠倒了价格与销量的因果关系,把销量看成是价格的决定因素,在实际上很难行得通。尤其是对于那些需求的价格弹性较大的产品,用这种方法制定出来的价格,无法保证销量的必然实现,那么,预期的投资回收期、目标收益等也就只能成为一句空话。不过,对于需求比较稳定的大型制造业、供不应求且价格弹性小的商品,市场占有率高、具有垄断性的商品,以及大型的公用事业、劳务工程和服务项目等,在科学预测价格、销量、成本和利润四要素的基础上,目标收益法仍不失为一种有效的定价方法。

3. 边际成本定价法

边际成本是指每增加或减少单位产品所引起的总成本的变化量。由于边际成本与变动成本比较接近,而变动成本的计算更容易一些,所以在实际定价中多用变动成本代替边际成本,所以边际成本定价法也可称为增量分析定价法。

(二)需求导向定价法

这类定价方法的出发点是顾客需求,认为创业产品就是为了满足顾客的需要,所以产品的价格应以顾客对商品价值的理解为依据来制定。若成本导向定价的逻辑关系是成本+税金+利润=价格,则需求导向定价的逻辑关系是价格-税金-利润=成本。需求导向定价法主要包括:认知价值定价法、反向定价法和需求差异定价法三种。

1. 认知价值定价法

认知价值定价法是利用产品在消费者心目中的价值,也就是消费者心中对价值的理解程度来确定产品价格水平的一种方法。消费者对商品价值的认知和理解程度不同,会形成不同的定价上限。如果价格刚好定在这个限度内,那么消费者既能顺利购买,企业也将更加有利可图。如某公司为其建筑机械设备定价。该公司可能为其挖掘机定价70万元,尽管其竞争对手同类的挖掘机售价只有60万元,该公司的售价居然超过竞争者10万元。当一位潜在顾客问该公司为什么要多付10万元时,创业者回答说:60万元是挖掘机的价格,与竞争者的挖掘机价格相同;3万元是最佳耐用性的价格加成;3万元是最佳可靠性的价格加成;3万元是最佳服务的价格加成;3万元是零件较长保用期的价格加成;2万元是折扣;最终价格为70万元。顾客惊奇地发现,尽管他购买该公司的挖掘机需多付 10 万元,但实际上他却得到了 5 万元折扣。结果,他选择了该公司的挖掘机。实施这一方法的要点在于提高消费者对商品效用认知和价值的理解度。企业可以通过实施产品差异化和适当的市场定位,突出企业产品特色,再辅以整体的营销组合策略,塑造企业和产品形象,使消费者感到购买这些产品能获取更多的相对利益,从而提高他们可接受的产品价格上限。

2. 反向定价法

反向定价法是指企业依据消费者能够接受的最终销售价格,计算自己从事经营的成本和利润后,逆向推算出产品的批发价和零售价。这种定价方法不以实际成本为主要依据,而是以市场需求为定价出发点,力求使价格为消费者所接受。反向定价法按照顾客对商品的认知和需求程度制定价格,而不是根据卖方的成本定价。因此,反向定价法的使用要充分考虑产品的需求弹性。需求弹性是指产品需求量对于价格变动做出反应的敏感程度。需求价格弹性小的产品,更有利于创业者定价。

3. 需求差异定价法

需求差异定价法是对同一商品在同一市场上制订两个或两个以上的价格,或使不同商品价格之间的差额大于其成本之间的差额。其好处是可以使企业定价最大限度地符合市场需求,促进商品销售,有利于企业获取最佳的经济效益。这种价格差异的基础是:顾客需求、顾客的购买心理、产品样式、地区差别以及时间差别等。采用这种方法定价,一般是以该产品的历史定价为基础,根据市场需求变化的具体情况,在一定幅度内变动价格。采用这种方法利用好潜在顾客的消费心理非常重要,这是进行战术制定的底层策略。这种方法的具体实施通常有四种方式。

(1)基于顾客差异的差别定价。

这是根据不同消费者的消费性质、消费水平和消费习惯等差异,制定不同的价格。如会员制下的会员与非会员的价格差别,学生、教师、军人与其他顾客的价格差别,新老顾客的价格差别,国外消费者与国内消费者的价格差别等可以根据不同消费者群体的购买能力、购买目的、购买用途的不同,制定不同的价格。

(2)基于不同地理位置的差别定价。

由于地区间的差异,同一产品在不同地区销售时,可以制定不同的价格。例如班机与轮船上由于舱位对消费者的效用不同而价格不一样,电影院、戏剧院或赛场由于不同区域观看的效果不同而价格不一样。

（3）基于产品差异的差别定价。

质量和规格相同的同种产品，虽然成本不同，但企业在定价时，并不根据成本不同按比例定价，而是按外观和式样不同来定价。这里定价所考虑的真正因素是不同外观和式样对消费者的吸引程度。比如说，营养保健品中的礼品装、普通装及特惠装三种不同的包装，虽然产品内涵和质量一样，但价格往往相差很大。

（4）基于时间差异的差别定价。

同一产品在不同时间段里的效用是完全不同的，顾客的需求强度也是不同的。在需求旺季时，商品需求价格弹性化，可以提高价格；需求淡季时，价格需求弹性较高，可以采取降低价格的方法吸引更多顾客。这就是为什么每年的农历八月十六，月饼的价格往往会明显下降。

二、品牌推广

品牌是产品独特性质的表现。品牌形象不单单是指品牌的 LOGO 和 VI 设计，还是指品牌在市场上、在社会公众心中所表现出的个性特征，它体现消费者对品牌的评价与认知。产品推广，常常依靠品牌，通过品牌，用户会更容易对产品产生信任联系，从而使产品发展得更加长久。市场竞争日益激烈，创业者着力进行品牌推广是创业企业在市场竞争中生存的唯一出路。比如现在的 Apple、小米等手机品牌，都是通过叙述品牌故事，依靠品牌推广让消费者牢牢记住它们。

（一）品牌推广的含义

品牌推广是指创业者塑造自身及产品品牌形象，使广大消费者广泛认同的系列活动和过程。品牌推广有两个重要任务：一是树立良好的企业和产品形象，提高品牌知名度、美誉度和特色度；二是最终要将有相应品牌名称的产品销售出去。品牌推广是品牌树立、维护过程中的重要环节，它包括传播计划及执行、品牌跟踪与评估等。品牌创意再好，没有强有力的推广执行作支撑也不能成为强势品牌，而且品牌推广强调一致性，在执行过程中的各个细节都要统一。如"麦当劳"，全世界麦当劳快餐店的装饰都是一种风格，无论在哪个国家、哪座城市，只要走进麦当劳快餐店，就会强烈地感受到品牌的亲和力和感染力。

（二）品牌推广的作用

在越来越激烈的市场竞争中，品牌推广是创业企业获得成功并取得竞争优势的关键战略之一。一个成功的品牌推广战略可以增强品牌的知名度、忠诚度和市场份额，从而吸引更多的顾客和业务。对于创业者而言，品牌推广具有以下作用。

1. 提升品牌知名度

品牌常常带有故事性，方便传播、宣传，通过广告宣传、社交媒体营销和公关活动等手段，积极传递品牌信息，使消费者对品牌产生认知，建立信任，增加销售机会。如果没有品牌，产品故事无法衍生，宣传措施没有依托。

2. 塑造品牌形象

通过精心策划的推广活动，传递品牌的核心价值观、文化和特点，与消费者建立情感连接，在竞争激烈的市场中脱颖而出。消费升级引发行业属性历史性变革，消费者对企业产品的基本功能需求以及廉价实用的消费心理开始向情感、文化、艺术、视觉、智能、环保、节能、人性等需求转移，产品的这些附加功能有助于塑造良好的品牌形象。

3. 扩大市场份额

品牌常常带有故事性、情感性、独特性，因此能够以此吸引更多潜在消费者对产品的认可，促使他们成为实际购买者，通过线上线下广告、促销活动和口碑营销等方式实现市场份额的扩大。

4. 建立品牌忠诚度

通过持续的推广活动，与消费者建立长期关系，赢得忠诚度，促使消费者选择品牌产品或服务，并成为品牌形象的传播者。为了迎合消费者需求，创业企业需要在品牌方面加大投入，获得市场认可，提高消费者对本企业产品的忠诚度。

5. 提高销售和利润

有效的品牌推广活动可以提高产品或服务的认知度和认可度，增强消费者购买意愿，从而增加销售额和利润，实现商业目标并取得持续的市场成功。

（三）品牌推广策略

创业企业的发展仅仅依靠优秀的产品是不够的，因为任何一种产品其生命周期都是有限的，但是品牌生命力是无穷的。对于创业企业来说，要形成综合优势,需要提炼企业品牌的内在要素,打造品牌,提高影响力。在产品日益同质化的今天,产品的物理属性几乎相差无几,通过产品的功能性价值战胜竞争对手的概率越来越小,也越来越难以取得长久的竞争优势。这就要求品牌更多地以情感性或象征性作为品牌的核心价值,以此与竞争对手形成差异。在打造核心产品的同时,不断塑造和做好形式产品以及延伸产品系列,提高产品的品牌附加值。品牌推广策略如下。

1. 多渠道推广策略

在品牌推广的过程中,选择和整合合适的媒体渠道是至关重要的。通过选择合适的媒体渠道,品牌可以将信息传达给目标受众,并提高品牌的知名度和影响力。

2. 内容营销与品牌故事

内容营销是指通过发布有价值的、吸引人的内容来吸引潜在顾客,并最终转化为忠诚顾客。这种营销手段不直接推销产品或服务,而是通过提供有益的信息、解决问题、提供实用建议等方式,吸引顾客的关注并建立品牌的专业性和权威性。

3. 品牌合作

与其他品牌进行合作可以拓展品牌的影响力和覆盖范围。选择合适的合作伙伴,使品牌形象与伙伴的形象相契合,可以为品牌带来更多的曝光和机会。比如,瑞幸咖啡推出的酱香咖啡、褚橙咖啡,都是品牌合作的例子,此举进一步将品牌置于广大受众的视野中。

三、产品促销

促销首先是作为一种信息传递的方式,通过它可以把企业及产品的信息传递给市场。在实际操作中,创业者很容易将促销手段视作"雨天撑伞",到需要时才加以利用,不需要时就束之高阁。不少创业者在推出新产品时,较为重视销售宣传作用,争取市场接受新产品。在产品销售形势有利时往往不大重视促销问题。实际上,促销应作为一项持续性、经常性的工作。

(一)产品促销的含义

促销是指按照顾客在购买活动中心理状态的变化,适时展示商品以刺激顾客的购买欲望,或启迪诱导以激发顾客的购买兴趣,或强化商品的综合印象以促进顾客的购买行为。促销实质上是一种沟通活动,即创业者传递出作为刺激消费的各种信息,把信息传播到一个或更多的目标对象(即信息接收者,如听众、观众、读者、消费者或用户等),以影响其态度和行为。促销作为一种常用的营销工具,是企业赢得市场份额的重要方法,也是品牌推广的重要手段。

(二)产品促销的作用

创业者通过人员推销、广告、公共关系和营销推广等各种促销手段,向消费者传递产品信息,引起他们的注意和兴趣,激发顾客的购买欲望和购买行为,以达到扩大销售额的目的。对于创业者而言,产品促销具有重要的作用。

1. 促销能够使消费者真正了解产品

促销要根据市场定位确定信息传递的内容,以便消费者能清楚地了解企业所提供的是怎样的产品,能满足怎样的特定的消费需求,具有怎样的独特优势等。

2. 促销能够使产品产生溢价

企业通过促销手段让社会公众有所了解,在提高企业及品牌形象方面所做的一切努力最终可以产生产品溢价,有些企业产品甘当无名英雄,抱"桃李不言,下自成蹊"的幻想,即使产品质量已接近或达到先进水平,可仍有不少人认为其不如一些高端品牌的产品,价格低廉,这就是因为在形象设计、舆论宣传方面与其他企业相比还有很大差距,不能使产品产生溢价。

3. 促销能够增强产品在消费者心中地位

当今社会,创业者在产品设计、质量、价格等方面赢得竞争越来越难,而真正简便易行、行之有效也最容易被忽略的办法就是促销,在产品的延伸层次上做文章,开展促销,立足于保证消费者满意。创业者应积极探索产品的售前、售中、售后服务形式,在促销中为消费者提供实实在在的服务便利。这比起价格促销更能引起消费者的好感,增强创业企业及其产品在消费者心目中的地位。

小专栏 4-3   春秋航空的成功促销活动

春秋航空是国内最大的民营航空公司之一。在 2020—2023 年,春秋航空选择了灵活调整航线网络。"随心飞"更是覆盖了春秋航空承运的所有航线,刺激了顾客的消费欲望。由于该公司低成本的特性,春秋航空在 2022 年第三季度的客座率每月稳居各大航空公司首位。在该年各大航空公司都面临客座率低谷时,春秋航空的客座率不曾低于65%,且6月期间客座率最高达到将近80%,其2020—2023期间的客座率远高于其他航空公司,凸显了春秋航空在行业低谷时期的韧性。各大航空公司呈现亏损状态,而春秋航空却在2021年第三季度实现盈利的主要原因在于其成功的促销手段:春秋航空公司进行了有关对航线网络的灵活调整,推出"随心飞"作为促销手段。

来源:韦雨杉《探索春秋航空在疫情下的盈利现象的原因》,《秦智》2023年第5期

(三)产品促销的方式

随着人们生活水平的提高,市场上的广大消费者对商品要求更高,挑选余地更大,因此,创业者与消费者之间的沟通更为重要。创业者更需加强促销,利用各种促销方式使广大消费者和用户加深对其产品的认识,以使消费者愿多花钱来购买其产品。常用的促销方式有广告、人员促销、网络促销、营业推广和公共关系等。

1. 广告

广告是一种高度公开的信息沟通方式,使目标受众联想到标准化的产品,许多人接受相同的信息,所以顾客知道他们购买这一产品的动机是众所周知的。广告一方面适用于创业公司或产品的长期形象,另一方面,它能促进快速销售。从其成本费用看,广告就传达给处于地域广阔而又分散的广大消费者而言,每个显露点的成本相对较低,因此,是一种较为有效,并被广泛使用的促销方式。

2. 人员促销

人员促销是一种面对面沟通。促销人员是以一种直接、生动、与顾客相互影响的方式进行促销活动。促销人员在与顾客的直接沟通中,通过直觉和观察,可以探究消费者的动机和兴趣,从而调整沟通方式。人员促销可以产生直接反应,但是,人员促销是一种昂贵的促销方式。随着人工智能时代的来临,很多企业利用电销机器人进行精准促销。

3. 网络促销

网络促销是基于互联网络及社会关系网络连接企业、用户及公众,向用户及公众传递有价值的信息和服务,为实现顾客价值及企业促销目标所进行的规

划、实施及运营管理活动。网络促销不局限于网上，也不等于电子商务，它不是孤立存在的，不脱离一般营销环境而存在，它应该被看作是传统营销理论在互联网环境中的应用和发展。

4. 营业推广

营业推广是指那些不同于人员推销、广告和公共关系的销售活动。营业推广是指能够迅速刺激需求，鼓励购买的各种促销形式，如礼品、竞赛、代价券、有奖销售、附带廉价品等。

5. 公共关系

公共关系是一种创造美好形象的艺术，它强调的是成功的人和环境、和谐的人事气氛、最佳的社会舆论，以赢得社会各界的了解、信任、好感与合作。公共关系就是为组织的生存、发展或个人的活动创造最佳的软环境。公共关系是以真实为基础的双向沟通，而不是单向的公众传达或对公众舆论进行调查、监控，它是主体与公众之间的双向信息系统。

讨论案例

咖啡行业在过去的几十年中经历了显著的变革和增长。作为全球饮料市场的重要组成部分，咖啡产业不仅见证了消费习惯的变迁，还反映了全球化和城市化的加速。近年来，特别是在亚洲市场，专业咖啡店的兴起和咖啡消费文化的普及推动了行业的快速增长。然而，市场的发展也伴随着竞争的激烈化，新兴品牌和传统连锁店之间的竞争日益加剧。在这样的背景下，瑞幸咖啡作为一家成立于 2017 年的中国新零售咖啡品牌，快速崛起并在短时间内获得了显著的市场份额。

根据公开资料整理，目前全球的咖啡消费市场交易额约 12 万亿元，美国咖啡消费占 3 万亿元，但中国仅占 2000 亿元。从主要国家人均咖啡饮用量来看，芬兰平均每人每年饮用 12000 克，而中国平均每人每年饮用 30 克，差距可想而知。瑞幸咖啡创始人兼 CEO 钱治亚提出关于咖啡在中国未普及的两大原因是：一是价格昂贵。目前中国咖啡市场的线下门店销售平均一杯咖啡 30 元，与奶茶、果汁、碳酸饮料等其他饮品比，价格较昂贵；高价阻碍了中国咖啡市场消费人群进行消费。二是购买不便。虽然中国咖啡市场广阔，但是咖啡店在中国并不常见。天眼查数据显示，上海 2250 万人口拥有咖啡馆不到 6000 家，到专业咖啡店购买咖啡的平均距离至少需要步行 30 分钟。现磨咖啡的购买不便阻碍了中国咖啡市场消费水平的提高。根据上述数据，瑞幸咖啡选择追求便利的年轻白领群体和学生群体,咖啡价格最高不超过 30 元,高举"年轻""独立""自主"的旗帜打开中国咖啡市场,并且比原本独占中国咖啡市场的鳌头星巴克更快地注意到了互联网销售咖啡模式,首先开启了线上咖啡的营销模式,以后来者居上之势占据中国咖啡市场。互联网的大数据收集使企业的营销推广更加精准化和有序化。钱治亚曾提出,依托移动网络的信息化,消费者的线上消费行为将由互联网数据库记录和储存,并进一步分析形成用户消费行为的画像,帮助瑞幸咖啡采取有针对性的营销策略;另一方面,互联网大数据使后端供应链问题得到改善。App 前端获取用户购买信息,后端对接复杂的供应链、物流、财务管理系统。所有收集到的数据都可以清楚地展示并被分析,而且所得出的分析结果具有极强的逻辑性。

根据市场调查收集到的数据来看,中国的咖啡消费市场主要是消费水平较高的一、二线白领聚集地。市场中客户群体有追求高品质,或低价格,或两者相结合。瑞幸以更便宜的价格买到更优质的咖啡,利用折扣券和补贴券将咖啡价格控制在相对实惠的价格范围内。咖啡的需求人群集中在 20—30 岁年龄段的白领阶层,同时也逐步向低龄化和高龄化扩散。精准的数据分析能够帮助咖啡品牌更好地理解消费者需求,优化产品和服务,从而提升用户体验和品牌忠诚度。在用户运营方面,利用数据分析能够揭示消费者行为模式、偏好趋势和潜在市场机会,帮助企业制定更有效的市场策略和运营计划。特别是对于瑞幸咖啡这样的新零售企业来说,深度的数据洞察不仅有助于提高运营效率,还能在激烈的市场竞争中找到差异化的优势。利用数据分析进行用户细分和个性化营销,不仅能提升用户满意度,还能有效提高用户留存率和品牌忠诚度。因此,对于瑞幸咖啡来说,深入的数据分析和智能化的用户运营策略不仅是市场竞争中的重要武器,也是其可持续发展和长期成功的关键因素。2020 年 1 月 8 日,瑞幸咖啡召开战略发布会,发布智能无人零售战略,推出无人咖啡机"瑞即购"和无人售卖机"瑞划算",进一步在中国市场建立销售网点、贴近客户,增强与消费者之间的联系。

根据调查资料,瑞幸咖啡不断地投入资金用于开拓中国咖啡市场,持续对外融资以支持其运营。至 2019 年 6 月底,瑞幸咖啡持有融资与本金 39.89 亿元,用于支撑门店的短期运营及其扩张活动。一般来说,传统企业通常需要通过小规模经营以验证盈利模型,再在此盈利的基础上复制、扩张。但瑞幸咖啡作为互联网企业可以跳过盈利模型,而以用户或顾客增长模型作为发展逻辑,通过消费者下载注册其 App 第一单免费、买两杯送一杯、邀请好友获得优惠券、全场八折优惠等让利模式的方法吸引一定规模的用户或顾客来消费。低廉的价格和大力度的折扣使瑞幸咖啡可以在短期内获得大批用户,然后在 App 海量用户的基础上,推出其他优惠措施,刺激消费者对瑞幸咖啡的购买,增加用户对其品牌的黏度,最后实现用规模优势或商业模式创新来获得盈利。在互联网大数据时代,拥有用户就相当于拥有本金。瑞幸咖啡的不断融资支撑了其"烧钱"的运营模式,但也使其拥有了大规模的用户数量,因而瑞幸咖啡具备了结构性地获得顾客成本优势。瑞幸咖啡的营销模式像是滚雪球,用户量越滚越大,从而吸引资本不停地融资,最终达到反哺资本的目的。

品牌的名字为"瑞幸",代表着幸运以及吉祥,给中国人带来一种喜庆欢乐的美好幸福生活感受。其品牌标志性的设计理念为麋鹿——一种古老的稀有动物,寓意着其生命力旺盛,同时也因其寓意着富贵以及吉祥,有着和谐的传统文化象征,体现了其品牌设计的独特性;象征着麋鹿的优雅尊贵,正因为符合其麋鹿咖啡系列产品的定位和格调,品牌的定位对象为白领工薪族,麋鹿高贵的形象和以宝蓝色为主色调的品牌设计,同消费者群体的实际消费需求和目标有很好的契合;人们默认咖啡代表着高品质生活,从而引入麋鹿形象,有助于提升品牌形象的独特性,提高人气附加值。

资料来源:根据王天硕、杨明、宇澳华等:《基于消费者认知调查的瑞幸咖啡营销模式创新性分析》,《价值工程》2020 年第 19 期;周阳、唐佳兰:《瑞幸咖啡品牌营销战略》,《合作经济与科技》2020 年第 20 期整理

思考题

1.咖啡市场的发展伴随着激烈竞争,瑞幸咖啡成功吸引了大量顾客,特别是年轻的消费者群体,从产品本身角度分析它为什么可以成功。

2.瑞幸咖啡在产品的推广方面,给人们带来哪些启发?

本章小结

本章主要围绕产品进行介绍,包括产品与产品开发、产品设计、产品定价与品牌推广。

产品与产品开发具体的内容包括:产品(含义、特点、产品对于创业的重要性)、产品生命周期(概念、四阶段理论、创业者熟悉产品生命周期的重要性)和

产品开发(含义、产品打磨逻辑、产品开发绩效的评判)等内容。

产品设计具体的内容包括:用户画像(含义、常见标签、作用)、痛点分析(含义、需求的种类、方法)和形成产品(产品创意的种类、原型设计的类型、最小化可行产品)等内容。

产品定价与品牌推广具体的内容包括:产品定价(成本导向定价法、需求导向定价法、需求差异定价法)、品牌推广(含义、重要性、策略)和促销(含义、作用、方式)等内容。

延伸阅读

[1] 诺曼.设计心理学[M].小柳,译.北京:中信出版社,2015.

[2] 王雷.大产品思维:从产品布局到营销创新的指数级增长之道[M].北京:中国人民大学出版社.

[3] 谢星星,魏勇,李应玲.产品经理实用手册:成为合格的产品人[M].北京:机械工业出版社,2021.

[4] 俞军.产品方法论[M].北京:中信出版社,2019.

[5] 张颖婷.文化创意产品设计及案例[M].北京:化学工业出版社,2020.

参考文献

[1] 菲利普·科特勒,凯文·莱恩·凯勒.营销管理:第 13 版[M].卢泰宏,译.北京:中国人民大学出版社,2009.

[2] 窦金花,覃京燕.基于深度学习的产品外观意象情感计算服务平台研究[J].包装工程,2020(4).

[3] 黄雨龙,沈婷,袁泉,基于产品生命周期的战略库存与动态定价决策研究[J].管理工程学报,2023(37).

[4] 丁小玥,胡洛燕,张玉静,等.产品生命周期理论在服装企业中的应用[J].中原工学院学报,2019(1).

[5] 乌利齐,埃平格.产品设计与开发[M].北京:机械工业出版社,2015.

[6] 秦鸿.基于客户画像的 A 公司精准营销策略研究[D].桂林:广西师范大学,2022.

[7] 陈伟锋.浅谈银行个人客户画像的应用[J].财讯,2021(9).

[8] 马英辉,孙军芳,赵云鹏,等.客户画像在精准营销中的运用研究[J].数字化用户,2023(29).

[9] 何洪辉.客户画像在后市场的延伸和应用[J].工程机械与维修,2020(1).

[10] 李思佳.基于需求层次理论的老年产品案例分析[J].科学技术创新,2019(18).

[11] 张国良.传播学原理[M].上海:复旦大学出版社,1995.

[12] 克里斯坦森.创新者的窘境[M].北京:中信出版社,2010.

[13] 威廉姆斯.写给大家看的设计书[M].苏金国,刘亮,译.北京:人民邮电出版社,2009.

[14] 沃菲尔.原型设计:实践者指南[M].汤海,李鸿,译.北京:清华大学出版社,2013.

[15] 欧文斯,费南尔德斯.精益创业[M].北京:中国人民大学出版社,2016.

[16] 樊登.低风险创业[M].北京:人民邮电出版社,2019.

[17] 骆品亮.定价策略[M].上海:上海财经大学出版社,2015.

[18] 西奥迪尼.先发影响力[M].北京:北京联合出版公司,2017.

[19] 李普曼.舆论[M].常江,肖寒,译.北京:北京大学出版社,2018.

[20] 卢泰宏,朱翊敏,贺和平.促销基础:顾客导向的实效促销[M].北京:清华大学出版社,2016.

[21] 罗迪・穆林.促销[M].唐晓菲,李亚星,译.北京:北京联合出版公司,2022.

练习题

一、选择题

1.从根本上说,每一种产品实质上都是为(　　)而提供的服务。

A.解决期望　　　　　　　　B.满足欲望

C.满足需求　　　　　　　　D.解决问题

2.根据产品周期理论,(　　)是指产品刚刚被企业推向市场、尚未被市场普遍接受的一段时期,消费者对刚刚进入市场的新产品缺乏了解。

A.成长期　　　　　　　　　B.引入期

C.成熟期　　　　　　　　　D.衰退期

3.按消费需求的实质内容不同,可分为物质消费需求和(　　)消费需求。

A.期望　　　　B.精神　　　　C.非物质　　　　D.经济

4.(　　)提倡企业进行"验证性学习",先向市场推出极简的原型产品,然后在不断的试验和学习中,以最小的成本和有效的方式验证产品是否符合用户需求,灵活调整方向。

  A. 方便快捷产品   B. 最小化可行产品

  C. 以人为本的产品   D. 经济简便的产品

  5. 质量和规格相同的同种产品,虽然成本不同,但企业在定价时,并不根据成本不同按比例定价,而是按外观和式样不同来定价。这里定价所考虑的真正因素是不同外观和式样对消费者的( )。

  A. 方便程度   B. 实用程度

  C. 简便程度   D. 吸引程度

  6. 营养保健品中的礼品装、普通装及特惠装三种不同的包装,虽然产品内涵和质量一样,但价格往往相差很大,这是基于( )差异定价法。

  A. 产品   B. 实用   C. 时间   D. 地理位置

  7. 过了中秋节,月饼的价格往往会下降,这是基于( )差异定价导致。

  A. 产品   B. 实用   C. 时间   D. 地理位置

  8. 某企业给自己的产品定价的时候,新老顾客的价格有不小的差别,这是基于( )差异定价导致。

  A. 产品   B. 顾客   C. 时间   D. 地理位置

  9. 品牌推广是为了树立良好的企业和产品形象,提高品牌知名度、美誉度和( )度。

  A. 差异   B. 优惠   C. 特色   D. 曝光

  10. ( )是基于互联网络及社会关系网络连接企业、用户及公众,向用户及公众传递有价值的信息和服务,为实现顾客价值及企业促销目标所进行的规划、实施及运营管理活动。

  A. 人员促销   B. 营业推广   C. 公共关系   D. 网络促销

二、判断题

  1. 产品的意象性是指产品在满足消费者需求过程中,消费者会凭借自身的感官,对产品的造型产生直觉联想。 ( )

  2. 产品从选择、付款、安装、使用、报废等过程都属于产品。 ( )

  3. 万事万物都有生老病死的生命周期,但是,产品是永恒的。 ( )

  4. 产品生命周期进入引入期,此时顾客对产品已经熟悉,大量的新顾客开始购买,市场逐步扩大。 ( )

  5. 易用性指的是让用户达成预期目的,通常也是核心用户价值的体验。

                         ( )

6.用户画像是指真实用户的虚拟代表,是建立在一系列属性数据之上的目标用户模型。（ ）

7.用户画像以顾客为中心,将顾客信息标签化,通过采集与分析顾客的相关数据,多维度多粒度地刻画顾客特征,实现对顾客精准定位,进而达到顾客洞察的目的。（ ）

8.根据马斯洛理论,沿生物谱系上升方向逐渐变弱的本能或冲动,称为中级消费需求和生理需求。（ ）

9.突破性创意利用创新思维中的突破常规思维,可以重新定义产品,与原来产品的设计原理完全不同,同时带来功能完善或者成本较低。（ ）

三、名词解释

1.产品

2.产品生命周期

3.最小化可行产品

4.需求导向定价法

5.促销

四、简答题

1.根据菲利普·科特勒等学者的论述,产品整体概念的五个层次是什么？

2.产品打磨逻辑是什么？

3.痛点分析方法怎么用？

4.MVP 的构建步骤是怎么样的？

5.品牌推广有哪些策略？

五、论述题

1.产品对于创业者而言,其重要性如何理解？

2.最小化可行产品的重要性如何,举例说明。

3.举例说明促销手段的方式。

第五章 商业模式

商业是一种社会力量,它有能力创造财富、就业机会和创新,但只有在我们承认这一点并将其作为我们政策的一部分时,它才会发生。

——彼得·德鲁克

▶ **学习目标**

➢ 了解商业模式的概念以及几种典型的商业模式

➢ 掌握商业模式的构成要素

➢ 理解商业画布的构成并能够运用商业画布进行商业模式分析

➢ 理解商业模式创新的方法与路径

引导案例

自如的三种商业模式

2015 年租购并举政策出台,长租公寓概念兴起,资本纷纷涌入,成为行业"风口"。但因没有明晰的商业模式,历经几年野蛮生长的长租公寓很快进入下行调整期,"爆雷""破产"成为其代名词。屋漏偏逢连夜雨,2020 开年的新冠疫情,让长租公寓行业雪上加霜。如何度过这次行业的寒冬,成为每个长租企业不得不面对的难题。作为长租行业探索者的自如在市场变化中打造了三种模式。

一是托管模式。托管模式下房东与机构签订住房租赁委托管理合同,委托机构帮助其管理房屋出租事宜,托管方为房东提供营销、收取租金和保洁维修等管理工作,企业收取房屋委托管理服务费。托管模式中房东与租客直接签订住房租赁合同,租客向房东支付租金,所以房东获得的是全部的租金收入。托管方对于房屋是否租出去以及空置期不承担责任。

二是省心租模式。省心租模式下房东将房屋出租给长租公寓企业,企业在包租期限向房东支付约定的租金,对房屋进行一定程度的装修美化之后出租收取租客租金,一些机构向租客提供租后保洁、维修等服务收取服务费。与托管模式最大的区别是包租机构向房东支付房租,无论房子是否出租,房东都能够得到稳定的租金收入。省心租模式里,企业主要的盈利来源为租金差。租金差的来源一般有三类。(1)分租合租带来的房源坪效增加:企业整套收房,以分租、合租为主,通过增加房屋居住和出租的间数增加租金收入。(2)装修带来的房屋品质升级租金溢价:企业对房屋进行重新装修维修,对租客端的出房价高于从业主端收房时价格而产生租金溢价收入。(3)提高出房效率获得空置期租金收入:一般包租企业会与房东约定一定期限为装修、保洁、招租、租客搬家等一系列租前事项保留时间,这段时期由于房屋并未出租,因此不产生租金作为空置期处理,约定空置期内若企业提前出租,便可以获得一部分空置期的租金收入。在这种模式下,企业主要的成本包括前期投入的装修成本、租金成本以及日常运营成本,如人工成本等。收益主要来自租赁业务、平台业务、家政服务业务和客户积累。自如通过装修出租,获得房租溢价;运营 App 平台,收取民宿运营者的推广宣传费用;为自如客和外部客户提供搬家、保洁、维修等服务获取服务收益。另外,自如租房业务获得的大量客户成为链家未来房产交易的潜在客户,形成租房业务和二手房交易业务在客户资源上的互动。

三是增益租模式。不同于之前的托管和省心租模式,增益租是一种全新的行业模式。在自如增益租模式中,自如会给业主提供几种装修模板供业主选择,同时装修的成本将由业主承担。通过这一模式,自如能够省去前期装修的成本,经过装修提升了品质的房源在出租方面也有着相对优势,在整个过程中自如投入的主要成本为 80% 收益率的保底租金。收益模式上,自如增益租改变了过往吃租金价差的收益模式,而是以实际租金与房东进行分成,房东能够取得收房时约定的保底租金,保底收益率为 80%,超出保底租金的部分将由自如与房东按一定比例分成,超出保底的租金分成比例一般为 50%。此外,业主还需每个月向自如支付 8% 租金的管理费,再加上租客每个月 10% 租金的服务费。如果该房源全年出租,自如每个月能收取房租 28% 的服务费。

资料来源:中国管理案例共享中心入库案例。牟玲玲、郭亚峰、郭淑瑞:《增益租——自如的商业模式创新如何破局》

第一节　商业模式的概念

一、商业模式的定义

商业模式一词较早是由美国著名经济学家约瑟夫·熊彼特在 1939 年提出的。他指出:"价格和产出的竞争并不重要,重要的是来自新商业、新技术、新供应源和新商业模式的竞争。"到 20 世纪 90 年代,伴随着社会经济的快速发展,商业模式已经成为企业和学术界最受关注的领域之一。从创新创业到投资金融,各领域、各行业都对商业模式表现出巨大的热情和关注。美国管理协会的一项统计研究表明:美国 60% 的创业成功的企业依托的是商业模式创新。在中国股票创业板市场,对上市企业提出了"两高六新"标准,其中一个"新"就是指"新商业模式"。在风险投资领域,商业模式吸引力的高低是市场对企业是否存在投资机会最重要的标准之一。大量实践表明,商业模式是企业获得成功的重要基础,也是企业快速发展的核心要素。那么,究竟什么是商业模式? 商业模式的特征和作用是什么? 研究者们从不同视角出发,形成了不同的观点。

从战略层面上看,商业模式被描述为企业战略方向要素的总体设计,包含市场主张、组织行为、增长机会、竞争优势和持续发展性等。例如,Teece(2010)认为,商业模式是企业创建伊始时的一种价值创造设计。傅世昌和王惠芬(2011)认为,商业模式本质是企业一种制度结构和制度安排的连续体,其核心是组织的价值产生机制。从运营层面上看,商业模式被描述为企业的一种运营结构,是企业通过某种内部流程和基本构造设计,使得价值创造成为可能。从经济层面上看,商业模式被描述为企业的经济模式,其根本内涵为企业利润获取的逻辑。例如,Rappa(2000)认为商业模式是企业产生利润而经营商业的方法。Stewart(2000)认为商业模式是企业能够获得并且保持其收益流的逻辑陈述。从系统结构视角看,商业模式被描述为多个要素构成的集合。例如,Magretta(2002)将商业模式定义为企业的每个部分如何匹配起来进而组成的一个系统,是为了帮助顾客创造价值所进行的活动。Dubossonetal(2002)等人认为,商业模式是企业为了进行价值创造、价值营销和价值提供所形成的企业结构及其合作伙伴网络,以产生有利可图且得以维持收益流的客户关系资本。

Thomas(2001)认为,商业模式是一项有利可图的业务所涉及流程、客户、供应商、渠道、资源和能力的总体构造。从交易结构视角看,商业模式被看作是一种利益相关者的交易结构(魏炜和朱武祥,2007)。企业利益相关者包括外部利益相关者和内部利益相关者两类。外部利益相关者指企业的顾客、供应商、其他各种合作伙伴等。内部利益相关者指企业的股东、企业家、业务单元、经营团队、员工等。

二、商业模式的特征与作用

(一)商业模式的特征

成功的商业模式首先要能提供独特的价值。独特价值通常是一种新的思想以及一种产品和服务独特性的组合。这种组合一方面可以向客户提供额外的价值,另一方面可以让客户能用更低的价格获得同样的利益,或者用同样的价格获得更多的利益。另外,成功的商业模式还应该难以模仿。企业往往需要通过确立自己与众不同,如对客户的悉心照顾、强大的实施能力等,来提高行业的门槛,从而保证利润来源不受侵犯。总的来说,成功的商业模式应具有五个基本特征。

1. 价值性

从本质上看,商业模式是价值创造的产生机制,是组织创造价值的核心逻辑。商业模式直接决定了组织业务流程的设计以及信息系统。业务流程和信息系统的匹配程度,决定了企业的价值能否实现。因此,商业模式的第一大特征是价值性,它是为了创造价值而设计的交易活动的组合方式。

2. 持续盈利性

商业模式不仅要实现价值,还要能产生收入与利润,实现盈利,且这种盈利模式是持续性的,能有发展后劲。具有可持续的盈利性是成功商业模式的特征之一。

3. 难以模仿性

商业模式还要实现企业的与众不同,提升其他企业进入该行业的门槛。例如,独特服务能力、更低的价格。特别需要指出的是,在一个商业模式中,虽然市场看到的是低价,但低价的背后,需要的是一套很难复制的信息资源、市场采购以及产品配送业务流程。

4.系统性

商业模式是包含诸多要素及其关系的系统性概念,而不仅仅是一个单一的组成因素,有效的商业模式应该是一个闭环系统,系统要素之间要形成相互促进、相互支撑的关系。

5.创新性

商业模式贯穿于企业资源开发、制造、市场流通等各环节,是对环境、市场的变化及时做出的反应。不断进行模式创新,才能使商业模式走得更远。

(二)商业模式的作用

商业模式回答了企业做什么、怎么做、怎么盈利的问题。这对企业商业活动成功与否至关重要。成功的商业模式对企业发展发挥了巨大的作用。

1.支撑战略定位

商业模式的建立是公司根据企业的战略定位而做出的对企业各项活动的基本应对方法。商业模式为管理层更好地理解和执行企业战略目标提供了可操作的方法。

2.实现资源整合

通过商业模式的设计,企业可以将分散的内外部资源进行整合。同时,通过对利益相关者的分析,了解他们的需求和利益诉求,在此基础上设计交易结构,实现资源的有效整合。

3.提升创新能力

商业模式的设计需要不断创新以适应市场环境的变化和顾客需求的变化,这对企业创新能力的提升具有重要的作用。通过商业模式的不断创新,推动企业的创新机制建设和发展。

小专栏 5-1 商业模式的学术研究

2015 年 *Strategic Entrepreneurship Journal* 上发表了一篇 *Introduction to the SEJ special issue on business models business within the domain of strategic entreprenurship* 的文章。该文章回顾了过去二十年学术界有关商业模式的定义和主要研究成果。Timmers(1998)认为"商业模型包括产品或服务的体系结构、信息流、对所涉及的业务参与者的利益的描述以及对收入

来源的描述"。Chesbrough 和 Rosenbloom（2002）将商业模式描述为"将技术潜力与经济价值实现联系起来的启发式逻辑"，重点关注其在将技术与市场结果联系起来方面的作用。研究人员利用商业模式的概念来描述老牌企业如何利用商业模式创新来获得新的价值创造。文章还总结了商业模式研究对创业领域的三个贡献：(1)将商业模式与创业联系起来；(2)建议实践者把商业模式分析框架放在创业中更重要的位置；(3)强调商业模式实施的重要性。论文还提出了商业模式发展的方向：(1)将商业模式与企业家精神联系起来；(2)让实践者更多地参与我们关于商业模式和创业的讨论；(3)注重商业模式的实施，纳入战略规划当中去。

三、几种典型的商业模式

(一)互联网商业模式

目前,我国互联网行业主要包括四大典型的商业模式：直接销售商业模式、中间平台商业模式、增值收费商业模式和三方市场商业模式。直接销售商业模式是指通过独立的销售平台销售商品（包括实物商品、在线商品和数字商品）或服务来盈利。这种模式的特点是长尾效应明显。中间平台商业模式是指为买卖双方提供交易撮合的中间平台。这种模式通常依靠会员费、佣金、广告费等方式盈利。增值收费商业模式是通过基础服务免费,而增值服务收费来实现盈利。以微信为例,其用户基本通信服务是免费的,但围绕微信用户的基本通信服务,腾讯推出了许多增值服务。三方市场商业模式是通过免费的信息、网络工具等内容吸引用户注册和访问,再通过用户量来吸引广告商进行广告投放,广告收入成为其主要经济来源。采用此类型模式的企业有抖音、网易等。目前,"互联网＋"商业模式正深入发展。一些互联网巨头凭借着流量优势、资源优势与经验优势,推动"互联网＋产业"的模式发展。例如,百度医疗云、阿里巴巴政务云等。

(二)轻资产商业模式

轻资产商业模式是一种低投入、小规模、重无形资产的企业发展模式。其模式主要包括品牌型轻资产商业模式、外部环节内部化商业模式和知识产权型商业模式。第一,品牌型轻资产商业模式。这种商业模式是把打造品牌作为企业的核心业务,通过品牌授权使用来获得收入。在这种模式下,企业通常不进行生产和直接销售,而是选择其他合作伙伴来承担这部分业务和运营。第二,外部环节内部化商业模式。与品牌型轻资产商业模式的最大不同,是这种商业模式对非核心环节的业务不通过外包形式,而是把合作企业纳入企业的整体范围内,打造利益共同体。第三,知识产权型商业模式。这类商业模式的核心就是把企业所掌握的知识产权作为一种资源和能力,通过转让使用权来获得利益或是从销售额的比例中获得收益,而不分担销售渠道的建设和营销费用等。

(三)重资产商业模式

重资产商业模式的特点是财务负担重。其商业模式主要包括直供商业模式、联销体商业模式和专卖式商业模式。第一,直供商业模式。它主要应用在一些市场半径比较小,产品价格比较低或者流程比较清晰,资本实力雄厚的国际性大公司。直供商业模式需要制造商具有强大的执行力,现金流状况良好,市场基础平台稳固,具备市场产品流动速度快的特点。第二,联销体商业模式。一些有实力的经销商,为了降低商业风险选择与企业进行捆绑式合作,即制造商与经销商分别出资,成立联销体机构,这种联销体既可以控制经销商的市场风险,也可以保证制造商始终有一个很好的销售平台。例如,娃哈哈、格力就采取联销体商业模式。第三,专卖式商业模式。即公司自建渠道的模式。例如,五粮液提出的全国 2000 家专卖店计划等。选择专卖式商业模式需要具备品牌实力强、产品线比较全等条件。

第二节 商业模式构成要素与画布

一、商业模式的构成要素

(一)商业模式四要素模型

1.顾客界面

顾客界面是指企业如何与顾客触达以及两者之间如何产生相互作用。顾客界面主要包括目标市场(客户细分)、产品与服务、销售实现与支持(进入市场的方式,渠道及模式)、定价结构(收入来源及收费模式)等方面。

2. 核心战略

核心战略包括企业的使命(价值主张)、产品/市场范围、差异化基础等方面,主要描述创业企业(项目)的基本定位,如何切入市场以及如何与竞争对手进行竞争的问题。

3. 战略性资源

战略性资源是指企业优于竞争对手的来源,是其所拥有的稀缺、有价值的资源。主要包括工厂和设备、位置、品牌、专利、资本、顾客、员工以及合作伙伴等。

4. 价值网络

价值网络是指创业者创建具有可持续竞争优势的新企业的能力,依赖于自身技能,也依赖于外部合作伙伴的技能。价值网络主要包括供应商、合作网络、社会团体、战略联盟和行业协会等合作关系。

(二)商业模式五要素模型

1. 价值需求

价值需求是指企业的客户群,即企业提供的商品或服务的购买者。客户群分为主要客户群、次要客户群和潜在客户群。目标客户群要有清晰的界定。企业没有清晰界定的客户群,业务发展往往不稳定。目标客户群要有足够的规模,没有足够的客户群规模,企业的业务规模会受到限制。

2. 价值载体

价值载体是指企业获取利润的载体。主要指一项产品或服务。价值载体要实现客户价值最大化与企业价值最大化的结合。这通常要求价值载体要精准洞察用户需求。

3. 价值创造

价值创造是指企业满足目标客户需要的业务活动及其成本结构。这包括产品生产、服务内容和流程设计等业务和过程,以及在价值创造过程中产生的成本。

4. 价值传递

价值传递是指企业把产品和服务传递给目标客户的分销过程和信息传播过程。没有价值传递活动,价值创造活动(产品和服务)就不可能为客户和企业创造价值。

5. 价值保护

价值保护是指企业为防止竞争者抢夺目标客户而采取的保护措施。与价值创造一样,价值保护也是一种企业投入,保护企业利益源不为他人所动。

(三)商业模式六要素模型

1. 定位

定位是企业满足利益相关者需求的方式。利益相关者包括:员工、供应商、消费者、特许经营门店、服务提供商等。定位决定企业应该提供什么特征的产品和服务来实现客户价值。定位是商业模式建立的起点。

2. 业务系统

业务系统指交易结构中的构型、角色和关系,包括企业需要从事的业务活动环节、各利益相关者扮演的角色,以及利益相关者的业务交易关系。业务系统的打造可以从行业价值链、企业内部价值链及内外部利益相关者的角色等层面来理解。这三方面的不同配置会影响整个业务系统的价值增值能力。业务系统是商业模式的核心。一个高效的业务系统能够根据企业定位来确定企业活动以及资源的分配。

3. 关键资源能力

业务系统决定了企业的业务活动,而要完成这些业务活动,企业必须拥有关键资源能力。例如,专利技术、品牌、机器设备等无形和有形资源。关键资源能力支撑着业务交易。构建商业模式工作的核心就是明确企业商业模式高效运作所需的资源能力,以及如何获取和建立这些资源能力。不同的商业模式要求企业具备不同的关键资源能力,同样的商业模式的业绩差异主要来源于关键资源能力水平的差异。

4. 盈利模式

盈利模式主要指企业盈利来源和方式,即企业如何获得收入、支出成本、赚取利润。盈利模式是在给定业务系统中各业务活动所有权和业务活动结构的前提下,设计企业利益相关者如何分配收益,如何支出成本。客户怎样支付?支付多少? 创造的价值在企业、客户、供应商、合作伙伴之间如何分配? 这些都是企业盈利模式所要回答的问题。举例来说,同样一个产品,盈利来源可以有很多种:第一种,直接让渡产品所有权、卖掉产品;第二种,只让渡产品使用权,企业仍然保有所有权,出租产品,收取租金,这是租赁;第三种,作为投资工具,例如将产品的金融衍生品卖给固定收益基金,企业得到流动资金,基金公司获得一个有固定收益的证券化资产包,等等。盈利方式有很多种,例如以销售数量计价,以租赁时间计价,以固定收益和浮动收益计价,等等。

5. 现金流结构

现金流结构是指企业现金流入和现金流出的结构,以及它们在时间序列上的分布形态。不同的现金流结构反映了企业定位、业务系统、关键资源能力及盈利模式等方面的差异。现金流结构影响着企业成长速度。理想的现金流结构,是能够实现投入较少、后期较高投入且持续稳定。举例来说,相同盈利模式可以对应不同的现金流结构。在手机充值业务活动中,可预存话费,也可按月结算。前者运营商可以提前获得充沛的现金流投入用户服务,而后者运营商需要先将自己的现金流投入运营服务。这会产生不同的现金流结构,影响着运营商的资金压力和服务质量。

6. 企业价值

企业价值是商业模式的落脚点。即商业模式的优劣最终要回归到对企业价值的体现,或者说商业模式是否能给企业带来独特价值并被市场认可。例如,对于上市公司而言,商业模式的优劣可能表现为股票市值。

商业模式六要素模型无论是对传统行业企业还是新兴行业企业都适用。六要素之间互相作用、互相决定。相同的企业定位可以通过不同的业务系统得以实现。相同的业务系统也可以有不同的关键资源能力、不同的盈利模式和不同的现金流结构。商业模式的构成要素中只要有一个要素不同,就意味着商业模式是不同的。一般来说,某一个要素的变化会带来其他要素的变化。一个好的商业模式可以在六要素模型框架的指引下,反复推敲、调整和实践而最终形成。

小专栏 5-2　远程医疗如何利用商业模式画布来实现智能化服务商业模式

价值适配的智能化服务平台的关键构成要素有哪些?智能化远程医疗平台的价值主张与目标顾客的核心需求相适配的机制是怎样实现的?商业模式中的价值主张是否与目标顾客的关键需求相适配,这不仅会影响目标顾客的忠诚度和合作伙伴的稳定性,还会影响企业自身的成本和收益,以致影响企业在该项目上的成败。

2021 年发表在《管理学报》上题为《基于价值适配的远程医疗平台智能

化服务商业模式》的研究,为深入探究远程医疗服务平台智能化服务商业模式价值适配的实现路径。该文以利益相关者理论为视角,基于商业模式画布和价值主张画布,采用单案例研究方法,对广东航宇卫星科技有限公司的远程医疗平台智能化服务商业模式进行研究。本研究把适配定义为价值适配。从营销角度而言,供应方只有提供了符合顾客需求的产品或服务,顾客才愿意购买该产品和服务,企业才能培育出忠诚的顾客。企业在实现价值适配的过程中受到很多因素的影响,对这些影响因素的识别和影响规律的研究,有助于企业价值适配目标的实现。研究表明:价值适配具有动因产生、价值主张和适配过程 3 个阶段,价值适配的智能化服务平台的关键要素是顾客需求、价值主张和数字技术;远程医疗服务平台智能化服务商业模式价值适配路径,是由获取顾客需求、选择顾客核心需求、企业价值主张和渠道通路形成闭环,在这个闭环中以价值适配为核心。

二、商业模式画布与实例

(一)商业模式画布

商业模式画布(Business Model Canvas)由创业者 Alexander Osterwalder 和瑞士学者 Yves Pigneur 提出,通常用于分析企业如何打造商业模式,并分析商业模式的优劣势,从中得出企业努力的方向。商业模式画布通常包括九个基本要素,这九要素可划分为三大模块(见图 5-1)。模块一:价值发现,包括价值主张、顾客细分、顾客关系、渠道通路。模块二:价值匹配,包括核心资源、关键业务、重要伙伴。模块三:价值获取,包括收入来源、成本结构。

1. 价值发现:明确价值创造的来源

分析发现企业创业的机会来源,通过对企业所处的内外部环境进行分析,找出现有市场的缺口。进一步通过可行性分析来判断缺口是否能够发展以至是否可以盈利。价值发现通常是创业者最为艰难的一步,一个好的创业机会的识别往往是长期的失败铺垫而来的。企业最终能否存活很大程度上取决于创业者是否明确了价值创造的来源——能否赢得客户。对现有市场进行细分,确定细分后的消费者,是商业模式建立之初的必备因素。

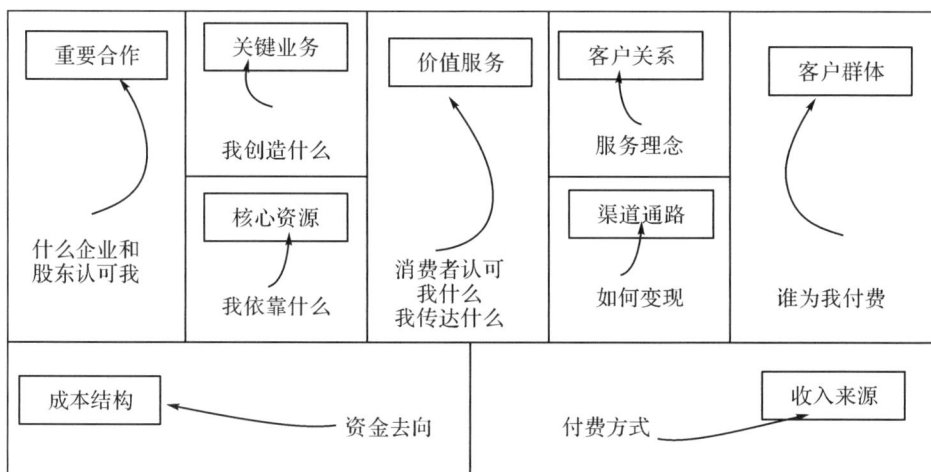

图 5-1　商业模式画布初始概念

2. 价值匹配：明确合作伙伴，实现价值创造

好的企业总是善于分担风险和分享合作。初创企业往往因为自身能力不足而失去发展的方向，即使有了明确的目标，自身能力的匮乏也使企业经常面临竞争者和行业龙头企业的威胁，因此选择合适的合作伙伴，能在一定程度上降低创业的风险，并使商业模式可以持续健康地运作下去。

3. 价值获取：制定竞争策略，占有创新价值

企业最终的目标是获取价值，包括经济价值和社会价值。特别是社会价值的大小决定了一家企业的格局。因此，制定良好的策略，平衡企业的社会责任和经济发展之间的关系，并且积极创新，才能赢得市场，赢得消费者的信赖。

（二）案例分析："老爸评测"的商业模式实例

阅读第 175 页讨论案例，回答以下几点问题：

（1）老爸评测的目标客户群是什么？怎么获得并维持这些客户？老爸评测希望与客户建立什么样的关系？

（2）老爸评测的关键业务是什么？

（3）老爸评测的价值主张是什么？与其他评测企业有什么区别？其创造价值的创新点在哪里？

（4）老爸评测的主要竞争对手是谁？

（5）老爸评测的核心竞争力是什么？

（6）老爸评测是怎样的商业模式？各商业模式要素之间分别建立了怎样的关系？

回答这些问题可以按照商业画布去展开。

具体分析如下:"老爸评测"创造性地解决了消费者痛点问题。在"毒包书皮"之后,收集消费者(粉丝)的需求,针对日常生活中常见的各种物品展开评测,发现有问题的产品立刻通过公众号的形式发布出来。然而,评测带来的资金压力使得其不得不寻找其他收入,来支持评测的持续。创始人先后尝试了付费阅读、打赏、众筹等方式,这段时间的商业实践促成了"老爸评测"的商业 1.0模式(见图 5-2)。

价值匹配			价值发现			
核心资源	**关键业务**	**合作伙伴**	**顾客关系**	**价值主张**	**顾客细分**	**渠道通路**
➤创业贷金 ➤1 年检测经验 ➤个人形象:信任力	➤检测产品 ➤推送检测结果	➤学龄前儿童的家长和家庭 ➤投资者	➤为他们提供检测结果	➤让世界成为儿童及其家人更安全的地方	➤股东 ➤追随者	➤微信公众号 ➤微博
成本结构 ➤测试产品 ➤制作产品视频 ➤人力费用			➤粉丝打赏 ➤众筹 ➤政府支持			**收入来源**
价值获取						

图 5-2 "老爸评测"1.0 模式画布

随着 1.0 模式的发展,创始人发现打赏和众筹很难持续下去。经过思考,他选择了"评测+电商"的商业模式。通过评测吸引粉丝,带来流量。电商创造商业价值,这样使得新的商业模式有了更稳定的收入来源。

1. 价值发现:扩大消费群体

(1)顾客关系。

"老爸评测"与顾客的关系一直是相互赋能。开创电商板块之后,"老爸评测"拥有了真正意义上的第一批顾客,一方面向顾客提供放心产品,另一方面顾客提供可疑产品给老爸评测做视频素材,两者之间相互促进、相互成就。老爸抽检的企业顾客,一方面为企业提供技术服务,帮助企业提升产品质量以及服务质量,另一方面,"老爸评测"也在服务过程中不断升级标准,完善业务体系。

(2)顾客细分。

"老爸评测"的顾客细分为两个部分,从开始评测工作的粉丝"老爸评测"追随者转化而来,变成电商阶段的消费者,信任"老爸评测"推荐的产品,成为老爸商城的忠实客户。有质量提升需求的企业也会变成"老爸评测"的顾客,他们希望能够借助"老爸评测"的高质量和高标准，提升自己企业产品的质量，"老爸评测"从中收取检测费和服务费。

（3）渠道通路。

"老爸评测"在业务模式稳定之后开始逐渐向多个平台扩张，包括但不仅限于小红书、抖音、腾讯直播、快手等多个平台。全平台的粉丝数量高达 5100 多万人。"老爸评测"针对不同平台的受众群体，宣传侧重点也有所不同。

（4）价值主张。

"老爸评测"的价值主张是随着粉丝数量和群体的扩大而变化的，从一开始专注于母婴和学龄前儿童的电商产品进行检测，因此他初始的社会价值取向为"让世界成为儿童及其家人更安全的地方"。后来，关注"老爸评测"的粉丝从宝爸、宝妈扩展到不同年龄段、不同职业。"老爸评测"的评测产品品类不断增加，截至目前已扩展到食品、日化、美妆、轻工等多个类别，为此，"老爸评测"的价值主张也变成"让全天下老百姓过上放心安全的生活"。"老爸评测"通过"价值发现"模块拓展消费群体，企业识别到新的盈利机会。

2. 价值匹配：拓展业务，完善商业模块

（1）核心资源。

"老爸评测"的核心资源主要集中在评测业务上。从一开始主要依靠魏文锋个人，包括他的个人形象和个人资金，到后来吸纳多位行业领域专家、购买各类专业仪器，以及联合众多第三方检测机构共创。在扩展业务的同时，提升检测水平和检测质量。

（2）关键业务。

"老爸评测"在公众号带货成功之后，继续完善自己的商业模式。相继开设了"老爸评测"自媒体、老爸实验室、老爸商城、老爸抽检四个业务板块。"老爸评测"自媒体每天收到来自全国各地粉丝的产品质量反馈和咨询，增加了社群运营的部门，专门负责与私域中的粉丝互动。老爸商城坚持"优选品，严检测"的原则，致力于为消费者严选涵盖衣食住行和美妆母婴等领域的好产品。老爸抽检则是面向 B 端的技术推广服务，从消费者角度出发，依据相关标准，对产品从原料、生产过程、产品品质全方位进行评价，挑选出优质的商品。老爸抽检目前已帮助几十家企业提高了产品的配方合规性以及生产的质控水平。老爸实验室的设立，是为大众提供便捷的空气检测和其他便民服务，帮助解决普通大众"检测难"的问题，特色项目有"甲醛仪漂流""化妆品真假鉴别"等。"老爸评测"完善和扩展了"评测＋带货"的电商模式，实现和消费者的价值匹配。

（3）合作伙伴。

企业壮大之后，"老爸评测"的合作伙伴也得到了扩充。从一开始只能被动接受粉丝的打赏和众筹，到后来有足够的能力吸纳业内多位专家和国内外顶尖机器建立老爸实验室，联合多家第三方检测机构共同辅助检测。此外，政府也大力支持"老爸评测"发展电子商务模式。

3. 价值获取：采用多种策略，占有价值

（1）成本结构。

成本的扩大主要来自评测产品数量的大幅增加。不同品类、不同品牌需要"老爸评测"评测专业能力的不断提升。机器的购买、维护以及团队扩大带来的人力费用组成了"老爸评测"的成本结构。

（2）收入来源。

收入来源是"老爸评测"发展最明显的变化，加入电商模式之后，从原始的被动接受打赏到主动完成循环，收入来源变成电商＋抽检两个板块。电商模式又分为传统电商、直播电商和视频带货。"老爸评测"为企业提供技术检测服务，对产品从原料（未知物筛查、配方优化）、生产过程（制作工厂查验）、销售宣传（销售端推广、合规性查验）、产品包装（外包装规范性查验）到仓储管理（仓储风险排查）等进行全方位评价和管理。不仅协助品牌围绕产品配方优化、成分风险物排查、生产环节、工厂问题、产品包装等方面提供整改建议和技术解决，还帮助品牌方发现产品质量风险点，以及宣传不恰当、不严谨的地方。

最关键的价值获取，即通过各种策略占有创造的价值，最终形成良性循环。更新后的商业模式九要素画布见图5-3。

价值匹配			价值发现			
核心资源	**关键业务**	**合作伙伴**	**顾客关系**	**价值主张**	**顾客细分**	**渠道通路**
➢多平台检测 ➢个人形象：信任力 ➢老爸实验室	➢老爸评测 ➢老爸抽检 ➢老爸实验室 ➢老爸商城	➢业内专家 ➢第三方检测机构 ➢政府	➢为消费者提供商品 ➢为企业提供检测和服务	➢让天下老百姓过上健康安全的生活	➢电商消费者 ➢企业消费者	➢微信公众号 ➢微博 ➢淘宝 ➢抖音 ➢小红书 ➢……
成本结构	➢测试产品 ➢制作产品 ➢人力费用		➢电商带货的资金收入 ➢老爸抽检的企业合作收入 ➢政府支持			**收入来源**
价值获取						

图5-3　更新后的商业模式画布

了解"老爸评测"的商业模式,从商业模式画布要素之中发现"老爸评测"的突出优势和发展劣势,从而可以明确其未来发展改进的方向(见表 5-1)。

表 5-1　"老爸评测"的优劣势

项目	老爸评测	其他评测企业	优势或劣势
重要合作	政府 & 第三方机构 & 电商企业	电商企业	检测结果更具说服力
关键业务	测评+电商+实验室+抽检	测评+电商	业务模块更完整
核心资源	魏文锋个人形象 & 粉丝的信任	粉丝的支持	
价值服务	为老百姓提供健康安全的生活	盈利需求	价值取向更高,意义深远
客户关系	为客户提供品质检测和优化	按照客户要求评测产品	更加中立的态度,价值共创的要素更多
渠道通路	电商(传统+直播+视频)+抽检	电商(视频+直播)+广告	电商模式更全面,社会价值更高,降低消费者质疑
客户群体	消费者+合作商家	主要服务于商家	
成本结构	评测+老爸实验室	视频费用	
收入来源	电商+抽检	电商+广告	

第三节　商业模式创新

一、商业模式创新要素

商业模式是一个复杂的系统,如前面内容所述,构成要素包括定位、业务系统、盈利模式、关键资源能力、现金流结构和企业价值等。因此商业模式创新也可以围绕这些要素来展开。

(一)重构定位

定位是企业选择什么样的方式与什么样的客户进行交易,最终更好地满足顾客需求。重构定位可以改变企业市场选择方式、交易方式,还可以改变目标市场客户交易。重构定位的核心是寻找和选择交易成本相对更低的方式让目标市场顾客获得更大程度的需求满足。例如,连锁模式增加了与客户的触点,降低了客户的搜寻成本;中介模式为交易两边的客户缩小了谈判对象规模,降低了讨价还价成本;网上支付模式突破了银行运营时间、地点的限制,为客户降低了执行成本。

(二)重构业务系统

交易结构最直观的体现就是业务系统。重构商业模式,离不开业务系统的重构。参与商业模式的利益相关者不仅包括产业价值链上的合作伙伴和竞争对手,如研发机构、制造厂商、供应商、渠道商等,还包括企业商业模式构建的核心。业务系统直接决定了企业竞争力所在的层级。当现有业务系统不足以建立或者保持竞争优势时,企业就要及时重构业务系统,改变原有交易结构,提升竞争力层级,以获取竞争优势。

(三)重构盈利模式

盈利模式是按利益相关者划分的收入结构和成本结构,是企业利益相关者之间利益分配中企业利益的表现。盈利模式包括盈利来源和计价方式。当原有盈利模式不再有效、企业面临盈利困境、计价方式缺乏吸引力时,企业就应该重新审视盈利模式是否有重构空间。

(四)重构关键资源能力

关键资源能力是商业模式运转的支撑力量。商业模式不同,背后支撑的关键资源能力也不同。企业成长过程也是关键资源能力形成的过程。

随着商业环境或企业业务目标的变化,企业需要审视原有关键资源能力是否适应新商业模式。对不适应新环境或新目标的关键资源能力,企业要及时予以转型或舍弃。反之,企业要及时构建新商业模式下必需的关键资源能力。

(五)重构现金流结构

现金流结构是在时间序列上按利益相关者划分的企业现金流入和现金流出的结构。相同的盈利模式可以对应不同的现金流结构。当企业面临现金流压力时,就要考虑重构现金流结构以改善商业模式。在设计与客户交易的现金流结构的同时,企业一方面要考虑和评估不同现金流结构对企业资金压力的影响,另一方面可以引入新的利益主体以化解现金流压力。

二、商业模式创新方式与路径

（一）商业模式创新方式

从本质上讲，企业的商业模式是通过对企业全部价值活动进行优化选择，并对核心价值活动进行创新，然后重新排列、优化整合形成的。按照企业商业模式的形成方式，大致可以将其分为以下五类（见图 5-4）。

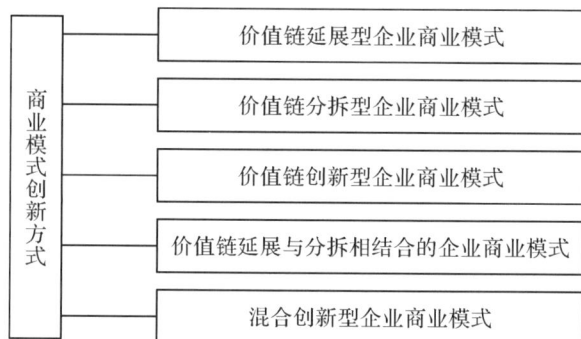

图 5-4　商业模式创新的方式

1. 价值链延展型企业商业模式

这种企业商业模式是在企业价值链的基础上，通过延长其两端的价值活动，即向行业价值链两端的供应商价值链、渠道价值链和顾客价值链延伸，或者在某些价值活动的横截面上延展同类价值活动（水平一体化或横向一体化），使企业价值链涵盖更多的价值活动。例如，并购同类企业以实现产品的相关多元化，从而获得成本领先和差异化优势。因此，延展型企业商业模式可以分为纵向延展型企业商业模式、横向延展型企业商业模式和混合延展型企业商业模式。

2. 价值链分拆型企业商业模式

价值链分拆型企业商业模式是将企业的基础性价值活动进行分拆、剥离、外包，使企业价值链缩短，企业只保留那些核心价值活动（具有核心竞争力且难以被模仿的价值活动）和相对优势价值活动，并在此基础上对价值活动的各利益方尤其是伙伴关系进行重新整合，形成有效的制度安排。

3. 价值链创新型企业商业模式

这种企业商业模式只针对基础价值链上的价值活动进行创新。企业建立、协调与商业伙伴的关系,把各方资源转化为顾客价值并传递给顾客,从而形成其他企业难以学习和模仿的核心能力。

4.价值链延展与分拆相结合的企业商业模式

价值链延展与分拆相结合的企业商业模式实际上是第一类和第二类企业商业模式的混合体。

5.混合创新型企业商业模式

混合创新型企业商业模式是通过把创新活动引入第一类、第二类、第四类企业商业模式中而形成的。因此,它又可以细分为延展创新型、分拆创新型和延展与分拆混合创新型三类企业商业模式。企业的商业模式创新一般都是混合式的,商业模式的构成要素之间是相互依赖、相互作用的,每一部分的创新都会引起另一部分相应的变化。

(二)商业模式创新路径

商业模式创新的路径大致可以归纳为六种(见图 5-5)。

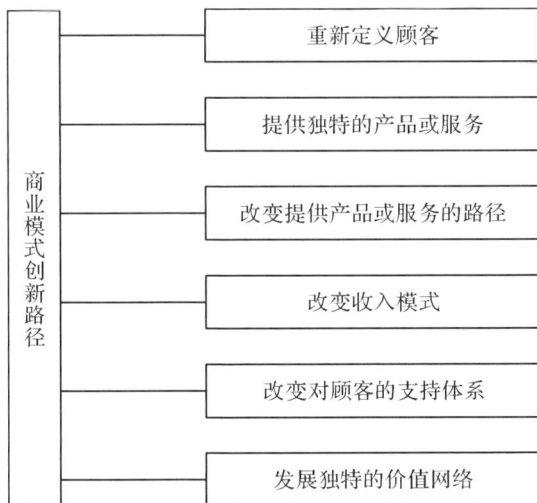

图 5-5　商业模式创新路径

1.重新定义顾客

在市场发展中,顾客需求是在不断发生变化的。企业在应对这种变化时,可以通过重新定义顾客,选择新的细分市场,并提出新的顾客价值主张来实现。需要特别指出的是,随着数字技术的发展,对用户需求的洞察也越来越精准。这可以帮助企业形成清晰的客户定位,更好满足消费者个性化的需求,并促使企业在不断创新中优化产品和服务供给,从而提高用户的产品体验感和满意度。因此,数字技术成为商业模式创新的重要手段。

2.提供独特的产品或服务

产品的差异化是竞争优势的一种重要来源。独特的产品或服务是商业模式形成难以模仿的方式之一。独特的产品和服务可以提供价值来源。实现商业模式中价值创造的改变,还可以实现价值的匹配。因此,洞察用户行为和需求,寻求产品创新的方向和解决方案,在此基础上开发出达到或超越用户预期的产品或服务,可以驱动商业模式的创新。

3.改变提供产品或服务的路径

改变提供产品或服务的路径就是要改变分销渠道。企业可以通过增加或压缩渠道的层次和环节,改变与分销商的合作形式,或者采用全新的渠道,节约成本,提高分销的效率。例如,在传统商业模式中,分销渠道是以实体形式完成商品流通的过程。而在数字环境中,互联网打通了商品销售的国界限制,终端设备仅需联网便可以实现商品信息的传递(例如电商平台的海外直购业务)。这极大程度地拓宽了分销渠道范围,促进了商业模式的创新。

4.改变收入模式

收入模式定义企业的商业模式是如何取得收入。在商业模式创新路径上可以改变收入的介质,改变交易方式,改变计费方法,改变定价方式。灵活地改变收入模式中的这些要素,可以促进商业模式的创新。

5.改变对顾客的支持体系

顾客需求越来越趋向个性化,企业非常有必要建立对顾客的回应处理和支持体系,对顾客的要求和投诉做出处理,对顾客提供技术、服务等各方面的支持。这些工作也可以促进商业模式的创新。

6.发展独特的价值网络

在高度竞争的环境中,企业考虑利润产生的环节和自身实力,在价值链中选择合理的位置,发展与供应商、分销商、合作伙伴的关系,发挥协同效应,形成共同为顾客提供价值的网络。在商业模式创新路径上,可以创新生产关系。例如,由单一点对点模式转变为多对多模式。再比如,可以促进企业之间的协同合作程度加深,促进企业之间实现资源整合。

小专栏5-3　新创企业如何进行商业模式创新?

　　新创企业要想借助商业模式创新来提升绩效,需要为商业模式创新实施提供哪些有力的支持?应该如何进行资源整合?不同的资源整合会对新创企业绩效产生何种影响?来自《外国经济与管理》上的学术前沿文章打开全新视角,探索以上三大问题。

　　研究基于资源管理理论,构建了商业模式创新对新创企业绩效的影响机制模型,并提出了稳定型、完善型及开拓型三种资源整合方式在这一影响过程中的作用,以揭示商业模式创新、资源整合与新创企业绩效间的内在关系。通过对142家新创企业的问卷调查数据进行实证分析发现:(1)商业模式创新有助于提升新创企业绩效,而企业所采用的资源整合方式则会减弱或增强商业模式创新的绩效表现;(2)若企业采用稳定型资源整合方式,坚持依据传统资源结构开展活动,会减弱商业模式创新的绩效表现;(3)若企业采用完善型资源整合方式,对传统资源结构加以稳健创新,会增强商业模式创新的绩效表现;(4)企业采用开拓型资源整合方式,构建高创新性的资源结构,并不会对商业模式创新的绩效表现产生显著影响。因此为提升商业模式创新的绩效表现,新创企业应采用完善型资源整合方式,在客观衡量新型资源的价值与外部接受度的基础上,对传统资源结构加以渐进式变革,以切实支持商业模式创新顺利实施。

　　资料来源:迟考勋、邵月婷:《商业模式创新、资源整合与新创企业绩效》,《外国经济与管理》2020年第3期

三、商业模式创新的挑战

　　商业模式创新是充满挑战的,它意味着打破原有的交易模式,重新构建所需的关键资源能力,改变利益格局,影响利益交易主体,等等。因此,在创新过程中,企业要舍弃很多以前赖以成功的经验,转变认知思维,改变组织结构,等等。商业模式创新过程中会形成一系列的挑战。

(一)理念障碍

　　每个成功的企业都有赖以成功的因素。久而久之,这些因素就成为企业发

展的规则，内化为企业发展的理念、价值观和企业文化。当市场出现大的变动时，企业往往会依赖以往的理念和成功经验去解决新的问题。然而，运用原来成功的经验去应对新的市场，可能会面临失败。新市场、新环境需要新的资源能力，这往往是传统企业所不具备的。企业一方面害怕抛弃原有想法和理念，另一方面又缺乏开放的勇气拥抱新的变化，就会陷入进退两难的尴尬境地。理念障碍也可以理解为路径依赖：固守传统优势不愿放弃，做不到自我颠覆。比如柯达胶卷曾经统治全球胶片市场，而数码相机的兴起并没有引起柯达的充分关注和积极应对，于是柯达在数码摄影时代颓然陨落。类似的例子还有诺基亚——功能手机领域曾经的绝对霸主，但是在智能手机市场爆发性增长最关键的时间段，诺基亚却犹犹豫豫，错失转型良机。

(二)能力障碍

商业模式的创新需要方法和工具，本质也是企业能力。企业管理者需要构建新的能力来完成商业模式的创新。例如，腾讯公司在开拓新业务，打造新商业模式时，首先要回答三个问题——这个新业务的领域是否擅长？如果你不做，用户会损失什么？如果做了，在这个新的项目中你能保持多大的竞争优势？这三个问题本质是回答能力和商业模式创新的匹配问题。

(三)资金障碍

商业模式创新是非常"烧钱"的。例如，在近些年较为流行的共享经济产业中，滴滴、摩拜能从共享汽车、共享单车产业中胜出的重要原因之一就在于"钱多"。金沙江创投董事总经理朱啸虎曾这样评价 e 代驾败于滴滴，认为 e 代驾在资金有限的情况下，不计成本与滴滴大打补贴战，是导致其失败的最主要原因。这意味着，新创企业在自身资源有限的情况下，能不能持续融资来为商业模式创新提供支持直接决定着创新成败。因此，创业者在开展商业模式创新前，有必要认真衡量自身所储备资源的属性与数量，以及从利益相关者处获取资源的难度与成本，并据此判定企业"是否应当实施"与"实施何种程度"的商业模式创新。

(四)市场障碍

新创企业要想取得好的商业模式创新绩效，因循守旧地采用稳定型资源整合方式，固守传统资源结构不发生质的改变并不合适，而不计成本地采用开拓型资源整合方式,大幅度颠覆传统资源结构也并非良策。较为有效的方法是,采用完善型资源整合方式,在综合考虑新型资源价值与利益相关者对新资源结构接受度的基础上,对传统资源结构加以渐进式变革。在这一方面,爱迪生的电力照明系统推广过程极具启发性。为了避免传统煤气照明系统在位者的抵制,爱迪生在推广过程中尽量模仿煤气照明系统的资源结构,非常谨慎地将新技术元素隐藏于电力照明系统中,如把电线埋在地下而非架在空中、使用亮度与煤气灯差不多的灯泡、采用集中供电而非独立供电等,从而既充分照顾了在位者及普通大众的感受,也有效展现了新系统的优越性,推进了新系统发展。

讨论案例

"老爸评测"的商业模式

随着中国电子商务零售市场规模的迅速扩大,产品质量、市场监管、消费者权益保护等一系列问题不断浮现。"老爸评测"创始人魏文锋在一次给女儿包书皮的过程中,通过评测意外发现了书皮中含有大量有毒物质。随后,他通过公众号发布了毒书皮问题,意在提醒更多家长关注这些对孩子有害的"三无产品"。意外的是,公众号迅速走红,粉丝量急速增长,越来越多的网友邀请魏文锋评测他们购买的产品。尽管公益服务不断扩大,但伴随而来的是不断增加的产品评测资金投入,这成为限制公众号发展的瓶颈。为了继续支撑评测事业,魏文锋尝试了打赏、众筹等多种方式,但效果甚微。最终,他萌生了转型成一家集评测和电商为一体的企业的想法,希望实现"社会责任＋商业"双重价值的良性循环。

"老爸评测"的创立

2015 年 9 月的一天,作为父亲的魏文锋正为即将开学的女儿包书皮,在包书皮过程中,他总觉得书皮有一种异样的味道,从事检验检疫工作长达十年之久的他,对不合格产品有着敏锐的嗅觉。于是他拿着这些产品进入实验室进行检测,结果意外发现,书皮中有多种有毒物质。抱着愤慨的心情,他写了一篇名为《开学了,您给孩子买的包书皮有毒吗?》的公众号文章,希望引起公众关注。

第二天,这篇文章意外火了,在讨论毒书皮之余,公众号上很多家长留言希望检测更多产品。出于社会责任,魏文锋自费将大家关注的产品送到第三方机构进行专业检测。收到结果后,在公众号上编辑文章反馈给网友。随着检测量的增加,魏文锋的资金出现问题,缺少收入来源,陷入财务危机。如何获得稳定收入,让公众号可以持续运营,成为魏文锋急需解决的难题。他做了付费阅读、打赏几种增加收入的尝试,但相比于高额的检测费用,这些收入微不足道。于是,魏文锋宣布解散微信群和停止运营公众号,但家长和粉丝们极力反对,提出捐款帮助他渡过难关。魏文锋在此时,提出众筹的想法,尝试发展"评测＋商业"的可持续发展模式。最终,100 多位家长和粉丝众筹了 200 万元,共同持有10％的股份。

从评测到构建信任电商

这种模式该如何打造? 魏文锋当时面临两种选择:接受广告和软文以维持公司运营,或者转向电商卖货。在经过讨论后,他坚持了一条原则,即不接受产品评测业务中的广告和软文,以保持公正性。于是,"老爸评测"开始了电商卖货尝试。

在搭建电商模式时,魏文锋提出了两条原则:第一,抱着严谨公正的态度去做检测,保持初心,为消费者筛选出好商品;第二,从粉丝需求出发,主推他们实实在在需要的优质产品。于是,魏文锋推出了电商平台第一款产品——书皮。基于消费者的信任,书皮在很短时间就卖掉了 20 多万张。

"评测＋电商"模式将公司的核心原则与商业运营相结合。做评测是企业建立的初衷,需要依靠优质和有信服力的内容来持续吸引消费者。当信任初步建立、吸引消费者后,重要的是进行信任关系的维系和商业价值转化。在这个逻辑下,"老爸评测"除自媒体业务外还相继成立了老爸实验室、老爸商城、老爸抽检等部门,它们一起组成了公司的四大业务模块。

老爸评测自媒体是吸引粉丝的流量端口,其前身就是老爸评测公众号,主要承担科普评测内容制作以及与粉丝互动的工作,有三个核心原则:不接受广告赞助,通过公开市场销售渠道购买评测样品,独立承担检测费用。通过自媒体渠道收集用户关注点和诉求点,反馈给技术团队进行产品信息和质量问题的检测,并发布视频,还设置了科普类视频板块,对日常生活中的"冷知识"进行解读。由于评测视频的上线往往需要经历更复杂和更严格的流程,制作周期长,"老爸评测"抖音账号发布的作品中科普视频更多。此外,老爸评测没有选择高、精、深的科研题材,而是偏向生活日常用品的评测,让内容尽量接地气以触达大多数人群的需求和痛点。

老爸实验室成立于 2016 年,承担了三项任务。任务一是便民服务。旨在帮助有需要的粉丝检测/鉴别相关产品。任务二是低价租赁甲醛检测仪器给有需要的家庭使用,解决日常检测难的问题。任务三是负责企业内部各类产品的内测和初筛。当初为了检测毒塑胶跑道材料而设立的实验室在 2020 年升级成 2.0 版,吸纳国内外专家,购买设备,推出粉丝福利项目,成立云检测平台,解决检测难的问题。近些年来,老爸实验室陆续推出了"化妆品真假鉴别"等粉丝福利项目。

老爸商城是"老爸评测"输出商业价值的业务板块,将自媒体流量变现,坚持"优选品,严检测"原则。在老爸商城上架产品,首先需要提前在商城的官方网站提交申请,经过选品、审核、供应商准入、产品质量检测之后,才能获得上架机会。上架后,这些产品还会面临不定时抽检,如果遇到有问题的产品,轻则下架,严则永不合作。为了扩大业务来源,老爸商城从原来的老爸评测公众号延伸到抖音、快手等多个平台。另外,为了提升与消费者互动的效率,适应消费者购物习惯变化,老爸商城还增加了视频带货和直播带货的渠道,最终形成三大电商板块:传统电商、视频带货和直播带货。老爸抽检为 B 端企业提供技术支撑和推广服务,包含对产品原料、生产过程、销售宣传、产品包装、仓储管理等流程的全方位检测和评价,并为其提供这些方面的整改建议和技术解决方案。此外,强生、OLAY、伊利等 200 个合作品牌也相继加入了项目。

面临挑战

魏文锋的评测电商模式形成了一个从流量导入到流量变现的商业闭环,且公益事业和市场业绩都在增长,但商业模式也遇到了一些挑战。

第一大挑战:双重身份的质疑。

既评测又卖货,"老爸评测"承担产品评测和电商功能,双重身份引发质疑。在目前商业模式中,老爸评测自媒体业务板块以及电商业务板块是集中在一起的,普遍保持较高的信任度和复购率,但在拉新客户方面受到了限制,渐渐遭到"前期评测为后期卖货做铺垫""变相营销方式"等评价的质疑。

第二大挑战:过度依赖创始人 IP。

从老爸评测公众号到商业模式的形成,离不开魏文锋的正直形象。这种形象支撑了公司的商业模式转化。消费者对魏文锋的信任是商业模式发展的根基,魏文锋也在直播中保持较高的出镜频率。随着公司规模的扩张,魏文锋需要管理的事务增加,难以抽出时间用于视频拍摄或直播。由于消费者的信任主要停留在魏文锋个人身上,并没有完全向"老爸评测"企业转移,公司 IP 受到个人 IP 很大的影响。这也可能成为阻碍公司业务继续扩大的瓶颈。

第三大挑战:评测内容涨粉难度加大。

随着时间推移,账号流量逐步下滑,甚至有粉丝流失。主要归因于电商市场下滑影响,"老爸评测"引流模式单一,评测视频制作周期长,产出缓慢,存在同质化问题,难以吸引更多粉丝。另一不足之处在于评测内容要求高,可能导致专业人士产生不专业感受,影响部分消费者对"老爸评测"的信任。

未来可以有多远

尽管"老爸评测"依靠其独特的"评测+电商"模式取得了显著的成就,但随着业务的不断扩大,我们必须正视挑战并善用机遇。虽然信任 IP 为"老爸评测"带来了快速的发展,但在市场扩张中也受到了一定的限制。在面对当前阶段的挑战时,我们需要思考如何克服双重身份的质疑,进而扩大消费者对我们的信任。同时,如何更好地平衡社会价值和商业价值的关系,实现双赢局面也是至关重要的。最终建立一个更加可持续发展的商业模式,是"老爸评测"现阶段所面临的重要挑战。

资料来源:中国管理共享案例中心 2023 年全国百篇优秀案例. 朱良杰、张潇倩、方溪:《始于评测,忠于评测?"老爸评测"如何走得更远?》

思考题:

1. 魏文锋创立"老爸评测"时的商业环境如何? 这给他带来了什么样的启发?

2. 魏文锋为什么要采取"评测+电商"的商业模式? 该模式解决了什么样的消费痛点问题?

3. 相对于其他商业模式,"老爸评测"的模式有何特殊之处?(利用商业模式画布要素总结)

4. "老爸评测"目前的商业模式遇到了什么问题? 这些问题为何短期很难得到解决?

5. "老爸评测"应该如何应对现有挑战? 请提出你的解决方案。

本章小结

本章主要介绍了三大商业模式的概念、商业模式的构成要素、商业模式画布以及商业模式创新等内容。从战略层面上看,商业模式被描述为企业战略方向要素的总体设计,包含市场主张、组织行为、增长机会、竞争优势和持续发展性等。从运营层面上看,商业模式被描述为企业的一种运营结构,是企业通过其种内部流程和基本构造设计,使得价值创造成为可能。从经济层面上看,商业模式被描述为企业的经济模式,其根本内涵为企业利润获取的逻辑。从系统结构视角看,商业模式被描述为多个要素构成的集合,是为了帮助顾客创造价值所进行的活动。从交易结构视角看,商业模式被看作是一种利益相关者的交易结构。商业模式具有价值性、持续盈利性、难以模仿性、系统性以及创新性五大特征。成功的商业模式对企业发展发挥了巨大的作用。它支撑企业战略定位、实现资源整合以及提升企业创新能力。商业模式的构成要素包括四要素、五要素、六要素。商业模式画布是用于分析商业模式优劣势的工具。商业模式画布通常包括九个基本要素,这九要素可划分为价值发现、价值匹配和价值获取三大模块。商业模式创新可以围绕商业模式要素来展开,包括重构定位、重构业务系统、重构盈利模式、打造关键资源能力、重构现金流结构和企业价值等方面。商业模式创新类型主要包括价值链延展型企业商业模式、价值链分拆型企业商业模式、价值链创新型企业商业模式、价值链延展与分拆相结合的企业商业模式以及混合创新型企业商业模式。

商业模式创新的路径大致可以归纳为六种:重新定义顾客、提供独特的产品或服务、改变提供产品或服务的路径、改变收入模式、改变对顾客的支持体系、发展独特的价值网络。商业模式创新也面临着理念障碍、能力障碍、资金障碍和市场障碍等挑战。

延伸阅读

[1] 三谷宏治. 商业模式全史[M]. 马云雷,杜君林,译. 南京:江苏文艺出版社,2016.

[2] 亚历山大·奥斯特瓦德,伊夫·皮尼厄. 商业模式新生代[M]. 黄涛,郁婧,译. 北京:机械工业出版社,2016.

[3] 魏炜,朱武祥. 重构商业模式[M]. 北京:机械工业出版社,2023.

参考文献

[1] 余来文,林晓伟,陈明封,等. 企业商业模式:创业的视角[M]. 厦门:厦门大学出版社,2018.

[2] 魏炜,李飞,朱武祥. 商业模式学原理[M]. 北京:北京大学出版社,2020.

[3] DEMIL B,LECOCQ X,RICART J E,et al. Introduction to the SEJ Special Issue on Business Models:Business Models within the Domain of Strategic

Entrepreneurship[J]. Strategic Entrepreneurship Journal，2015，9(1).

[4] 邓文浩,戴炳钦,简兆权.基于价值适配的远程医疗平台智能化服务商业模式研究[J].管理学报,2021,18(4).

[5] 迟考勋,邵月婷.商业模式创新、资源整合与新创企业绩效[J].外国经济与管理,2020,42(3).

练习题

一、选择题

1.业务活动的差异性往往体现（   ）的差异性。

A. 核心团队　　　　　　　　B. 战略定位

C. 商业模式　　　　　　　　D. 企业愿景

2.赢利模式是企业利润来源和（   ），是在确定业务网络中价值链结构和所有权后,各利益相关者支付成本、分配利益的格局。

A. 成本　　　　B. 客户　　　　C. 获取方式　　　　D. 企业战略

3.业务活动是商业模式的（   ）。

A. 核心　　　　B. 表层　　　　C. 特征　　　　D. 起点

4.对于平台型商业模式而言,其运行的核心是（   ）。

A. 买卖价差　　　　　　　　B. 市场规模

C. 用户交互质量　　　　　　D. 补贴规模

5.绑定用户的关键是（   ）。

A. 进入门槛　　B. 转换成本　　C. 情感　　　　D. 忠诚度

6.企业运营将投入的各类（   ）通过相关流程转化为客户实际需要的产品和服务。

A. 管理　　　　B. 人员　　　　C. 控制　　　　D. 资源

7.顾客细分属于商业画布中的（   ）模块。

A. 价值发现　　　　　　　　B. 价值匹配

C. 价值创造　　　　　　　　D. 价值传递

8.在以下哪种商业模式中,企业主要通过提供平台连接服务或产品的买卖双方来赚取中间环节利润（   ）。

A. 信息中介平台模式   B. 产品创新模式

C. 解决方案提供模式   D. "长尾"模式

9.(　　)不是 O2O 商业模式的关键特征。

A. 线上线下深度融合   B. 强调用户体验

C. 依赖互联网运营   D. 高度定制化

10.(　　)是一种通过互联网将部分传统的线下服务带到线上,为消费者提供更加便利和优质的服务的商业模式。

A. P2P 模式   B. O2O 模式

C. B2B2C 模式   D. C2C 模式

二、判断题

1. 商业模式的价值主张更强调市场和产品。   (　　)

2. 商业模式价值和焦点企业价值可能不一致。   (　　)

3. 商业模式完全决定某种资源能力是否不可或缺,是否重要。   (　　)

4. 重构商业模式时,原有的核心能力一定要能发挥作用。   (　　)

5. 商业模式不同,需要的管理团队也不同。   (　　)

6. 商业模式最关注客户的需求。   (　　)

7. 电子商务的价值创造是消费者从给定商品中得到的收益。   (　　)

8. 产品组合的交易风险主要来自产品提供商,可抵御规模化竞争。 (　　)

9. 价值主张是通过产品和服务满足顾客需求的方式。   (　　)

10. 在商业模式画布中,关键合作伙伴描述的是实现商业模式所需要合作的主要对象。   (　　)

三、名词解释

1. 价值主张

2. 业务活动

3. 赢利模式

4. 商业模式画布

四、简答题

1. 商业模式的特征有哪些?

2. 商业模式六要素主要包括哪些?

3.商业模式创新要素主要包括哪些？

4.商业模式创新的主要方式有哪些？

五、论述题

1.商业模式画布的构成主要包括哪些？

2.商业模式的创新路径有哪些？

第六章　营销策略

创新是否成功不在于是否新颖、巧妙或具有科学内涵,而在于是否能够赢得市场。

——彼得·德鲁克

▶ **学习目标**

➢ 理解 STP 营销策略、4P 和 4C 营销策略以及社交媒体营销策略的内容
➢ 掌握市场细分的概念和特点、目标市场选择策略、市场定位、4P 和 4C
   营销组合策略
➢ 了解社交媒体营销的定义、类型及相关理论

引导案例

薇诺娜——敏感肌护肤专家

受饮食习惯、环境、压力等多重因素的影响,泛红、长痘、干燥等皮肤敏感问题困扰着人们。现代女性频繁地化妆、进行医美整形、滥用护肤品等也给皮肤屏障带来了一定的损害。调研数据显示,中国女性敏感肌发生率为 30%—50%,平均每 3 个女性就有一个敏感肌,敏感肌护肤品市场空间大,并且市场需求预计将快速增长。修复敏感肌的功能性护肤品主要是指采取温和科学的配方,强调产品安全性与专业性的护肤品。截至 2019 年,我国功能性护肤品市场规模达到 136 亿元,2015—2019 年复合增长率比中国护肤品市场增长率高 9%。目前我国消费者受到敏感肌护肤教育的影响,对护肤品的安全性与功效性越来越重视,功能性护肤品市场未来发展可期。根据以往的数据,基础护肤品品牌忠诚度较低,多数消费者愿意尝试不同品牌的护肤品。而敏感肌的皮肤

屏障受损,敏感肌消费者使用护肤品发生敏感的概率大大高于健康肌肤,因此敏感肌消费者找到一款适合自己皮肤的功能性护肤品后一般会持续性回购,所以功能性护肤品的品牌忠诚度较高。目前针对敏感肌的功能性护肤品多为外国品牌,如雅漾、薇姿、理肤泉等,这些国际品牌知名度较高,消费者比较认可。国内品牌如薇诺娜、玉泽和华熙生物等也以医学背景推出针对敏感肌来修复皮肤屏障的功能性护肤品,在电商以及新媒体的宣传下拥有很大的知名度。2015—2019 年,在中国功能性护肤品品牌市场中,本土品牌的市场占有率由15.4％上升到 23.7％,其中薇诺娜品牌 2019 年在功能性护肤品的市场占有率为 20.5％,成为中国功能性护肤品市场占有率第一名。

薇诺娜的创始人郭振宇博士,成功打造著名头皮护理品牌"康王"后急流勇退,转而专注于敏感肌的修复,2010 年创立贝泰妮公司,历经 7 年将贝泰妮旗下主要品牌薇诺娜做到中国专注于敏感肌的功能性护肤品第一品牌。这样的成就离不开郭振宇对皮肤健康研究的痴迷,更离不开他敏锐的市场洞察力。善于发现消费者的需求,这使得郭振宇成功打造爆款产品薇诺娜。在功能性护肤品市场,已有的国际品牌雅漾、薇姿等稳稳占据大部分市场份额,如果单纯模仿这些品牌就意味着与这些品牌开展正面竞争。郭振宇认为,目前国产品牌还不足以和国际大牌展开正面竞争,为了将薇诺娜产品在消费者心目中的定位实现差异化,郭振宇选择大力宣传薇诺娜的医学背景,产品主打医学背书、医生推荐、医院专用,区别于雅漾等国际品牌定位,使得薇诺娜的产品比国际品牌的可信赖性更上一层楼。

资料来源:《化妆品行业时代性大趋势:渗透低复购高,敏感肌赛道品牌觉醒》,https://baogao. store/66560. html

第一节　STP 营销战略

市场细分最早由温德尔·史密斯于 1956 年提出,之后由美国营销学家菲利浦·科特勒进一步发展和完善,形成了成熟的 STP 理论。STP 是战略营销的核心内容,S、T、P 分别是 Segmenting(市场细分)、Targeting(目标市场选择)、Positioning(定位)三个英文单词的首字母。

STP 营销战略的基本目标是选择目标消费者或顾客,也被称为市场定位理论。根据 STP 战略,市场是一个综合体,是多层次、多元化消费需求的集合体。

任何企业都不可能满足所有的市场需求。企业可以根据多层次消费者差异化的需求及购买力等因素,将市场分为由相似需求组成的消费群,即几个分市场,这就是市场细分。企业可以根据自己的战略和产品,在具有特定规模和发展前景的下位市场中,选择符合公司定位的目标市场。然后企业要让产品处于目标消费者喜欢的位置,通过一系列的营销活动向目标消费者传达特定的信息,让他们了解品牌,意识到这是他们需要的。

STP营销战略是在一定的市场细分基础上,确定自己的目标市场,企业再根据目标市场来产品或服务定位的营销战略。具体来说,市场细分是指根据顾客需求上的差异,将某种产品或服务的市场划分为一系列分市场的过程。目标市场是指企业决定进入的细分市场,也是最有利于企业的市场组成部分。市场定位是在营销过程中,企业将自己的产品或服务确定在目标市场上的一定位置,即自己的产品或服务在目标市场上的竞争位置,也称为"竞争定位"。

一、市场细分

(一)市场细分的含义

市场细分是指通过市场调查,营销人员根据消费者的需要和需求、购买行为和购买习惯等的差异,将特定产品的整个市场分为由若干消费者群体组成的市场的过程。每个有类似需求倾向的消费者组成就是一个市场。

(二)市场细分的依据

细分市场不是根据产品品种、产品系列来进行的,而是从消费者(指最终消费者和工业生产者)的角度进行划分的,是根据市场细分的理论基础,即消费者的需求、动机、购买行为的多元性和差异性来划分的。市场细分对企业的生产、营销起着极其重要的作用。市场是商品交换关系的总和,本身可以细分;消费者异质需求的存在;企业在不同方面具备自身优势。

(三)细分市场的因素

1.地理细分因素

国家、地区、气候、地形等。

2. 人口细分因素

年龄、性别、职业、收入、教育、家庭、国籍、民族、宗教、社会阶层等。

3. 心理细分因素

社会阶层、生活方式、个性等。

4. 行为细分因素

追求利益、用户地位、产品使用率、忠诚度、态度等。

(四)市场细分的作用

1. 有利于选择目标市场和制定市场营销策略

市场细分后的,下位场比较具体,比较容易了解消费者的需求,企业根据自己的经营思想、方针、生产技术和营销能力,确定自己的服务对象,即目标市场。瞄准较小的目标市场,便于制定特殊的营销策略。另外,细分市场的信息容易反馈,一旦消费者的需求发生变化,企业可迅速改变营销策略,研讨相应的对策,以适应市场需求的变化,提高企业的应变能力和竞争力。

2. 有利于发掘市场机会,开拓新市场

企业通过市场细分,对每个细分市场的购买潜力、满足度、竞争情况等进行比较分析,探索有利于本企业的市场机会。企业及时做出投产、异地销售等决策,或根据本企业的生产技术编制新产品开拓计划,进行必要的产品技术储备,掌握产品更新换代的主动权,开拓新市场,以更好地适应市场的需要。

3. 有利于集中人力、物力投入目标市场

任何企业的资源、人力、物力、资金都是有限的。通过市场细分,选择适合自己的目标市场,企业可以集中人力、财力、物力等资源,去争取细分市场上的优势,然后占领自己的目标市场。

4. 有利于企业提高经济效益

企业通过市场细分后,可以针对自己的目标市场生产出适销对路的产品,满足市场需要,增加企业的收入。适销对路的产品可以加速流转,增加产量降低企业的生产销售成本,提高生产工人的劳动熟练程度,提高产品质量,全面提高企业的经济效益。

(五)市场细分的步骤

市场细分程序可通过以下例子来说明:一家航空公司对没有坐过飞机的人(细分标准是顾客的体验)非常关心。没有坐过飞机的人总可以细分为害怕飞机的人,只把坐飞机当回事的人,对坐飞机持肯定态度的人(细分标准是态度)。在持肯定态度的人中,又包括高收入、有能力坐飞机的人(细分标准是经济条件)。于是,这家航空公司就把力量集中在开拓那些对坐飞机持肯定态度,只是还没有坐过飞机的高收入群体。由此可见,市场细分包括以下程序。

(1)选定产品市场范围。公司要明确自己产品在某行业中的市场范围,并以此作为制定市场开拓战略的依据。

(2)列举潜在顾客的需求。可从地理、人口、心理等方面罗列影响产品市场需求和顾客购买行为的变数。

(3)分析潜在顾客的差异化需求。公司应该对不同的潜在顾客进行抽样调查,对列举的需求变数进行评价,以把握顾客的共同需求。

(4)制定相应的营销策略。对各细分市场进行调查、分析、评估,最终确定可以进入的市场,并制定相应的营销策略。

(六)市场细分的特征

企业进行市场细分的目的是通过对顾客需求差异的定位,获得较大的经济利益。众所周知,产品的差别化必然导致生产费用和营销费用相应增加,企业必须在市场细分的收益和市场细分的增加费用之间进行权衡,有效的细分市场必须具备以下特征。

(1)可测性:指能够测算出各个细分市场的购买力和规模的程度。如果细分变量难以测定,就无法定义市场。

(2)收益性:指企业新选定的市场容量能够给企业带来收益的程度。

(3)可进入:指所选择的细分市场必须与企业的状况相适应,企业具有占有该市场的优势。具体表现为信息进入、产品进入、竞争进入。考虑进入市场的可能性,实际上就是研究其营销活动的可能性。

(4)差异性:是指细分市场能被区别出来,并对不同的营销组合要素和方案做出有不同的反应。

二、目标市场选择

选择目标市场,明确企业应该为哪些类型的用户提供服务,满足他们的哪种需求,是企业营销活动中的一项重要战略。例如,太原橡胶厂是一家拥有1800多名员工的中型企业,生产汽车和拖拉机轮胎。曾经,企业因产品难以销售而陷入困境。后来,他们进行市场细分,根据企业的优势,选择山西省内十大运输公司作为自己的目标市场,生产适合山西煤炭对外运输的高吨位汽车装载轮胎,开拓销路。随着企业实力的增强,他们又选择了手摇拖拉机制造厂作为目标市场。1992年与香港中环投资有限公司合资经营,成立双喜轮胎股份有限公司。1993年,在全国轮胎普遍积压的情况下,太原橡胶厂打开第一汽车公司的大门,供应了高吨位的组装轮胎。正确选择目标市场是太原橡胶厂成为全国企业500强的有效战略之一。

著名的营销学家麦卡锡提出,应该把消费者看作一个特定的群体,即目标市场。通过市场细分,企业为满足一个或几个小市场的需求准备相应的产品和服务。通过市场细分,有利于企业明确目标市场,运用市场营销战略来满足目标市场的需求。根据市场的特点和公司自身的目标,市场营销策略通常可以分为以下三种。

(一)无差别市场营销

无差别市场战略是指企业将整个市场作为自己的目标市场,只考虑共同的市场需求而不考虑其中的差异,使用一种产品、一种价格、一种销售方法,尽可能吸引更多的消费者。即企业只推出一种商品或通过一种营销方法吸引顾客。如果企业判断市场领域之间几乎没有差异,就可以考虑采用这种营销策略。例如,美国可口可乐公司自1886年成立以来,采用无差别的营销战略,将一种味道、一种处方、一种包装的产品生产成满足世界156个国家和地区需求的"世界清凉饮料"。由于百事可乐等饮料的竞争,1985年4月,可口可乐公司宣布改变可口可乐的制造方法在美国市场掀起了轩然大波。可口可乐公司接到很多电话,消费者对公司改变可口可乐的制造方法表示不满和反对,公司不得不继续大量生产传统的制造方法可口可乐。由此可见,采用无差别的市场策略,产品无论内在还是外在,都必须具有独特的风格,且保持相对的稳定性,才能得到多数消费者的认可。

这种战略的优点是产品单一,易于保证质量,可以大量生产,降低了生产和销售成本。但是,如果有其他企业,引入相同的政策,必然会与原企业展开激烈的竞争。

(二)密集市场营销

密集营销战略是在细分市场中选择两个或少数几个市场作为目标市场,实行专业化的生产和销售,在个别少数市场发挥优势,提高市场占有率。使用这种战略的企业需要对目标市场有较深的了解,这也是大部分中小企业必须采取的战略。日本尼西奇是一家生产雨衣、尿布、游泳帽、卫生巾等多种橡胶产品的小工厂,但因订单不足而面临破产。一个偶然的机会,尼西奇的董事长看到了人口调查表,他发现日本每年有 250 万名婴儿出生,如果每个婴儿使用 2 片尿布,一年需要 500 万片。因此,尼西奇决定放弃尿布以外的产品,开始尿布专业化生产。尼西奇开发了新材料和新品种,不仅垄断了日本尿布市场,还销往世界 70 多个国家,成为世界闻名的"尿布王"。

采取密集市场营销,可以集中企业优势力量,降低成本,提高企业和产品的知名度。但由于目标市场范围小,品种单一,经营风险较大。如果目标市场的消费者需求和喜好发生变化,企业就会因无法及时应对而陷入困境。同时,如果强有力的竞争者进入目标市场,企业将受到严重影响。因此,许多中小企业为分散风险,仍会选择一定数量的市场细分化作为自己的目标市场。

(三)差异性市场营销

差异性市场营销指公司根据各个细分市场的特点,相应扩大某些花色、式样和品种产品的生产规模,或制订不同的营销计划和办法,以充分适应不同消费者的不同需求,吸引不同的购买者,从而提升产品的销售量。优点是在产品设计或宣传推销上能更有目的性,满足不同地区消费者的需求,从而增加产品的总销售量。同时使公司在细分小市场上占有优势,在消费者心目中树立良好的形象。缺点是会增加各种费用,如产品改良成本、制造成本、管理费用、储存费用等。

三种目标市场营销策略各有利弊。选择目标市场时,必须考虑企业面临的各种因素和条件,如企业规模和原料的供应、产品的类似性、市场的类似性、产品的寿命周期、竞争的目标市场等。

选择适合本企业的目标市场营销策略是一项错综复杂的工作。企业内部条件和外部环境在不断发展变化,经营者要通过市场调查和预测,掌握和分析市场变化趋势、竞争对手的条件,扬长避短,发挥优势,抓住机遇,采取适应市场态势的营销策略,争取较大的利益。

小专栏 6-1　美国米勒公司的目标市场选择策略

在 20 世纪 60 年代末,米勒啤酒公司在美国啤酒业排名第八,市场份额仅为 8%,与百威、蓝带等知名品牌相距甚远。为了改变这种现状,米勒公司决定采取积极进攻的市场战略。他们首先进行了市场调查。通过调查发现,若按使用率对啤酒市场进行细分,啤酒饮用者可细分为轻度饮用者和重度饮用者,而前者人数虽多,但饮用量却只有后者的 1/8。

他们还发现,重度饮用者有着以下特征:多是蓝领阶层,每天看电视 3 个小时以上,爱好体育运动。米勒公司决定把目标市场定在重度使用者身上,并果断决定对米勒的"海雷夫"牌啤酒进行重新定位。

重新定位从广告开始。他们首先在电视台特约了一个"米勒天地"的栏目,广告主题变成了"你有多少时间,我们就有多少啤酒",以吸引那些"啤酒坛子"。广告画面中出现的尽是些激动人心的场面:船员们神情专注地在迷雾中驾驶轮船,年轻人骑着摩托冲下陡坡,钻井工人奋力止住井喷,等等。

结果,"海雷夫"的重新定位战略取得了很大的成功。到了 1978 年,这个牌子的啤酒年销售达 2000 万箱,仅次于 AB 公司的百威啤酒,在美国名列第二。

三、市场定位

定位理论是由美国著名营销专家艾·里斯与杰克·特劳特于 20 世纪 70 年代提出的,他们认为定位是为了让未来的潜在客户而势力。随着市场营销理论的发展,人们对市场定位理论有了更深的认识。菲利普·科特勒对市场定位的定义是:市场定位是指设计公司的产品,从而在目标顾客心中占据独特而有价值的位置的行动。市场定位的实质是严格区分本企业和其他企业,让顾客明显感觉和认知到这种差别,在顾客心目中留下特殊的印象。定位是在产品未来潜在顾客的心中设定合理的位置。

（一）如何进行市场定位

1. 识别潜在的市场竞争优势

在此过程中，企业要通过市场调研过程，详细地搜索和分析目标市场的发展现状，包括目标市场中竞争对手的产品定位、市场份额占比和其优势及劣势等方面，从而确定本企业的潜在竞争优势。

2. 选择合适的市场竞争优势

通过分析和比较本企业和竞争对手之间的相对竞争优势，主要体现在产品、财务管理、生产、采购、技术研究和市场营销等方面，确定本企业的市场定位战略。

3. 传递和选定市场定位

当企业选择好合适的市场定位之后，应该选择合适的方式将市场定位传递给市场中的消费者。在此过程中，企业制定的所有市场营销策略必须以此市场定位策略为基础。

（二）市场定位的内容

1. 市场购买力

市场购买力是指目标市场中的消费者对购买产品和服务有足够的需求和购买力，从而确保企业销售的产品可以卖出。

2. 市场竞争力

当企业选择目标市场时，一般要选择竞争者数量少或者竞争激烈程度较弱的市场，这样才能保证目标市场中有足够的空间，为企业提供市场销售容量。

3. 市场应对能力

要确保目标市场的发展趋势和本企业的产品开发方向相一致，从而确保企业可以根据市场需求的变化而保持本身的市场经营能力。

4. 市场销售能力

这要求企业具有一定的市场销售能力，具有可以利用的销售渠道和条件，这样企业生产的产品才能以较为合适的成本进入目标市场。

第二节　4P 和 4C 营销组合策略

1953 年,营销专家尼尔·博登在美国市场营销学会的就职演说中提出了"市场营销组合"(Marketing Mix)概念,具体指需求受到"营销变量"或"营销要素"的影响的程度。

一、4P 营销组合

美国密西根大学教授杰罗姆·麦卡锡于 1960 年在其第一版《基础营销学》著作中,首次提出"4P"营销组合经典模型,即产品(Product)、价格(Price)、渠道(Place)、促销(Promotion)。4P 营销理论的提出,对现代营销理论具有划时代的意义。自此以后,营销管理成为企业管理的重要组成部分,直到今天,无论有多少新的营销名词涌现,无论有多少关于 4P 已经过时的说法,4P 都是企业营销理论的基石。1967 年,营销专家菲利普·科特勒在其经典著作《营销管理:分析、规划与控制》中进一步提出了以 4P 为核心的营销组合。

(一)产品

产品是指提供给顾客满足需求的任何事物,包括有形产品、服务、人工等等。

(二)价格

指顾客购买产品时的价格,包括折扣以及其他优惠。价格制定的决策,关系到企业的利润、成本衡量,以及是否有利于产品销量问题。

(三)渠道

指在商品从企业到达顾客手上的全过程中,具有推动力量的各个环节。

(四)促销

指涵盖品牌宣传、广告、舆论公关、促销折扣等一系列能够促进销量提升的营销行为集合。4P 营销策略的重点诉求是:企业要满足顾客,实现经营目标,营销是整体的系统,不能孤立地只考虑某一因素和手段,需要从目标市场需求和市场营销环境出发,根据企业的资源和优势,综合运用各种市场营销手段,形成统一的、协同的市场营销策略。

小专栏 6-2　特斯拉 4P 营销策略分析

1. 产品

作为电动汽车品牌,特斯拉首先要捕捉的就是顾客对于电动车的需求是什么。总体而言,顾客购买电动车主要是出于对其智能驾驶、安全、环保等多个方面的考虑,同时顾客会对标燃油车的功能指标,看电动车各功能能否与燃油汽车保持一致,甚至更加卓越。虽然电动车早已不是新鲜事物,但是特斯拉汽车从产品设计之初就把第一款产品定位于高端跑车领域,特斯拉成功地避开传统电动车车体笨重、颜值低、续航差等缺点,解决传统燃油豪华跑车排量大、环保性差等等难题。特斯拉通过差异性竞争的产品策略,避开传统对手的长处,运用差异化优势来赢取更广阔的市场。特斯拉第一款车型颠覆人们对电动车的传统认知,用超级跑车的标准定位电动车,给顾客带来前所未有的非凡体验。特斯拉创始人马斯克深知作为一款高性能跑车,无论是从制造成本还是售价上都无法在普通家用市场立足。在对现有市场进行合理细分后,特斯拉将自己的目标客户群定位于那些富人和社会名流,利用目标客户群体热衷于体验新事物,同时关注环保,而且更为重要的一点是他们对产品价格不敏感。特斯拉这种不求面向所有顾客,专注于"小众高端"的首款产品定位,使产品变得与众不同,不再简单的是一款交通工具,更是一种为目标客户群提供展示他们与众不同的身份地位以及生活品位的产品。

2. 价格

特斯拉首款产品的市场定位十分明确,就是面向具备环保理念的富裕阶层。同时在特斯拉的众多系列产品中,不同的车型对应不同的成本,满足不同的客户需求。根据产品的特点,对 Model S/Model Y/Model 3 等每种产品制定不同的价格。而且特斯拉根据不同国家的不同市场也制定了不同的价格策略,目的是公平地对待各个国家和地区的顾客。自 2014 年进入中国市场后,特斯拉一改其他汽车品牌在中国市场上的定价惯例,选择将汽车的定价与美国的定价保持一致。

3. 渠道

特斯拉在营销渠道可谓做足差异化,采取体验式营销和电商结合的模式。和传统车企经销商网络模式不同,特斯拉采用类似苹果式的体验店模式,这些体验店由特斯拉直营。在特斯拉的体验店里面,顾客只需要缴纳定金,特斯拉就会将汽车送货上门,这不仅降低了顾客的购买成本,还给顾客带来了前所未有的便利。特斯拉在销售模式上,还是首个依托线上销售的品牌,这些策略都将对传统的汽车营销模式构成巨大的挑战。

4. 促销

作为新品牌,获得目标客群的认可,特斯拉是利用名人效应进行促销做得最好的品牌。特斯拉电动车定位为"高端电动车",而"高端"基本原则之一就是拥有高度认可品牌价值的忠实客户粉丝群体。特斯拉创始人马斯克本身就是最具网络号召力的IP。在特斯拉汽车的客户名单中,既有好莱坞著名影星如乔治·布鲁尼、施瓦辛格、布拉德·皮特等,也有商业界领袖人物如谷歌创始人拉里·佩奇和谢尔盖·布林。可以毫不夸张地说,特斯拉首款产品的首批客户名单就是一张全球财富榜。这些社会名流,符合人们对于豪华跑车使用者的定义,他们对于特斯拉的喜爱,极大地增加了该品牌的知名度和社会关注度,对于品牌形象的建设起到了十分积极的作用。特斯拉利用名人的影响力和号召力进行品牌营销,还进一步强化了特斯拉品牌的整体性,让顾客在看到特斯拉汽车的瞬间,就积极地将其与智能高端的联系起来。

二、4C 营销组合

随着顾客个性化需求日益突出,大众媒体分化,传统的4P理论面临挑战。从本质上讲,4P策略的出发点是以企业为中心,是企业经营者要生产什么产品、期望获得怎样的利润而制定相应的价格、将产品以怎样的卖点传播和促销、以怎样的路径选择来销售,重点是如何推给顾客。其中一定会忽视顾客作为购买者的价值特征,忽略顾客是整个营销的真正对象。以客户为中心的新型营销思路的出现,促使顾客为导向的 4C 理论应运而生。

1990 年,美国学者 Lauteborn 教授提出了与 4P 相对应的 4C 理论。4C 分别是:顾客(Consumer)、成本(Cost)、便利(Convenience)、沟通(Communication)。4C 强化了以顾客需求为中心的营销组合。

(一)顾客

指顾客的需要和欲望(The needs and wants of consumer)。企业要把重视顾客放在首位,强调创造顾客价值先于产品功能,不能仅仅卖企业想制造销售的产品,而是要提供顾客确实要买的产品。

(二)成本

指顾客获得满足的成本(Cost and value to satisfy consumer needs and wants)或是顾客满足自己的需求肯付出的成本价格。价格制定是单纯的产品导向,而顾客成本则除了产品价格之外,还包括购买和熟练使用产品所发生的时间成本、学习成本、机会成本、使用转换成本、购买额外配件或相关产品的成本付出的总和。对于这些成本的综合考虑,更有利于依据目标客户群的特征进行相关的产品设计和满足顾客群体的真正需求。

(三)便利

指购买的方便性(Convenience to buy)。比之传统的营销渠道,新的营销观念更重视服务环节在销售过程中的作用,强调为顾客提供更多便利,让顾客既购买到商品也享受到便利。企业需要把握不同的顾客群体有哪些不同的购买方式和偏好,把便利原则贯穿于营销活动的全过程。

(四)沟通

指与用户沟通(Communication with consumer)。用户沟通强调顾客在整个营销过程中参与和互动的重要性,并且在营销互动的过程中,实现品牌和顾客双向信息的传递以及情感的联络。

小专栏 6-3　特斯拉 4C 营销策略分析

1. 顾客

通过技术创新,特斯拉向顾客提供了优于传统跑车的电动汽车产品,从而满足潜在顾客的需求。以 2012 年上市的特斯拉 Model S 为例。这是一款跑车型纯电动汽车,其电机最大功率 310kW,最大扭矩 600N·m,最高时速 208km,续驶里程达 426km。在启动和加速性能方面,Model S 充分发挥了电动汽车的优势,无须换挡,启动时即可提供峰值扭矩,百公里加速不到 4.5s。从基本性能来看,Model S 完全可以与法拉利、保时捷等传统超级跑车和宝马 5 系列以及奥迪 A6、S6 等传统豪车相媲美。特斯拉电动汽车的车内空间优势也凸显出来。以 Model S 为例,特斯拉不仅在其车头和车尾增加了储物箱,其乘坐空间也较为宽敞舒适,4 名成人在驾驶室内,2 名儿童可坐在后备箱内选配的儿童座椅上。并且,电池组、电动机和动力电子设备的合理设置使得该车型车体前后重量比为 47∶53,重心高度仅为 457mm,有效提高了行驶时的稳定性。除了在基本性能和整车设计方面寻求突破以外,特斯拉还注重向顾客提供更丰富的智能体验,比如特斯拉的 FSD 自动驾驶。

2. 成本

从市场需求角度看,特斯拉降低了顾客购买和使用电动汽车的成本。在向顾客提供优越性能的同时,特斯拉还注重采取有效措施来降低顾客购买和使用其电动汽车产品的成本。主要包括产品迅速升级换代以及提供免费充电服务、超值售后服务和车贷产品等。特斯拉迅速进行产品升级换代,不断降低顾客的购买成本。在进入市场初期,特斯拉的产品主要是面向小众市场的高端产品,它在 2008 年推出的第一代 Roadster 电动跑车售价高达 10.9 万美元,远远超出大多数顾客的购买能力。为进一步降低顾客的购买成本,推出 Model Y 和 Model 3 系列等大众能接受价格的产品。

3. 便利

为了提高顾客购买便利性,特斯拉充分利用互联网,在汽车行业率先采用体验店和电商的营销模式。顾客可以在特斯拉专营的体验店里通过多种体验设备完成一系列产品体验并交付定金,或者直接通过电商渠道订购特斯拉电动汽车。特斯拉也和金融机构合作,客户只需支付较低首付就可以拥有特斯拉,这也是提供便利给顾客的营销策略。特斯拉还致力于充电网络建设,提供包括家庭充电在内的多种充电方式的便利方案。

4.沟通

4C营销理论的沟通强调企业与顾客之间的关系。沟通不再是企业单向的促销和劝导顾客,而是在双方的沟通中找到能同时实现各自目标的通途。特斯拉开通网上通道,让特斯拉得以不断了解是什么让客户兴奋,什么让客户恼怒,这反过来让特斯拉与没有开设或关注网络的厂商相比获得了巨大优势。特斯拉建立起良好的与顾客沟通的渠道,使得双方在沟通中找到能同时实现各自目标的通途,由此带来了极其出众的客户体验,这正是特斯拉的成功秘诀。

三、4P 和 4C 的关系

我们需要从系统的多视角看 4P 和 4C。从企业角度看,4P 是推动营销,但从顾客角度看,4C 是拉动营销,两者都需要。重要的是,对任何一个 P 的变动都会影响到所有相关的 C,所以无须拘泥于 4P 和 4C 的争论。遇到问题,分析一下 4P,看哪些方面可以进行哪些改进提升 4C,能提升就说明改进是对路的,反之是不对的。这样可以创造品牌专属的市场营销策略。通过这种系统思维方式来看问题非常重要。比如,有顾客反映价格虚高,不一定是调价格这个 P 能够解决的,而是以降低顾客总成本来逐一分析 4 个 P 如何优化。4P和 4C 更应该是事物的一体两面,从系统整体视角看营销策略的应用。营销大师菲利普·科特勒认为,企业所有部门为服务于顾客利益而共同工作时,其结果就是整合营销,其意义就是强调各种要素之间的关联性,要求它们成为统一的有机体。

第三节　社交媒体营销策略

随着大数据技术和商业发展紧密相连、一路狂飙,社交媒体已经不仅仅是普罗大众消遣娱乐、交换想法的定制讲台,更逐渐演变成各个品牌为了占领受众心智、创建品牌形象、传递消费信息的必争之地。消费者在这个情景中由原本的营销信息接收者变成企业营销活动的接收者、共创者和传播者的复合角色。社交媒体的营销活动吸引了学术界的关注。Gunelius 在 2011 年指出,社交媒体营销(Social Media Marketing)是指运用社会化媒体,如博客、微博、社交工具、社会化书签、共享论坛,来提升企业、品牌、产品、个人或组织的知名度、认可度,以达到直接或间接营销的目的。

一、社交媒体营销策略的定义和类型

(一)社交媒体营销策略的定义

社交媒体使企业与消费者的关系发生了根本转变,由原本的单向沟通逐步转变为多维度、双向、点对点的沟通。一方面,企业可以通过社交媒体扩大与消费者的地理接触,建立更紧密的联系,对消费者资源进行整合从而更好地做出决策;另一方面,消费者被社交媒体赋权,可以更多地参与到营销过程中。社交媒体为消费者提供了寻找、评估、购买的新方式。企业基于对顾客社交媒体使用动机的评估,制定专门的营销活动,将社交媒体的连通性和互动性转换为策略资源,以达到营销目标,这种整合模式即社交媒体营销策略(Social Media Marketing Strategy,SMMS)。

(二)社交媒体营销策略的类型

根据企业目标(交易导向/关系导向)、互动方向(单向互动/双向互动)和顾客契合程度(低/高),可以将 SMMS 分为四类:社交电商策略、社交内容策略、社交监测策略和社交 CRM 策略。

1. 社交电商策略

社交电商策略(Social Commerce Strategy)将社交媒体视为新的销售工具，帮助企业更便捷地获取顾客的信息和金钱价值。例如，欧莱雅将社交媒体技术融入业务，通过 Facebook 推出社交电商平台。顾客可以在平台上直接购买产品或与企业交流。在电商平台上线后的 5 个月内，欧莱雅的平均询价—销售转化率提高到了 22%。

2. 社交内容策略

社交内容策略(Social Content Strategy)将社交媒体视为一种传播工具，企业通过有价值的内容提示顾客适应性，交换顾客资源，并用于品牌建设。例如，耐克在社交媒体上拥有 7700 万粉丝，是 Instagram 上第二大受关注的品牌，其 Facebook 账号也是最受关注的前十名之一。耐克通过名人代言、情感故事等各种社交媒体内容，成为超越单纯产品销售的生活风尚。

3. 社交监测策略

社交监测策略(Social Monitoring Strategy)将社交媒体视为聆听顾客的窗口，企业从中获取重要的顾客信息，改进服务，改善产品，回应顾客需求，与顾客建立互惠关系。例如，巴克莱银行推出了移动支付应用程序 PingIt，通过分析实时社交媒体数据，倾听顾客对该程序的反馈和投诉，成功地将顾客的负面评论转化为有价值的市场知识。

4. 社交 CRM 策略

社交 CRM 策略(Social Customer Relationship Management Strategy)通过企业—客户，客户—客户的相互作用，构建互利互惠的关系，为企业带来更丰富的资源和价值。例如，菲亚特的汽车众包项目邀请顾客分享创造概念车的新想法。在 12 个月的时间里，菲亚特的在线平台收到了来自 160 个不同国家和地区的超过 1.7 万人的建议，从而生产出世界上第一辆众包汽车。

二、社交媒体营销策略的方式

(一)互动营销

社交媒体营销以"分享和参与"为核心，消费者通过社交媒体来分享产品的信息和观点，这与以往传统营销中"自上而下"的理念不同。社交媒体营销强调企业必须通过与消费者的对话和互动,与消费者建立情感联系。情感是市场的主题之一,如果能赢得消费者的情感认同,那么距离赢得市场也只有一步之遥了。消费者早已不满足于购买完商品就结束,他们更愿意通过社交媒体与商家、其他消费者共同完善对所购商品的评价。网上经常会看到很多产品的测评报告,商家也欢迎消费者在购买后对商品进行评估和分享,会将优秀的测评报告放到首页或给予返现之类的奖励。这样,既满足了消费者分享的目的,又提升了商品的品牌形象和认知度。

(二)口碑营销

在社交媒体时代,网络口碑在消费者购买决策过程中扮演着越来越重要的角色,消费者会参考以往消费者对于该商品的评价,最大限度地减少购买风险。通过了解品牌在社交媒体上的口碑,消费者极易改变对某一品牌的态度。虽然企业的口碑是消费者自发传播的,但是仍然需要企业有意识地去管理。随着社交网络的发展,某个产品有可能在一夜之间风靡起来,也可能在一夜之间失去口碑。

(三)内容营销

社交媒体可以承载从文字、图片、音频、视频等丰富多样的内容与形式,人们能想到的信息几乎都能以简短而快捷的形式进行传播,快节奏的生活和发达的移动通信设备导致用户集中注意力的时间越来越短,获取的信息量也越来越大。因此,更需要重视传播的内容。许多品牌通过内容营销取得了较好的营销效果,给品牌带来了极好的口碑。

(四)情感营销

营销的最高境界是不仅要把产品卖到消费者的手中,更要把产品卖到消费者心中,从"让你喜欢"到"我就喜欢"。人的大脑总是倾向情感,而不是理智。在"互联网+"时代,情感更是主导消费者购买行为的统帅,产品的质量已经不再是取胜的关键,情感成了所有人的终极利器。如何在时代的大变革中取得长足的发展,唯有与消费者建立深厚的情感。营销就是和消费者谈恋爱,品牌就是让消费者爱上你,而情感营销不仅会创造出一个个好的品牌,让消费者爱上你的品牌,更会为企业带来源源不断的客户和财富,是每个企业都必须掌握的"互联网+"时代营销利器。

(五)粉丝营销

在社交媒体时代,抓住粉丝比吸引粉丝更重要,提升粉丝黏性当然是通过互动。其实广义上的互动就是和客户产生联系,进行交易,交易本身就是一种高质量的互动。当然互动的形式还包括通过内容推送、线上与线下的活动、品牌社群的构建等。很多情况下,利用社交平台结合热点能够起到事半功倍的作用。对企业而言,在微信内容推送上结合热点,可以有效吸引粉丝打开阅读。

(六)事件营销

运用社交媒体进行营销要结合最新最相关的社交媒体营销数据和知识。伴随着社交媒体营销的深入发展,事件营销逐渐成为企业社交媒体营销的一种新策略。对于企业来说,无论是线下还是线上活动,都可以通过正确地规划和操作完成一次成功的事件营销。

通过社交媒体可以提升企业及其品牌人气,事件营销不是技术层面的,而是通过社交平台拉近人与人的距离。

(七)价值观营销

当前,市场处于以价值驱动为核心的 3.0 营销时代,消费者除了寻找满足基本需要的产品和服务,更希望发现一种可以触及内心的体验和商业模式,为消费者提供意义感将成为企业未来营销活动的价值主张,价值驱动型商业模式将成为营销 3.0 时代的制胜之道。

(八)名人效应营销

所谓名人效应,是名人的出现所达成的引人注意、强化事物、扩大影响的效应,或人们模仿名人的心理现象的统称。一个影响广泛的博主的直播或评论可以轻松影响一大批潜在消费者。

三、社交媒体营销策略的过程模型

顾客契合理论(Customer engagement theory)是顾客在特定的服务关系中与品牌互动、共创体验产生的一种心智状态。营销学者主要从三个视角界定顾客契合:行为视角认为顾客契合是顾客对品牌的非交易性行为,表现为传播积极口碑、撰写博客等;心理视角认为顾客契合是顾客对品牌的情感和认知反应,例如新顾客产生忠诚和老顾客维持忠诚的心理过程;综合视角认为顾客契合包括认知、情感和行为多个方面。该理论强调,理解顾客动机是企业发展有效的SMMS的前提。不同的动机会影响顾客的社交媒体行为,进而影响SMMS的结果。企业和顾客的投入,以及不同程度的互动性和连通性也非常重要。企业最终可以从顾客契合中获得有形(例如市场份额和利润)和无形(例如有助于产品开发的新想法)两方面的好处。基于上述观点,作者提出了SMMS的过程模型,由四个相互关联的部分组成:驱动(Drivers),即企业营销目标和顾客社交媒体使用动机;投入(Inputs),即企业的社交媒体参与的积极性和顾客的社交媒体行为;过程(Throughputs),即企业与顾客、顾客与顾客之间的社会互动和社会联结,交换资源和满足需求;产出(Outputs),即最终的顾客契合结果。

(一)企业的驱动与投入

基于资源依赖理论(Resource dependence theory),企业需要通过营销活动鼓励顾客与企业互动,从而生产有用的资源来适应市场环境的挑战,而社交媒体环境下的顾客便是资源的优质提供者。在SMMS中,企业的"驱动"是指社交媒体策略中需要达成的特定组织目标,其可以分为主动型/被动型:针对主动型目标企业会重点提高知名度并刺激销售,针对被动型目标企业会重点监测和分析顾客。企业的"投入"是指企业为了激励、赋能和衡量顾客在核心的经济交易之外对企业营销职能的贡献而做出的努力,其可以分为任务型/体验型:任务型投入指企业通过结构化的任务鼓励顾客契合(例如撰写评论),体验型投入指企业采用体验式事件激发顾客契合(例如感官营销)。

(二)顾客的驱动与投入

基于使用与满足理论(Use and gratification theory),人们会积极地和有选择地使用社交媒体来满足自己的心理和社会需求。在SMMS中,顾客的"驱动"是指促使人们选择和使用特定的社交媒体的各种动机,其或是功利和享乐目的(例如奖励、娱乐),或是出于关系的原因(例如识别、联系品牌)。顾客的"投入"是指社交媒体上与品牌内容相关的消费者活动,其可以是被动的(例如观察),也可以是主动的(例如共创);可以是积极的(例如分享),也可以是消极的(例如差评)。消费者活动也可以分为以下三类:消费(例如阅读广告)、贡献(例如打分)和创造(例如发帖)。

(三)形成连通和互动

基于社会交换理论(Social exchange theory),企业和顾客双方会为了各自利益进行交换,其中就会产生社会互动并建立起社会关系。交换过程中涉及两个概念,一是连通(Connectedness),指顾客在社交媒体上的联系数量、联系强度及社交网络定位。连通会带来更好的营销效果,例如在病毒营销中使用"hubs"(高度连通的一群人)组织活动。二是互动(Interaction),指非销售方采取的任何影响其他消费者对产品或服务估值的行动。互动可以分为以下两类:基于意见/偏好的互动(例如电子口碑)、基于行动/行为的互动(例如观察式学习)。互动代表了一种多向(企业—顾客、顾客—顾客)的相互联系的信息流,多向的互动会比单向的互动带来更好的营销效果。

(四)实现顾客契合

顾客契合是 SMMS 的最终产出,反映了个人在企业(或其他顾客)发起的活动(或生产的产品)中的参与程度。顾客与企业活动的联系和互动越多,顾客契合的程度就越大,顾客对企业的附加值就越大。在社交媒体语境下,顾客契合有不同的含义和测量,可以分为以下三个阶段:消费(例如关注和观看)、贡献(例如评分和评论)和创造(例如用户生成内容)。也可以分为以下三个层次:观察(例如阅读)、参与(例如评论)和共创(例如参与产品开发)。还可以分为交易性行为(例如购买)和非交易性行为(例如分享、评论和推荐)。无论使用哪种方法,企业对顾客契合的理解都逐渐开始采用服务主导逻辑(Service-dominant logic),以消费者为中心,强调市场关系中顾客的价值。

讨论案例

拉面说:方便面创新的第 N 种可能

新兴方便食品品牌"拉面说"自 2016 年 10 月第一款产品上线以来,一年内将月销售额从数万元卖到 100 余万元,上市第一年即获取 1800 万元的品牌回报,从诸多巨头竞争的速食面红海市场中拓出一块蓝海市场,"拉面说"实现了自己的从 0 到 1。实现了第一步的成功之后,如何实现从 1 到 N? 一个人,也要对自己好一点。怀揣着这样的想法,3 年前,"拉面说"的创始团队远赴日本寻找创业灵感,最后带回了"所见即所得"高端日式速食拉面"拉面说",希望可以带给消费者在家也能好好吃饭的幸福感。"拉面说"对面条、汤和配料都有讲究。

以面为例,相较挂面、油炸面饼,"拉面说"选择了半干生鲜面,这款面条的含水率不仅保持了面条的口感,保质期还稳定在 60 天。同时,产品选用大块叉烧肉,使用宇航冻干技术保存叉烧,既保证肉的口感,也能常温保存。每片肉直径均在 7 厘米,再搭配麻笋、木耳、海苔等配菜,并坚持不使用防腐添加剂。用户仅需三四分钟时间,就可以享用一款熬制 12 小时的骨汤拉面。贝恩公司合伙人 Bruno Lannes 曾言,中国市场的零售业和快速消费品在往两个方向发展:消费升级和降级同时出现。许多品类(如瓶装水、酸奶和彩妆)中高端产品增长变快,大众产品增速放缓。近几年,不断增长中的中国方便面市场,在 2016—2017 年,经历了行业格局重构的剧烈变化,方便食品制造业企业规模数十年来首次减少了 139 家,利润下降 13 亿元。然而令人惊奇的是,2018 年 1—6 月,中国方便面市场累计完成销量 94.5 亿元,同比增长 17.25%,比整个食品制造业平均增速高了近 12 个百分点。高端面品类表现亮眼,某知名品牌近几年一直保持两位数的增长,超行业平均增幅。方便面行业呈现倒"V"字形的发展历程,说明消费习惯在逐渐迁移。"拉面说"作为一家平均年龄 95 后的创业公司,这群既年轻又富有想象力的颜值控,认为属于他们的消费势力正逐步扩张,而且开始成为消费的中坚力量。从市场数据来看,新兴中产阶级成长为消费主力,是全球主要市场都在面临的考验。"拉面说"创始人姚启迪认为,快速面行业应该迎来全新的变化,从而符合当今的消费习惯。乘着这种产品升级的势头,以"拉面说"为代表的健康、高端方便食品开始崭露头角。"拉面说"的产品旨在让消费者不用去拉面馆,在家吃面也可以很高级。就产品品类的选择来看,比较巧妙,因为日式拉面在中国已经占有一定风味份额,且在目标消费者心智中带有一定精致、高端、高价等暗示,因而更易接受新品的更高定价。从外观上看,包装精美高端,以绘制了日式风格食材的方形纸盒包装;从内里来看,遵循"所见即所得",面、叉烧、麻笋、木耳、葱花等配料一应俱全。包括口味、货架期、食用便捷等性能皆符合消费者预期。产品操作相对而言也比较便捷,针对工作很忙,但对生活品质有追求的年轻人,只需简单操作即可。创始人姚启迪这样描述他们想切入的群体和场景:现在中国的单身人群已经达到 2.4 亿人,他们很多可能不想做正餐,也不愿吃一碗泡面将就,那么他们可以动手做个"速食料理",这会让他们有种"有在好好照顾自己"的安慰感。"拉面说"于 2016 年 10 月在线上售卖,其中 1/3 销售来自淘宝,其余的来自小红书、下厨房、ENJOY 等垂直电商。可以看到淘宝,小红书等线上渠道中,消费者乐于"开箱测评"拉面说,并分享自己的美食体验。基于产品品质确实过关,在信息传播速度极快的现代,这些消费者评论和互动极大促进了"拉面说"的销量。"拉面说"使用了推出联名款、促销等拉新活动;在维护种子用户方面不遗余力,他们通过微信号交流的早期用户约为 4000 人。虽然"拉面说"是一个年轻品牌,我们却看到了其稳扎稳打又迅速成长的令人惊叹的过程。且"拉面说"主要采用多代工厂模式,轻后端供应链的方式可以让团队更专注于消费者洞察,进行组合式创新,提高模仿门槛。根据中商产业研究院发布的《2017—2022 年中国方便面市场发展前景预测报告》数据统计显示,中国方便面市场于未来可能会保持平稳增长(按零售额计)。估计中国方便面市场的零售额将于 2021 年达到约 937 亿元,2016—2021 年的复合年增长率约为 2.9%。"拉面说"要如何应对来自康师傅、统一、今麦郎、日清等方便面巨头的竞争? 消费者希望能享受更健康更高端的方便面产品,而市场也期待具有创新能力的新兴品牌来激活和提升"中国造"的竞争力。

资料来源:《方便面创新的第 N 种可能:拉面说是如何从 0 到 1、从 1 到 N 的?》,https://zhuanlan.zhihu.com/p/66694996

思考题:
1. 请使用 STP 营销策略分析拉面说的市场营销策略。
2. 请评价拉面说的社交媒体营销策略。

本章小结

市场细分(Market Segmentation)的概念是美国营销学家温德尔·史密斯在 1956 年最早提出的。此后,美国营销学家菲利浦·科特勒进一步发展和完善了温德尔·史密斯的理论并最终形成了成熟的 STP 理论。它是战略营销的核心内容。STP 营销战略中的 S、T、P 分别是 Segmenting(市场细分)、Targeting(目标市场选择)、Positioning(定位)三个英文单词的缩写,即市场细分、目标市场和市场定位的意思。著名的市场营销学者麦卡锡提出应当把消费者看作一个特定的群体,称为目标市场。目标市场就是通过市场细分后,企业准备以相应的产品和服务满足其需要的一个或几个子市场。通过市场细分,有利于明确目标市场,通过市场营销策略的应用,有利于满足目标市场的需要。根据各个细分市场的独特性和公司自身的目标,共有三种目标市场策略可供选择。本章主要介绍了 STP 营销策略、4P 和 4C 营销策略以及社交媒体营销策略。主要介绍了市场细分的概念和特点、目标市场选择策略、市场定位、4P 和 4C 营销组合策略及社交媒体营销的定义、类型及相关理论。

延伸阅读

[1] 王永贵,李州立.从 1 到 M：让企业走出去的国际战略画布[M].北京：中信出版社,2022.

[2] 窦文宇.内容营销：数字营销新时代[M].北京：北京大学出版社,2021.

[3] 扬米·穆恩.哈佛商学院最受欢迎的营销课[M].王旭,译.北京：中信出版社,2018.

[4] 谷虹.品牌智能：数字营销传播的核心理念与实战指南[M].北京：电子工业出版社,2015.

[5] 斯文德·霍伦森,菲利普·科特勒,马克·奥利弗·奥普雷斯尼克.社交媒体营销实践指南[M].张寿峰,张长虎,译.北京：机械工业出版社,2020.

参考文献

[1] 渠成,马小婷.品牌管理[M].北京：中国铁道出版社,2022.

[2] 杨先顺,万木春,郭宏超,等.智能营销传播理论新思[M].广州：暨南大学出版社,2022.

[3] 沈建红,王万竹.创新创业营销实战[M].南京：南京大学出版社,2021.

[4] 杨柏欢,丁阳,李亚子.市场营销理论与应用[M].南京：南京大学出版社,2020.

[5] 滕大鹏.移动互联网营销[M].北京：人民邮电出版社,2017.

[6] 曹旭平,黄湘萌,汪浩,等.市场营销学[M].北京：人民邮电出版社,2017.

[7] 郑清元.社群粉丝经济玩转法则[M].北京：人民邮电出版社,2017.

练习题

一、选择题

1.(　　)不属于 STP 营销策略。

A. Segmenting(市场细分)　　　　B. Targeting(目标市场选择)

C. Positioning(定位)　　　　D. Place(地点)

2.（　　）属于细分消费者市场的基础。

A. 地理细分 　　　　　　　　　B. 人口细分

C. 心理细分 　　　　　　　　　D. 行为细分

3.（　　）属于社交媒体营销策略。

A. 社交电商策略

B. 社交内容策略

C. 社交监测策略

D. 社交 CRM 策略

4.4P 营销组合经典模型,即(　　　)。

A. 产品(Product) 　　　　　　B. 价格(Price)

B. 渠道(Place) 　　　　　　　D. 促销(Promotion)

5.4C 营销组合经典模型,即(　　　)。

A. 顾客(Consumer) 　　　　　B. 成本(Cost)

C. 便利(Convenience) 　　　　D. 沟通(Communication)

6.以下属于市场定位内容的是(　　　)。

A. 市场购买力

B. 市场应对能力

C. 市场竞争力

D. 市场销售能力

7.有效的细分市场必须具备以下特征:(　　　)。

A. 可衡量性 　　　　　　　　B. 可盈利性

C. 可进入性 　　　　　　　　D. 差异性

8.市场细分包括以下步骤:(　　　)。

A. 选定产品市场范围

B. 列举潜在顾客的需求

C. 分析潜在顾客的不同需求

D. 制定相应的营销策略

二、名词解释

1.市场细分

2.社交媒体营销

3.社交电商策略

4.密集性市场营销策略

5.差异性市场营销

三、简答题

1.简述市场细分的依据。

2.简述密集性市场营销策略的优缺点。

3.简述差异性市场营销策略的优缺点。

4.简述有效的细分市场必须具备的特征。

5.简述社交监测策略的含义。

第七章　财务规划与融资

会计是企业的语言,没有会计就没有企业的管理。

——彼得·德鲁克

▶ **学习目标**

➢ 认知企业的三张基础财务报表

➢ 理解企业经营活动与财务报表的关系

➢ 了解财务规划的基本内容

➢ 掌握收入预测的方法

➢ 掌握一至两种资金需求预测方法

➢ 了解企业融资渠道和方式

➢ 掌握初创企业融资方案的制定

➢ 掌握股权结构设计和资金退出计划的基本内容

引导案例

妙味轩 DIY 厨房项目财务规划

创业者张某及其创业团队成立了北京妙味轩饮食有限责任公司。该公司是依据《中华人民共和国公司法》相关规定在中国境内设立的、对企业债务承担有限责任的营利性组织。该公司宗旨是抓住体验经济的实质,以 DIY 厨房连锁店的形式,创建一种新的娱乐休闲方式,引导一种"创意、健康、体验"三合一的文化消费时尚。

公司的产品是以完善的厨房设备为基础,通过"量贩式"经营和独特的场景设计,为顾客提供不同于餐饮业的普通商品和服务的"个人的创造性体验",称之为"快乐厨房体验"。公司为顾客提供专业厨房设施和细致的个性化服务，以便顾客能够享受烹饪乐趣，品味健康生活，同时将公司店面装修为别具一格的休闲小站，引领新的休闲消费文化。

公司的目标顾客群体主要是高校学生、情侣、青年白领，以及喜欢新事物、乐于表现自我和结交朋友的人群。长期来看，公司主要采用特许经营加盟连锁模式，创业初期建设三家直营店，其中一家为旗舰店（总店），承担公司的主要业务和管理工作。发展期直营店数量将增至 31 家，业务规模将扩展至全国。公司在成立的第 4 年进入扩张期，将采取特许经营加盟连锁模式，发展系列加盟店。加盟者须支付 200 万元加盟费，同时通过总部为期一个月的培训并通过考核方可正式营业。总部为各连锁门店提供统一商标、经营管理方案及销售总部开发商品的特许权以及客户数据库信息支持，收取加盟费和管理费，但不承担财务连带责任。

资料来源：邓立治编著：《商业计划书：原理、演示与案例》，机械工业出版社 2018 年版

第一节　企业基本财务报表

会计是一门描述商业活动的语言，是从会计的角度对商业世界的反映，用于反映商业世界中财富的确认与衡量，会计数据的背后是鲜活的企业具体业务。认知企业基本财务报表，能洞悉企业所提供的财务数据背后的经营状况，对企业的战略制定与实施、经营管理质量、行业竞争力、风险与价值等诸多方面做出进一步的判断，并对企业的发展前景进行有效预测。

一、第一张报表：资产负债表

资产负债表是基本财务报表之一，是以"资产＝负债＋所有者权益"为平衡关系，反映企业财务状况的静态报表，它揭示企业在某一特定日期所拥有或控制的经济资源、所承担的现时义务和所有者享有的剩余权益。

（一）资产负债表三大会计要素

1. 资产

资产指企业过去交易或者事项形成的、由企业拥有或者控制的、预期给企业带来经济利益的资源。根据资产的定义，资产具有以下三个方面的特征：（1）

资产预期给企业带来经济利益;(2)资产应为企业拥有或者控制的资源;(3)资产是由企业过去的交易或者事项形成的。

一般而言,资产按其变现能力(即流动性)的大小分为流动资产和非流动资产两大类。

2.负债

负债是指企业过去交易或者事项形成的、预期会导致经济利益流出企业的现时义务。根据负债的定义,负债具有以下三个方面的特征:(1)负债是企业承担的现时义务;(2)负债预期会导致经济利益流出企业;(3)负债是由企业过去的交易或者事项形成的。

一般而言,负债按偿还期(也可看作流动性)的长短分为流动负债和非流动负债两大类。

3.所有者权益

所有者权益,又称为股东权益,是指企业资产扣除负债后,由所有者享有的剩余权益。与债权人权益比较,所有者权益一般具有以下四个方面的特征:(1)所有者权益在企业经营期内可供企业长期、持续地使用,企业不必向投资人(或称所有者)返还所投入的资本;(2)企业的所有者凭借其对企业投入的资本,享受税后分配利润的权利;(3)企业的所有者有权行使企业的经营决策和管理权,或者授权管理人员行使经营管理权;(4)企业的所有者对企业的债务和亏损负有无限责任或有限责任(依企业性质而定)。

所有者权益来源包括所有者投入的资本、直接计入所有者权益的利得和损失(其他综合收益)、留存收益等,通常由股本(或实收资本)、资本公积(含股本溢价或资本溢价、其他资本公积)、盈余公积和未分配利润构成。

(二)资产负债表的基本关系:资产＝负债＋所有者权益

资产负债表是反映企业所有资源和权益的一张表,是以"资产＝负债＋所有者权益"为平衡关系的一张表。"资产＝负债＋所有者权益"这一等式表明,资产和权益是同一事物的两个方面:一方面是归企业所有的一系列财产(资产),另一方面是对这些财产的一系列所有权(权益)。而且由于权益要求表明资产的来源,而全部来源又必与全部资产相等,所以全部资产必须等于全部权益。权益通常分为两种:一是以投资者的身份向企业投入资产而形成的权益,称为所有者权益;二是以债权人的身份向企业提供资产而形成的权益,称为债权人权益或负债。

"资产＝负债＋所有者权益"也可以表述为"资产－负债＝所有者权益"。这一等式一方面表明，负债要求偿还的能力高于所有者权益，另一方面，表明所有者权益是企业全部资产抵减全部负债后的剩余部分，因此所有者权益也被称为"剩余权益"。这一术语，形象、贴切地说明了企业所有者对企业所享有的权益和承担的风险。当企业经营成功、不断实现利润时，剩余权益就越来越大；反之，如果企业经营失败，不断出现亏损，剩余权益就会越来越小；当企业资不抵债时，剩余权益就为零或负数。

（三）资产负债表的基本结构

资产负债表的结构一般是指资产负债表的组成内容及各项目在表内的排列顺序。我国企业的资产负债表的排列及各项目的含义受企业会计准则的制约。资产负债表的基本结构和主要项目如表 7-1 所示。

表 7-1　资产负债表（主要项目）

项目名称	期初数	期末数	项目名称	期初数	期末数
流动资产：			流动负债：		
货币资金			短期借款		
应收票据			应付票据		
应收账款			应付账款		
预付款项			预收款项		
存货			流动负债合计		
其他应收款			非流动负债：		
流动资产合计			长期借款		
非流动资产：			应付债券		
长期股权投资			长期应付款		
固定资产			非流动负债合计		
在建工程			负债合计		
无形资产			所有者权益		
商誉			实收资本（或股本）		
非流动资产合计			资本公积		
			盈余公积		
			未分配利润		

续　表

项目名称	期初数	期末数	项目名称	期初数	期末数
			所有者权益合计		
资产合计			负债和所有者权益合计		

如表 7-1 所示,在资产方面,按照资产变现能力由强到弱的顺序排列为流动资产和非流动资产;在负债和所有者权益方面,依据负债需要偿还的先后顺序排列为流动负债和非流动负债,所有者权益列示在负债的下方。在资产负债表的最后一行,体现了"资产＝负债＋所有者权益"的平衡关系。

二、第二张报表:利润表

利润表又称损益表,是总括反映企业在一定期间内经营成果的会计报表。利润表是一种动态的时间报表,主要揭示企业　定时期(月、季、年)的收入实现情况、费用耗费情况以及由此计算出来的企业利润(或亏损)情况。"收入－费用＝利润"说明了收入.费用和利润三大会计要素的内在关系,是编制利润表的理论依据。

(一)利润表三大会计要素

1.收入

收入是指企业在日常活动中形成的、会导致所有者权益增加的、与所有者投入资本无关的经济利益的总流入。根据收入的定义,收入具有以下三方面的特征:(1)收入是企业在日常活动中形成的;(2)收入是与所有者投入资本无关的经济利益的总流入;(3)收入会导致所有者权益的增加。

企业应当在履行了合同中的履约义务,即客户取得相关商品控制权时确认收入。投资收益和营业外收入并不是企业在日常活动中形成的经济利益,不应当作为收入处理。

2.费用

费用是指企业在日常活动中发生的、会导致所有者权益减少的、与向所有者分配利润无关的经济利益的总流出。根据费用的定义,费用具有以下三方面的特征:(1)费用是企业在日常活动中形成的;(2)费用是与向所有者分配利润无关的经济利益的总流出;(3)费用会导致所有者权益的减少。

费用主要包括营业成本、税金及附加、管理费用、财务费用、销售费用以及所得税费用等。费用是为了取得收入而发生的，因此费用的确认范围和确认时间应当遵循配比原则，与相应收入的确认范围与确认时间相联系。投资损失和营业外支出并不是企业日常活动中形成的经济利益，不应当作为费用处理。

3.利润

利润是指企业在一定会计期间的经营成果。利润包括收入减去费用后的净值、投资收益以及直接计入当期利润的利得和损失等。利润具有以下三个基本特征：(1)利润既包括企业在日常活动中产生的经营成果，也包括在偶发的交易或事项等非日常活动中产生的经营成果，是企业当期业绩的全貌反映；(2)利润既可能表现为企业货币资产的增加，也可能表现为非货币资产的增加；(3)利润会导致企业所有者权益的增加。

(二)利润表的基本结构

常见的利润表结构主要有单步式和多步式两种。在我国，企业利润表基本上采用的是多步式结构，即通过对当期的收入、费用等项目按照性质加以归类，按照利润形成的主要环节，通过营业利润、利润总额、净利润和综合收益四个层次来分步披露企业的收益，详细揭示企业收益的形成过程。我国企业利润表的排列及各项目的含义受企业会计准则的制约。利润表的基本结构和主要项目如表7-2所示。

表7-2　利润表(主要项目)

项目	本期金额	上期金额
一、营业收入		
减:营业成本		
税金及附加		
销售费用		
管理费用		
研发费用		
财务费用		
其中:利息费用		
利息收入		
减:资产减值损失		

项目	本期金额	上期金额
信用减值损失		
加:其他收益		
投资收益		
公允价值变动收益		
资产处置收益		
二、营业利润		
加:营业外收入		
减:营业外支出		
三、利润总额		
减:所得税费用		
四、净利润		
五、其他综合收益的税后净额		
六、综合收益总额		

利润表中各项目之间的联系可简单地通过下列计算公式给出:

毛利＝营业收入－营业成本

营业利润＝营业收入－营业成本－税金及附加－销售费用－管理费用－研发费用－财务费用－资产减值损失－信用减值损失＋其他收益＋投资收益＋公允价值变动收益＋资产处置收益

利润总额＝营业利润＋营业外收入－营业外支出

净利润＝利润总额－所得税费用

综合收益总额＝净利润＋其他综合收益的税后净额

三、第三张报表:现金流量表

现金流量表是反映企业在一定会计期间现金和现金等价物流入和流出相关信息的报表,可以概括反映企业会计期间内发生的经营活动、投资活动和筹资活动等各项经济活动对现金及现金等价物所产生的影响。

（一）现金流量表相关概念

1. 现金

现金是指企业的库存现金以及可以随时用于支付的银行存款，它是资产负债表的"货币资金"项目中真正可以随时支取的部分。

2. 现金等价物

现金等价物是指企业持有的期限短、流动性强、易于转换为已知金额的现金，价值变动风险很小的投资。期限短一般是指从购买日起三个月内到期。现金等价物虽然不是现金，但因其随时可以变现，支付能力与现金相似，因此可视同现金。

3. 现金流量

现金流量是某一段时期内企业现金和现金等价物流入和流出的数量。企业销售商品、提供劳务、出售固定资产、向银行借款等取得现金，形成企业的现金流量；购买原材料、接受劳务、购建固定资产、对外投资、偿还债务等支付现金等，形成企业的现金流出。

（二）现金流量表的基本结构

根据企业业务活动的性质和现金流量的来源，现金流量表在结构上将企业一定期间产生的现金流量分为三类：经营活动产生的现金流量、投资活动产生的现金流量和筹资活动产生的现金流量。

我国企业现金流量表的排列及各项目的含义受企业会计准则的制约。现金流量表的基本结构和主要项目如表 7-3 所示。

表 7-3　现金流量表（主要项目）

项目	本期金额	上期金额
一、经营活动产生的现金流量		
销售商品、提供劳务收到的现金		
收到的税费返还		
收到其他与经营活动有关的现金		
经营活动现金流入小计		
购买商品、接受劳务支付的现金		

项目	本期金额	上期金额
支付给职工以及为职工支付的现金		
支付的各项税费		
支付其他与经营活动有关的现金		
经营活动现金流出小计		
经营活动产生的现金流量净额		
二、投资活动产生的现金流量		
收回投资收到的现金		
取得投资收益收到的现金		
处置固定资产、无形资产和其他长期资产收回的现金净额		
收到其他与投资活动有关的现金		
投资活动现金流入小计		
购建固定资产、无形资产和其他长期资产支付的现金		
投资支付的现金		
支付其他与投资活动有关的现金		
投资活动现金流出小计		
投资活动产生的现金流量净额		
三、筹资活动产生的现金流量		
吸收投资收到的现金		
取得借款收到的现金		
收到其他与筹资活动有关的现金		
筹资活动现金流入小计		
偿还债务支付的现金		
分配股利、利润或偿还利息支付的现金		
支付其他与筹资活动有关的现金		
筹资活动现金流出小计		
筹资活动产生的现金流量净额		

小专栏 7-1　企业财务活动

企业财务活动是以现金收支为主的企业资金收支活动的总称。在市场经济条件下,资金是进行生产经营活动的必要条件。企业的生产经营过程一方面表现为物资的不断购进和售出;另一方面表现为资金的支出和收回。企业资金的收支构成了企业经济活动的一个独立方面,这便是企业的财务活动。企业的财务活动可分为企业筹资引起的财务活动、企业投资引起的财务活动、企业经营引起的财务活动和企业分配引起的财务活动四个方面。

企业从事经营活动,首先必须解决的是通过什么方式、在什么时间筹集多少资金。在筹资过程中,企业通过发行股票、发行债券、吸收直接投资等方式筹集资金,表现为企业资金的收入;而企业偿还借款、支付利息和股利等,则表现为企业资金的支出。这种因资金筹集而产生的资金收支,便是由企业筹资引起的财务活动。

企业把筹集到的资金用于购置自身经营所需的固定资产、无形资产等,便形成企业的对内投资;企业把筹集到的资金投资于其他企业的股票、债券,与其他企业联营进行投资以及收购另一家企业等,便形成企业的对外投资。这种因企业投资而产生的资金收支,便属于由企业投资引起的财务活动。

企业在正常的经营过程中,会发生一系列的资金收支。企业要采购材料或商品,以便从事生产和销售活动,同时还要支付工资和其他营业费用;当企业将产品或商品出售后,便可取得收入,收回资金;如果企业现有资金不能满足企业经营的需要,还要采取短期借款的方式来筹集所需资金。这些都会产生资金的收支,便是由企业经营引起的财务活动。

企业在经营过程中会产生利润,也可能会因对外投资而分得利润。企业的利润要按规定的程序进行分配,首先要依法纳税,其次要用来弥补亏损、提取盈余公积,最后要向投资者分配股利。这种因利润分配而产生的资金收支,便属于由利润分配引起的财务活动。

资料来源:王化成、刘俊彦、靳新主编:《财务管理学(第9版·立体化数字教材版)》,中国人民大学出版社 2022 年版

四、企业经营与财务报表

企业财务报表通过对企业某一特定日期的财务状况以及一定时期的经营成果的具体列报,全面揭示企业各项经济活动的过程及其经济后果。下面展示的是上述三张报表是如何反映企业基本业务的。

(一)账户设立

企业经济活动:原始股东入资货币资金1000万元,投资设立一家公司,并以公司名义开立银行账户,将资金打入公司账户。

当公司的账户开立之后,这些资金就不再属于原始股东个人,而是变成公司的净资产。这项业务对除货币资金以外的其他资产没有影响,对负债也没有影响,因为它不是通过借债获得的。受到影响的只能是股东权益中的实收资本项目。这时的资产负债表如表7-4所示。

表7-4　资产负债表

单位:万元

项目	金额	项目	金额
资产		负债	
货币资金	1000		
		负债合计	0
		股东权益	
		实收资本	1000
		股东权益合计	1000
资产总计	1000	负债与股东权益总计	1000

一般来说,利润要通过对外交易来实现。股东入资这一业务显然与利润无关,不会引起利润表项目的变化。但只要企业与外部有货币资金的往来,现金流量表就一定会反映。股东入资是企业获得货币资金的活动,应属于筹资活动的现金流量。这时的现金流量表如表7-5所示。

表 7-5　现金流量表

单位：万元

项目	金额
一、经营活动产生的现金流量	
二、投资活动产生的现金流量	
三、筹资活动产生的现金流量	
吸收股东入资收到的现金	1000
四、货币资金净增加	1000

（二）银行借款

企业经济活动：公司从银行借入 500 万元的短期借款。

这项业务对资产负债表的影响是，增加货币资金 500 万元，增加流动负债中的短期借款 500 万元；对利润表没有影响；对现金流量表筹资活动的现金流量有影响。这时的资产负债表如表 7-6 所示，现金流量表如表 7-7 所示。

表 7-6　资产负债表

单位：万元

项目	金额	项目	金额
资产		负债	
货币资金	1000＋500	流动负债	
		短期借款	500
		负债合计	500
		股东权益	
		实收资本	1000
		股东权益合计	1000
资产总计	1500	负债与股东权益总计	1500

表 7-7 现金流量表

单位:万元

项目	金额
一、经营活动产生的现金流量	
二、投资活动产生的现金流量	
三、筹资活动产生的现金流量	
吸收股东入资收到的现金	1000
取得借款收到的现金	500
筹资活动产生的现金流量净额	1500
四、货币资金净增加	1500

(三)购买无形资产

企业经济活动:公司用货币资金 200 万元购买土地使用权(为方便,忽略税金问题)。

在中国的会计处理中,土地使用权属于无形资产。这项业务对资产负债表的影响是,减少货币资金 200 万元,增加无形资产 200 万元;对利润表没有影响;对现金流量表投资活动的现金流量有影响。这时的资产负债表如表 7-8 所示,现金流量表如表 7-9 所示。

表 7-8 资产负债表

单位:万元

项目	金额	项目	金额
资产		负债	
货币资金	1000+500−200	流动负债	
		短期借款	500
		负债合计	500
		股东权益	
无形资产	200	实收资本	1000
		股东权益合计	1000
资产总计	1500	负债与股东权益总计	1500

表 7-9   现金流量表

单位:万元

项目	金额
一、经营活动产生的现金流量	
二、投资活动产生的现金流量	
购建固定资产、无形资产支付的现金	−200
投资活动产生的现金流量净额	−200
三、筹资活动产生的现金流量	
吸收股东入资收到的现金	1000
取得借款收到的现金	500
筹资活动产生的现金流量净额	1500
四、货币资金净增加	1300

(四)购买固定资产

企业经济活动:公司用货币资金 300 万元购建长期经营用的设备和房屋(为方便,假设一次性支付,忽略税金、安装调试费、运费等其他因素)。

在会计上,长期经营用的设备和房屋称为固定资产。这项业务对资产负债表的影响是,减少货币资金 300 万元,增加固定资产 300 万元;对利润表没有影响;对现金流量表投资活动的现金流量有影响。这时的资产负债表如表 7-10 所示,现金流量表如表 7-11 所示。

表 7-10   资产负债表

单位:万元

项目	金额	项目	金额
资产		负债	
货币资金	1000＋500−200−300	流动负债	
		短期借款	500
		负债合计	500
固定资产	300	股东权益	
无形资产	200	实收资本	1000
		股东权益合计	1000
资产总计	1500	负债与股东权益总计	1500

表 7-11 现金流量表

单位:万元

项目	金额
一、经营活动产生的现金流量	
二、投资活动产生的现金流量	
购建固定资产、无形资产支付的现金	−300−200
投资活动产生的现金流量净额	−500
三、筹资活动产生的现金流量	
吸收股东入资收到的现金	1000
取得借款收到的现金	500
筹资活动产生的现金流量净额	1500
四、货币资金净增加	1000

(五)购买存货

企业经济活动:公司用货币资金 100 万元购买用于销售的产品(为方便,假设一次性支付,忽略税金、运费等其他因素)。

在会计上,用于销售的产品称为存货。这项业务对资产负债表的影响是,减少货币资金 100 万元,增加存货 100 万元;对利润表没有影响;对现金流量表经营活动的现金流量有影响。这时的资产负债表如表 7-12 所示,现金流量表如表 7-13 所示。

表 7-12 资产负债表

单位:万元

项目	金额	项目	金额
资产		负债	
货币资金	1000+500−200−300−100	流动负债	
		短期借款	500
存货	100	负债合计	500
固定资产	300	股东权益	
无形资产	200	实收资本	1000
		股东权益合计	1000
资产总计	1500	负债与股东权益总计	1500

表 7-13　现金流量表

单位：万元

项目	金额
一、经营活动产生的现金流量	
购买商品、接受劳务支付的现金	－100
经营活动产生的现金流量净额	－100
二、投资活动产生的现金流量	
购建固定资产、无形资产支付的现金	－300－200
投资活动产生的现金流量净额	－500
三、筹资活动产生的现金流量	
吸收股东入资收到的现金	1000
取得借款收到的现金	500
筹资活动产生的现金流量净额	1500
四、货币资金净增加	900

（六）销售商品

企业经济活动：公司将购入的存货中账面价值 50 万元的货物售出，作价 75 万元，6 个月以后收取货款（为方便，忽略税金、运费等其他因素）。

这项业务就是把账面 50 万元的货物作价 75 万元卖出去，当时没有收到钱，成为 75 万元的债权（也就是资产）。企业这 75 万元的债权是通过对外销售活动取得的，属于股东权益的增加，这个项目称为营业收入。这 75 万元的营业收入的代价是 50 万元，也就是营业成本是 50 万元。正是存在营业成本，这项业务的营业收入 75 万元并没有使股东的权益增加 75 万元，而是营业收入减去营业成本后的 25 万元，也就是常说的毛利。因为尚未收到货款，因此这项业务对现金流量表没有影响。这时的资产负债表如表 7-14 所示，利润表如表 7-15 所示。

表 7-14　资产负债表

单位：万元

项目	金额	项目	金额
资产		负债	
货币资金	1000＋500－200－300－100	流动负债	

续　表

项目	金额	项目	金额
应收账款	75	短期借款	500
存货	100－50	负债合计	500
固定资产	300	股东权益	
无形资产	200	实收资本	1000
		营业收入	75
		减:营业成本	50
		股东权益合计	1025
资产总计	1525	负债与股东权益总计	1525

表 7-15　利润表

单位:万元

项目	金额
营业收入	75
营业成本	50
利润	25

现在,三张基本财务报表的关系已经很清楚。三张报表的核心是资产负债表,利润表是对股东权益中利润累计部分内容的说明,现金流量表是对资产负债表中货币资金变化的说明。

第二节　财务规划

初创企业越是成功,缺乏财务预见所带来的危险就越大。效益良好、成长迅速的企业似乎总是缺乏足够的现金支持经营,令许多创业者颇伤脑筋。财务规划是初创企业规划中至关重要的部分。

一、财务规划与财务预测

（一）财务规划的主要内容

财务规划是创业公司或企业相关资金使用、经营收支及财务成果等信息的整合，反映公司预期的财务业绩，是公司运营过程的价值化表现。投资者将从财务规划来判断公司未来的经营财务利润状况，进而判断能否确保自己的投资获得预期的理想回报。

财务规划需要花费较多的时间来制作和分析，其中包括最重要的三大报表制作和分析，即资产负债表、利润表和现金流量表。流动资金是公司的生命线，创业公司在初创或扩张时，需要预先对流动资金进行周详的计划和严格控制；利润表反映的是公司的盈利状况，是公司在运作一段时间后的经营结果；资产负债表则反映在某一时刻的公司状况，投资者可以用资产负债表中的数据得到的比率指标来衡量公司的经营状况以及可能的投资回报率。此外，一些具体的财务数据信息也备受投资者的关心，如销售收入、销售成本、管理费用、销售费用、应收账款、应付账款、存货周转率和资产利用率等。财务规划除了需要给出未来3—5年上述资料外，还需要分析盈亏平衡点、资金的来源和使用。

（二）财务规划的假设

财务规划不是无中生有，财务规划的预测是建立在一系列的假设条件基础上的。没有这些假设，财务数据就没有实际意义。只有在思考这些假设条件之后，投资者才能评定财务规划的有效性。财务规划制作前需要六方面假设信息，包括产品生产信息、产品销售信息、市场物资供应情况、员工工资支出信息、生产设备支出信息和企业预期发展计划。

财务规划中最重要的假设和数据是预期销售量，这是一个需要详细说明和解释的数据，且财务规划的大部分内容都是这个关键数据的派生结果。这一数据的准确度非常重要，整个营销计划都是在为它提供说明和支持。第二个重要的假设和要素是销售成本和毛利润，这是由生产成本和定价策略共同决定的。在营销和运营计划中需要详细说明和解释这一数据。

财务规划中的所有预测都需要一套完整的假设。创业者必须谨慎判断财务规划的每一部分需要什么程度的说明和解释。在做出假设时，需要牢记预测和假设的固有特点,消除所有的不确定性是几乎不可能的,但创业者需要用最简单的方式,努力提高投资者对企业成功运营的信心。

(三)财务预测流程

财务预测是根据财务活动的历史资料,考虑现实的要求和条件,对企业未来的财务活动和财务成果做出科学的预计和预算。财务预测过程一般包括以下七个步骤。

(1)建立一系列的假设并为其提供支持。可以通过基本面分析,获取可比企业的财务特征信息,或者以来自专业人士的判断等方式来建立假设。这些假设将引导企业财务模型的构建。

(2)首先进行收入预测。一般而言,从收入预测开始建立财务模型最为方便。模型中的其他方面大多与收入有关。

(3)确定预测是基于实际角度还是名义角度。实际角度的预测包括对通货膨胀的预测,而名义角度的预测则基于不变币值。如果预期销售价格和投入成本会随着通货膨胀率而变化,那么基于实际角度的预测就更真实。如果价格和成本与通货膨胀率并不相关,最好采用基于名义角度的预测,对价格变动进行直接调整。

(4)整合财务报表。将预计资产负债表、利润表和现金流量表整合在一起,为以下工作打好基础:测试预测结果对假设的敏感性,进行场景分析,对未来业绩的不确定性进行模拟。

(5)选择适当的预测时间跨度。预测时间跨度取决于预测的目的。如果要确定财务需求,预测期应该覆盖到按以往业绩估计企业达到能吸引后续融资时的期末。如果要进行价值评估,预测期应该达到企业可能收获的机会到来的时点。

(6)选择适当的预测时间间隔。适当的预测时间间隔取决于企业的规划期。一方面,如果要评估初创企业的财务需求,按年预测的间隔太长。创业者需要在短得多的时间间隔里预测现金需求,以便及时安排融资。另一方面,日度或周度的预测也可能意义不大,短期间隔内实际结果对预测结果的偏离会大幅波动,且很大程度上是随机的。一般而言,初创企业要平衡预测的及时性与可靠性,大约一个月是较为明智的选择。

(7)评估模型的合理性。将假设与财务报表内部的栏目以及跨表的栏目之间的关系从头到尾思考一遍:它们是否合理?是否内在一致?尝试进行"如果……那么……"分析,确保模型对于极端的结果也是可靠的。

二、收入预测

(一)收入预测过程

收入预测就是指企业在一定的市场条件和营销努力下,对本企业商品在一定的时间和市场空间可以实现的营业收入的预期数的预计和测算。要预计融资需求,就得在产品—市场表现与资金需求之间建立联系。收入预测便是连接二者的惯用纽带。企业在开始产生收入之前,就必须有资金支持起步阶段的投资。一旦企业生产和销售有价值的产品,销售增长就成为资金需求的主要驱动因素。因此,收入预测很重要,必须可信且有说服力,故需要在市场环境下做出收入预测,这样才能从市场的角度来看其可实现性。这是一种"自上而下"、市场驱动的方法。"自下而上"则是列出企业计划在每个市场细分发展业务的具体措施,然后得出每个市场细分的总收入。

要做出市场驱动的收入预测,最好的方法是评估一段时间内的平均变化,通常是三年,也可以是五年。这个过程很简单,主要包括八个步骤。

第一步,市场细分。列出每个主要板块,分别进行预测。

第二步,收入。获取上一个财政年度这个部门的收入,如果今年在某些方面不同寻常,就要选取一个"正常"的水平代替这一期间的收入。

第三步,市场需求前景。确定未来几年这个市场的增长预期。

第四步,竞争地位。确定公司在该市场的竞争地位,预测未来几年竞争格局的变化。

第五步,可能的收入增长。基于未来的竞争地位,估算公司会跟上、超过还是落后于市场需求的增长,可能的收入增长率是多少。

第六步,自上而下的收入。根据市场驱动的预测增长率,估算由此产生的收入。

第七步,自下而上的收入。判断计划中的哪些措施会使该市场细分的销售增长速度高于(或低于)市场增长率,估算这些自下而上的新举措在未来几年可能带来的额外收入。

第八步,总收入。将市场驱动的收入和自下而上的收入相加,就得到未来几年每个市场细分的总预测收入。

(二)已有业务的收入预测

对已有业务收入进行可靠的预测往往基于以往的经验。例如,预计收入可以按照过去五年的平均增长率增长,更为复杂的方法是在预测中考虑收入增长率的趋势(而非平均值),或者将预测与基本的经济及人口统计特征相联系。

假设已有业务过去六年的销售水平和宏观经济信息,现在进行第 0 年的销售预测,如表 7-16 所示。

表 7-16　根据名义增长率预测

年度	-6	-5	-4	-3	-2	-1
销售额/十九元	2	2.4	2.7	2.6	2.6	2.9
销售增长率		+20.0%	+12.5%	-3.7%	0.0%	+11.5%
通货膨胀率		+3.0%	+6.0%	+7.0%	+4.0%	+2.0%
实际 GDP 的变化率		+3.0%	+1.5%	-1.0%	-1.0%	+2.0%

(1)根据历史名义增长率进行预测。收入预测的一种方法是根据平均的历史增长率进行推断。表 7-16 中五年增长率简单平均值为 8.06%,用最近一年的销售额 2900 万元乘以 1.0806,即可以得到第 0 年的预测值为 3134 万元。然而,五年中销售增长率跨度较大,低至 -3.7%,高达 20%。8.06% 的历史平均值固然有用,但销售增长率具有高度不确定性,这样的预测可能存在问题。

(2)根据历史实际增长率进行预测。改进销售预测可能的方法之一是基于实际(即通货膨胀率调整后的)角度而非名义角度进行预测。如果企业的价格随通货膨胀指数而变动,且通货膨胀的预测数据公开可得,这种方法特别有用。从销售增长率中减去通货膨胀率,所得到的增长率被称为基于实际角度的销售增长率,如表 7-17 所示。

表 7-17　根据实际增长率预测

年度	-6	-5	-4	-3	-2	-1
销售增长率		+20.0%	+12.5%	-3.7%	0.0%	+11.5%
通货膨胀率		+3.0%	+6.0%	+7.0%	+4.0%	+2.0%
实际销售增长率		+17.0%	+6.5%	-10.7%	-4.0%	+9.5%

在此期间,企业实际销售增长率的简单平均值为 3.66%。这种方式可能使销售预测的期望值有所改善,然而预测的准确性似乎并未提高。基于实际角

度,销售增长率的跨度从－10.7％到＋17.0％,比基于名义角度的增长率跨度还大。不过,基于实际角度计算的数字也许更准确地刻画了不确定性。

假设公开可得的预测显示下年度通货膨胀率为＋1.0％,在历史平均实际增长率＋3.66％的基础上加上这个＋1.0％,则销售收入预计增长率为4.66％,这样第0年的收入预测值为3035万元。

不管采用哪种方法,基于实际角度或是基于名义角度,在预计报表中的处理必须是一致的。如果收入预测是基于实际角度进行的,而有些费用项目是按名义角度计量的,要得到内在一致的预测,就得将那些按名义角度计量的费用项目按预期通货膨胀率进行去通货膨胀的调整,得到按实际角度计量的金额。

(三)初创企业的收入预测

为一家没有记录可循的企业进行收入预测非常困难,结果可能更不确定。企业产品尚未出现,市场和客户的范围不得而知,竞争对手的行动和反应也尚不可知。这时要寻找简单易行的方法,一般可使用标杆法和基本分析法。

1. 标杆法

适用于初创企业的方法之一,是找到一家数据可以公开(也可能非公开)获得的合适的标杆企业。所谓标杆,是一家已经建成的企业,该企业在一些预测的重要维度上与拟预测企业具有可比性。可比性其实不一定是非常接近,标杆企业甚至不必与拟预测企业生产同样的产品,这取决于我们想要预测的信息类型。可比性可以基于产品的预期市场、配送渠道、产品采用率、产品的独特性或生产技术等因素来判断。

数据的可获得性是标杆法的一大优势。每年上市的企业很多,在上市过程中,提供了公司上市前的大量信息。正在上市的公司是估测收入增长潜力的理想的候选企业。基于上市公司的收入估计对于初创企业而言总是偏于乐观。上市公司是成功的案例,其存活年龄超过典型的初创企业,且公开发行股票说明这些公司增长很快。

上市公司的IPO招股说明书通常包含丰富的历史数据,可用于衡量该公司未上市时很多年份的收入增长率。每家公司都是一个可供研究的案例,可用于考察创业者的融资选择。此外,这些公司的财务报表还有助于创业者构建初创企业预计财务报表所需要的假设。

2. 基本分析法

基本分析是对标杆依赖的替代,有很多种方法可供选择。对于像咖啡店这样的企业,同类型的其他企业已经运营,基本分析法主要是经验性的,比如观察其他咖啡店的客流量,分析它们提供的产品和定价,以及如何与顾客进行交流。对于像导航企业这样的创新业务,分析更侧重于概念性,比如从估计相关市场的规模开始。

三、资金需求预测

资金是企业的血液,是企业开展生产经营活动的基本资源要素。创业企业所需要的资金可以按照不同的标准进行分类:按照资金的占用形态和流动性,可以分为流动资金和非流动资金;按照资金投入企业的时间,可分为投资资金和营运资金;按照资金提供者在企业享有权益的不同,可分为股权资金和债权资金。

资金是有成本的。合理预测资金需求数量,及时筹集满足生产经营需要的最低数量的资金很重要。常用的资金需求预测方法有现金预算法、公式法和预计报表法三种。创业企业的未来情况很难准确预测,总会有意想不到的事情发生,创业者在预测初始资金需求时,除了考虑投资资金和营运资金外,还需要进行风险分析,尽可能预测应对各种不同风险的方法,准备好用以应对风险的资金,这部分用于应对意外事件发生所需的资金称为风险储备资金。按照史蒂夫·马里奥蒂和卡罗琳·格拉金(2012)的观点,风险储备资金应至少达到项目启动资金的一半或至少3个月的固定营运成本。[1]

1. 现金预算法

现金预算法是根据资金分类,通过编制现金预计表计算创业企业所需资金的方法。进行现金预算时,对于资金需求的数量可以按开业的投资资金、开业后需要继续追加投入的营运资金和风险储备资金分别计算。资金预测表如表7-18所示。

表7-18　资金预测表

项目	开业前/投资资金	开业后/运营资金							风险储备资金	资金合计
		1	2	3	4	⋯	n	合计		
房屋										

① 对于不同行业来说,风险储备资金的数量可能不同,对于基础设施、服务等行业,风险储备资金的数量可能较低,高科技和制造类企业的风险储备资金可能较高。

项目	开业前/投资资金	开业后/运营资金							风险储备资金	资金合计
		1	2	3	4	…	n	合计		
设备										
设备维护费										
办公家具										
办公用品										
软件费										
专利使用费										
注册登记费										
员工工资										
业务开拓费										
广告费										
水电费										
保险费										
材料费										
……										
资金支出合计										
资金流入										
投入资金										

表 7-18 中第二列"开业前/投资资金"即为投资资金的数额,第三列"开业后/营运资金"即为营运资金的数额,投资资金的数额加上营运资金的数额,再加上风险储备资金的数额就是第五列创业所需资金的总数额。

2. 公式法

公式法是通过运用盈亏平衡计算公式,计算营运前期时间,进而计算营运资金数额,最后计算所需资金的方法。公式法的应用关键是计算营运资金的数额,可以分四步进行。

第一步,计算资金盈亏平衡点。资金盈亏平衡点也称资金收支平衡点,计算公式如下:

$$资金收支平衡点 = \frac{每月固定的资金支出}{单位业务的资金净流入}$$

第二步,确定实现资金盈亏平衡所需的时间。根据计算的资金盈亏平衡点,以及市场调查得出的营业量的变化情况,确定实现盈亏平衡的时间。开业之后到实现资金盈亏平衡之间所需的时间称为营运前期。

第三步,计算所需营运资金的数量。

营运资金＝营运前期×每月资金支出－开业后累计资金流入

第四步,计算创办并经营一家企业所需的资金数量。

资金需求量＝投资资金＋营运资金＋风险储备资金

不过需要说明的是,如果企业之间业务的结算不是全部采用现金交易,而是一部分通过应收应付的方法进行,还需要考虑到应收账款对于公司资金流入的影响。一般而言,赊销情况下创业企业总的资金需求比全部现金交易的情况下要多一些。

3. 预计报表法

预计报表法是指通过编制预计财务报表计算营运资金需求数量的方法。预计报表法下,投资资金的计算不变,营运资金的需求则通过预计利润表和预计资产负债表获得。通过预计利润表预测企业留用利润这种内部资本来源的增加量,通过预计资产负债表预测企业资本需要总额和外部筹资的增加额。

(1)编制预计利润表,预测留用利润。预计利润表是运用营业收入比例法的原理,预测留用利润的一种预计报表。预计利润表与实际利润表的内容、格式相同。通过提供预计利润表,可预测留用利润这种内部筹资的数额,也可为预计资产负债表预测外部筹资数额提供依据。编制预计利润表的主要步骤如下:

第一步,收集基年实际利润表资料,计算确定利润表各项目与营业收入的比例。

第二步,取得预测年度营业收入预计数,计算预测年度预计利润表格项目的预计数,并编制预测年度预计利润表。

第三步,利用预测年度税后利润预计数和预定的留用比例,测算留用利润的数额。

(2)编制预计资产负债表,预测外部筹资额。预计资产负债表是运用营业收入比例法的原理预测外部筹资额的一种报表。预计资产负债表与实际资产负债表的内容、格式相同。通过提供预计资产负债表、可预测资产、负债及留用利润有关项目的数额,进而预测企业需要外部筹资的数额。

运用营业收入比例法要选定与营业收入保持基本不变比例关系的项目。

这类项目可称为敏感项目，包括敏感资产项目和敏感负债项目。其中，敏感资产项目一般包括现金、应收账款、应收票据、存货等项目；敏感负债项目一般包括应付账款、应付票据、应交税费等项目。固定资产、长期股权投资、递延所得税资产、短期借款、非流动负债和股本，通常不属于短期敏感项目，留用利润因其受到企业所得税税率和股利政策的影响，也不宜列为敏感项目。

（3）计算营运资金需求量。当来源于应付账款、应付票据、应交税费等项目增加的资金无法满足企业经营发展所需时，就需要从外部筹集资金，这部分资金就是需要追加投入的资金，即营运资金。

小专栏 7-2　营运资金的安全性

营运资金，又称营运资本，是流动资产与流动负债之差。营运资金流动性强、变化多端，是企业资金链中最薄弱的环节，又是企业资金总体中最具有活力的部分。一个企业要维持正常的运转就必须要拥有循环良好的营运资金，其直接关系着机体的健康与否。营运资金"活"，则企业兴；营运资金"死"，则企业亡。

营运资金管理中首要关注的是安全性问题。利润并不是衡量公司强弱的唯一标准，安全、稳健、可持续发展更为重要。企业的财务危机大多以无法偿还到期债务为爆发点，一旦资金周转困难，不能如期偿债，将危机四起，而营运资金反映的是流动资产与流动负债的关系，直接表现了企业清偿到期债务的能力，因此营运资金管理是企业的生命线，与企业的安全紧密相连。保障营运资金管理的安全性，要求在融资中对负债资金的期限、成本与风险进行全面权衡，当预期收益无法确定或盈利能力不足时，负债就意味着增加风险。流动性债务负担越重，偿债时间越紧迫，财务压力越重，威胁就越大。企业在管理中要结合货币信用政策、公司规模地位、行业产业特征、成长性特征、现金流状况等因素，做到有息负债与无息负债相协调、自然融资与非自然融资相协调，把握流动资产与流动负债的关系，监控好流动比率、速动比率、利息保障倍数、借款依存度等常规指标，并设定偿债能力的各项警戒指标，严禁逾越"雷池"的财务行为发生。

资料来源：干胜道主编：《财务理论研究》，东北财经大学出版社 2019 年版

第三节　创业融资

据估计,超过 50％的初创企业在几年内都会倒闭,因此,理解初创企业融资的价值所在变得再清楚不过了。不管是创业者、负责新项目的公司财务管理人员、风险投资者或社会企业家,深刻理解创业融资有助于做出更好的决策。融资决策一定要与产品—市场战略、组织战略一并制定。当这三项战略协调一致时,初创企业成功的可能性才更大。

一、融资渠道与方式

融资是一个企业的资金筹集的行为与过程,也就是企业作为筹资主体根据自身的生产经营状况、资金拥有的状况,以及企业未来经营发展的需要,通过科学的预测和决策,采用一定的方式,从一定的渠道向公司的投资者和债权人筹集资金,以保证企业生产需要和经营管理活动需要的理财行为。

(一)自筹资金

自筹资金指不用依赖于投资者对机会价值或企业价值的评估的融资,包括个人、家庭和朋友的融资。家庭和朋友一般与创业者有多年交往的经历,对创业者的可靠性、信任度和摆脱困境的能力有所把握,往往不会评估机会的价值,之所以做投资是因为他们相信创业者或受家庭关系的驱使。

创业者最明显的起点就是,利用自己的个人财力来推动项目直到外部融资确实可行。创业者的个人财力不仅包括个人储蓄和财产,还有负债能力。负债能力的相关衡量标准要根据创业者现在的工作,加上可用于清偿债务的资产的市面价值。创业者早期融资往往靠"最大化"信用卡借贷,以及用自己的房屋进行抵押来解决。

(二)天使投资资金

天使投资指的是用自有资金投资初创企业,是权益资本投资的一种形式,其资金来源大多是民间资本。天使投资者通常提供种子资本,用于让某个创意能够发展到正式的外部融资变得切实可行的时候。很多天使投资者愿意做5—10年的投资。相反,传统的风险投资基金常常偏好规模较大,而投资期又在某种程度上相对较短的投资。天使投资者通过识别成功潜力较大的企业,且帮助它们取得进步,寻求价值增值。他们一般通过持有企业股权来实现回报。

(三)小额创业贷款

我国各地出台相关政策,尝试解决创业贷款难的问题,不同省份、不同地区的情况不同,采取的办法也不同。一些地区推出小额创业贷款服务,一些地区由政府出面组建中小企业创业担保公司,为新创企业贷款进行担保,具体要查询当地的政策。

(四)创业租赁

创业租赁是专门针对新创企业而开展的一种特殊形式的融资租赁方式。其运作机制起源于融资租赁,是一种将一般融资的灵活性与创业投资的高收益性有机结合的新型融资方式,主要解决新创企业缺乏资本,无力购买所需设备的问题。承租人可以在资产使用寿命期间获得设备的使用权;而出租人可以以租金形式收回设备成本,并获得一定的投资报酬。

创业租赁对于新创企业而言:一是可以解决新创企业资金短缺的问题,迅速获得所需的设备,有助于尽快形成生产能力;二是租金支付可计划,可以与出租方协商租金的支付,有助于安排经营计划和财务计划;三是可以改善资本结构,减少企业所得税的税负。

(五)政府扶持基金

初创企业可以申请获得政府扶持基金,例如科技型中小企业技术创新基金(简称创新基金)。创新基金重点支持产业化初期(种子期和初创期)、技术含量高、市场前景好、风险较大、商业性资金进入尚不具备条件、最需要由政府支持的科技型中小企业项目,并将为其进入产业化扩张和商业性资本的介入起到铺垫和引导的作用。符合条件的初创企业可以申请这类资金。

(六)风险投资基金

风险投资一般是风险投资者(投资公司、风险投资家、天使投资者等)寻找有潜力的成长型企业。风险投资基金按有限合伙来组成,其中几乎全部的资金都由有限合伙人提供,普通合伙人只负责管理基金,包括选择投资、与创业者共事等。风险投资基金的生命周期有限,一般按照十年时间来组建。由风险投资基金支持的企业,通常能够作为担保贷款的抵押物甚少,具有获得高盈利水平下的高增长的潜力,但同样存在高风险。典型意义的风险投资一般投资于创业中期前后阶段的企业,金额一般较大,审核非常严格。

(七)直接融资

直接融资是指没有金融中介机构介入的资金融通方式,主要包括发行股票和发行债券,一般融资数额都较大。直接融资能最大可能地吸收社会游资,直接投资于企业生产经营之中,从而弥补间接融资的不足。发行股票和发行债券都对企业的规模、盈利能力、管理水平等有较高的要求,监管部门审核严格,分别适合不同风险偏好的投资者。目前,我国资本市场体系不断完善,将为中小企业的直接融资带来更多的机遇。

(八)间接融资

间接融资是指资金盈余单位与资金短缺单位之间不发生直接关系,而是分别与金融机构发生一笔独立的交易,主要包括银行贷款和融资租赁。银行贷款分为抵押贷款、担保贷款和信用贷款等。初创企业几乎是不可能拿到银行贷款的,因为既无抵押物,也无人愿意担保,更无信用度的历史与记录。企业发展到创业中后期,可以申请获得抵押贷款、担保贷款,甚至信用贷款。

(九)内部留利

内部留利就是通过企业内部留用利润、内部积累方式取得企业内部的资金,解决企业资金需求。创业企业进入中后期,市场、产品销售、现金流比较稳定,有一定的利润来源,通过内部留利可以解决企业部分资金需求,这也是企业融资时首先要考虑的。即企业融资时,优先考虑内部融资,内部融资不足时再考虑外部融资。

二、融资方案

(一)融资方案的选择

初创企业的融资来源选择较多,并且不断地演化。其中一个原因在于提供者具有不同的目标、能力和约束:一些如银行那样的,寻求低参与、低风险的投资,这些投资通常具有短期到中等的持续期;另一些像天使投资者那样的,寻求高参与、高风险的投资，这些投资具有中等到长期的持续期。

另一个原因在于企业融资需求随着时间和环境而改变。融资需求可能是小的或大的、即刻的或未来的、短期的或永久的。一个久已经营的企业可以提供大量的证券，而一个早期的企业则可能要求投资者承担大量的风险。企业的不同还可能体现在税收敞口、管理能力、灵活性需求以及其他与融资选择相关的许多方面。

初创企业融资来源受各个因素的影响，如企业的类型、融资需求的范围和时间长短等，如表 7-19 所示。随着企业的成熟，适用的融资来源也相应改变。

表 7-19　新创企业融资的来源

融资渠道与方式	研发阶段	启动阶段	早期阶段	快速成长阶段	退出阶段
创业者	■	▨			
朋友和家庭	▨	■			
天使投资者		■	▨		
公司战略合作伙伴	▨	▨	▨		
风险投资基金	▨	▨	▨	▨	
资产抵押贷款人		▨	▨	▨	
风险租赁		▨	▨	▨	
政府项目			▨	▨	
商业信用			▨	▨	
商业银行贷款				▨	▨
发行债券					▨
发行股票					▨

资料来源：珍妮特·K.史密斯、理查德·L.史密斯、理查德·T.布利斯：《创业融资：战略、估值与交易结构》，沈艺峰、覃家琦、肖珉、张俊生译，北京大学出版社 2017 年版

注：深色阴影部分显示各投资者类型最主要的关注点；灰色阴影部分显示次要关注点，或部分投资者的关注点

（二）融资决策因素与程序

1.影响融资选择的因素

第一，如果潜在的投资者与创业者在企业的前景上取得一致，那么外部融资比创业者自己融资更可取。外部投资者通常有能力进行更加完全的风险分散化。在其他条件相同的情况下，对外部融资更多依赖将会增加创业者所有权

的价值,但是会增加外部融资提供者关系管理成本,且有可能影响创业者控制未来决策的能力。

第二,如果创业者与投资者对企业的未来拥有对称的预期,那么将风险转移给投资者的融资将增加创业者财务求偿权的价值。充分分散化的投资者不需要为承担非市场风险而要求补偿。在其他条件相同的情况下,创业者可以通过使用尽量多的外部权益融资而获益。

第三,税收也影响融资选择。并非所有的组织都能产生应税收入,而适合的税率部分取决于组织形式。并且,负债的税收处理不同于权益的税收处理。对于许多初创企业,负债没有吸引力,其部分原因在于它们没有产生应税收入,无法从利息支付的税收递减中获益。

第四,创业者价值的最大化通常不是通过一次性筹集所有的预期融资需求达到的。成功企业的风险随着时间的推移而下降,阶段性可以为创业者带来更高的期望价值。

实际的情况是,各方不太可能就企业的前景达成一致意见。信息与激励问题将限制创业者筹集外部权益融资的能力。同时,这些因素对创业者价值的影响是复杂的,进行融资决策的合理途径是对企业建模,考察不同融资方式对创业者财务求偿权价值的影响。

2. 融资决策程序

进行融资决策时,要解决四个基本问题:

(1)有融资的紧急需求吗?

(2)近期融资需求大吗?

(3)近期融资需求是永久性的吗?

(4)近期融资需求如何与累计融资需求相比?

这些问题将融资需求划分为三个时期:即刻、近期、累计。即刻与近期需求的区别基于谈判所要求的时间。一方面,如果融资需求是紧急的,那么没有时间来对与业绩相关的条款进行谈判;相反,企业必须依赖它既有的关系、资产以及经营。另一方面,创业者可能提供个人资产或担保来保证快速融资。

近期融资需求是那些中等期限所要求的,近期融资选择不应被紧急现金需求所约束。累计融资需求将近期与最终融资需求连接起来。累计需求比近期需求多或者少,但累计需求影响融资的未来轮次,这反过来又影响近期决策。

在紧急融资需求的规模问题上,紧急性可以严重限制企业的期权。例如,如果种子期企业所面临的需求是紧急的,创业者通常将会被限制于通过清算其他资产来筹集资本、借入其他资产、从现有投资者处筹集额外资本，或者从朋友或家庭那里筹集资本。一个需要紧急融资的成长期企业拥有一些额外的期权。由于正在经营，它可能推迟应付账款的支付，对其应收账款进行保理，或者采取措施来加速收款，还可能以有形资产作为抵押品来借款。

如果融资需求不是紧急的，创业者就有时间安排来自第三方的融资来源，这些来源可以更直接地体现企业的价值。对于小额的需求，种子期或启动期企业尚未存在外部投资者，一般由创业者自己提供；如果需求更大些，并且企业在风险与潜在收益率方面是合适的，那么天使投资可能是可行的；对于更大额的，风险资本可能是一种选择。如果启动期包括有形资产的收购，那么各种负债类型的选择可能是可行的。

三、股权设计

（一）股权架构

合理配置股权是企业健康成长的基因。创业者要充分关注创业团队成员的股权比例，既合理调动团队成员的积极性，又可以使大家分享企业日后成长带来的巨大收益。

创业企业的股权一般来说需要分成资金股和人力股两大类，而且随企业类型不同，其比例构成也不同。对于资源驱动型企业来说，资金等物质资源应该占大股，人力资本占小股；而对于人力驱动型企业来说，人力资本应该占大股，资金等物质资源占小股。这样才能突出企业特点，充分肯定战略性资源的价值。

创业企业的股权架构按照创始人所占的股份比例不同，可以分为绝对控股型、相对控股型、安全控股型、其他类型。

（1）绝对控股型的股权架构。绝对控股型的股权架构中，创始人拥有企业67％的股权，在企业中占有绝对控制地位；合伙人团队占18％左右的股权；激励股权的比例在15％左右。这种股权架构适用于创始人全职投入，既出钱又出力，且出得最多、贡献最大的情况。

（2）相对控股型的股权架构。相对控股型的股权架构中，创始人拥有企业51％的股权，直接拥有股东会上过半数的表决权，在企业中占有相对控制地位；合伙团队拥有34％左右的股权；激励股权依然在15％左右。在这种股权架构中，创始人基本可以保持对股权的绝对优势，对于那些需要半数以上投资者同意的事项可以直接做出决定。相对控股型的股权架构适用于公司有一个"主心骨",创业能力相对比较集中的企业。

（3）安全控股型的股权架构。安全控股型的股权架构中,创始人拥有企业34%的股权,拥有对公司重大核心事项的一票否决权,在企业中拥有安全控制权;合伙团队持有51%左右的股权;激励股权比例保留在15%左右。

（4）其他类型指所有不属于以上三种股权结构的类型。

小专栏 7-3　资本结构理论

资本结构是指企业各种资本的价值构成及其比例关系,是企业一定时期筹资组合的结果。广义的资本结构是指企业全部资本的构成及其比例关系。企业一定时期的资本可分为债务资本和股权资本。

早期的资本结构理论主要包括净收益、净营业收益、传统折中三个观点。净收益观点认为,在公司的资本结构中,债权资本的比例越高,公司的净收益或税后利润就越多,从而公司的价值就越高。净营业收益观点认为,在公司的资本结构中,债务资本的多少、比例的高低,与公司的价值没有关系。传统折中观点认为,增加债权资本对提高公司的价值是有利的,但债务资本规模必须适中,如果公司负债过度,只会导致综合资本成本率升高,公司价值下降。

MM 资本结构理论是莫迪利亚尼和米勒两位财务学者开创的资本结构理论的简称。该理论的基本结论可以简要地归纳为:在符合该理论的假设之下,公司的价值与其资本结构无关。公司的价值取决于其实际资产,而非各类债务和股权的市场价值。

新资本结构理论的主要代表有代理成本理论、信号传递理论和啄序理论等。代理成本理论认为,公司债务的违约风险是财务杠杆系数的增函数。信号传递理论认为,公司可以通过调整资本结构来传递盈利能力和风险方面的信息,以及公司如何看待股票市场的信息。啄序理论认为,公司倾向于首先采用内部筹资,比如留用利润,因其不会传导任何可能对股价不利的信息,如果需要外部筹资,公司将优先选择债务筹资,再选择其他外部股权筹资,这种筹资顺序的选择不会传递对公司股价产生不利影响的信息。

资料来源:王化成、刘俊彦、靳新主编《财务管理学(第 9 版·立体化数字教材版)》,中国人民大学出版社 2022 年版

(二)股权设计的六条生命线

创业企业股权的六条生命线指的是会影响到创业企业命运的六个股权比例,分别是 67%、51%、34%、10%、3%和 1%。67%、51% 和 34% 的股权比例在企业的重要性在股权架构中已经说明。

10% 代表临时会议权。单独或者合计持有公司全部股东表决权 10% 以上的股东,可提请召开临时会议,提出质询、调查、起诉、清算和解散公司。这是提议召开股东(大)会、董事会的最低股权比例。如果公司经营不善使得股东利益受损,通过其他途径无法解决,持有公司 10% 以上股份 1 年时间的股东,就可以请求人民法院解散公司。

3% 意味着临时提案权。股份有限公司单独或合计持有公司 3% 以上股份的股东,可以在股东大会召开 10 日前提出临时提案并书面提交召集人。

1% 为代位诉讼权,也称为派生诉讼权,是股份有限公司的股东拥有的可以间接调查和起诉的权利,是公司利益受损、大股东不行权时,股东委托董事或监事维权,甚至以个人身份对高管提起诉讼的最低股权比例。

(三)股权设计的原则

股权架构在设计时应遵循以下原则。

1. 科学设定股权比例结构

股权分配背后对应的是如何搭建架构,因此,在划分股权比例时,可以参照典型股权架构的模式,也可以按照实际情况设定,但最好不要在创始人之间均分股份(平股),而且最好有大股东(半数以上投票权)。同时,要合理分配股权。

2. 明确界定投资者权利

创业者需要明白持股比例和控制权比例并不一定对等,同股不一定同权。进行股权设计时应约定好股权代表的权利,比如有的股权可以只享有分红权,有的可以享有分红权和股份增值权,有的享有除决策权之外的其他权利,等等。另外,为保障股权结构的稳定性,最好设置股权池,采用股权成熟机制。股权成熟机制也称股权绑定,在做股权分割的时候最好约定任何人都必须在公司做够起码一年才可持有股份。

3. 选择适合的保护控制权的法律条款

如果企业创始人不控股,可以采用以下方法实现对企业的控制权:一是投票权委托制度,二是一致行动人制度,三是持股平台制度,四是双重股权结构。

4. 谨慎选择初创股权分配的参与者

并非所有参与创业的人都可以分得企业股权,创业企业在进行股份分配时应谨慎选择。对于那些不能保证持续保有的资源提供者、兼职者、专家顾问,不认同合伙事业发展理念、不能长期坚持、不能同舟共济的人最好不要让其分享企业股权,而是以顾问形式,支付与其提供资源价值相对应的报酬。

5. 妥善处理风险投资和创业者的关系

风险投资的投资目的是获取高额财务利益,创业者创业的目的是实现自己的理想,理念不同,对于资本和股权的看法也会有所不同。风险投资只出钱,不出力;创始人既出钱,又出力。因此,风险投资购买股票的价格应当比合伙人高,不应当按照合伙人标准低价获取股权。

(四)退出机制

在投资过程中,如果获得投资的公司已经发展到一个成熟状态或者未来很难有较大发展,那么投资者为了保护自己的利益,减少损失,就会将自己的股权变成资本。这是投资中的收益阶段,也是投资者收回资本进行再循环的途径。

1. 资金退出的方式

投资者获利的根本来源是流动性的资本,在资本循环流动的过程中进行资本增值,而退出机制就是实现增值的有效途径,也保证了资本的良性循环。风险投资者在进行投资之前,会想知道公司准备了怎样的退出机制,这样会提高他们为公司投资的概率。股份上市、股份转让、股份回购、公司清算是最常见的几种资金退出方式。

(1)股份上市。

股份上市是以公司挂牌上市的方式使投资者实现资本退出。公司在证券市场向大众发行股票,投资者在这个过程中将自己的资本转化为股权,获得收益,实现资本增值。很多投资者会选择股份上市的退出方式,因为这种方式回报率高,被认为是退出资本的最好方式。但是这种方式会受资本市场成熟程度的影响,大部分中小企业达不到上市的标准,这就给投资者带来风险。

(2)股份转让。

股份转让也是投资者退出的一种方式。随着公司不断扩大发展,需要的资金会更多,如果投资者不想或者是没有能力接着为公司投资,那么就可以通过股权转让的形式退出,把自己的股份转让给他人,收回自己的部分或所有资金,再用收回的资金为其他公司投资,实现资金的循环流动。这种方式是投资者喜欢的仅次于股份上市的第二种方式。

（3）股份回购。

股份回购是公司的管理层和股东对投资者的股份进行回购的一种退出方式。从公司的角度来看,股份回购可以使公司被完整地保留下来,维持公司的整体性和独立性,可以将资本退出的损失降到最小,不至于影响公司的运营。从投资者角度来看,相对于股份上市和股权转让,收益很低,并且还需要公司的管理者找到其他的融资作为杠杆,以便为股份回购提供资金方面的支持。股份回购的方式比较适合日常经营顺利,发展稳定但是没有达到上市标准的公司。

（4）公司清算。

公司清算退出方式是对已经失败的投资的一种退出方式,是投资失败之后,投资者为了尽量收回残留资本而采取的方式。对投资者来说,这是一种不得已而为之的选择,虽然投资亏损,得到的是负的收益,但至少可以收回一些投资资金,是投资者在投资失败时将自己的损失降到最低的一种方式。

2. 资金退出机制

退出机制的条件设计是对投资者在什么情况下才可以退出资本的规定,是退出机制的重要组成部分。一般来说,不存在不可退出的投资,只会有条件是否合适的问题。在进行退出机制的条件设计时,要充分考虑公司和投资人的利益,不能出现偏向一头的情况。

一方面,如果只考虑投资者的利益,没有规定退出条件,那么投资者就可以随时退出,这样的话会对公司的发展造成影响。另一方面,如果公司只考虑自己的利益,为投资者的退出制定了严苛的条件,那么投资者是不会满意的,也就不会对公司进行投资。

四、融资伦理

伦理,按照许慎《说文解字》的解释,"伦,从人、辈也,明道也;理,从玉,治玉也"。所以,"伦"是区分人的辈分、长幼以及由此形成的相互之间的规范和秩序;"理",原意是玉石的纹理,意指事物内在的"纹理",也就是事物的基本规律。由此可见,伦理包括两层含义:一是事物之间相互作用的秩序和规范,即为"伦";二是事物本身内在的规律、规则,即为"理"。二者合一,即为"伦理",就是事物交互过程中根据各自特征而形成的一种规范和准则。所以,任何事物或学科的伦理都要基于自身规律去考察相互关系的某些特质。

伦理是在人类社会发展进程中形成的,已经成为各国文明发展的一部分。西蒙曾说过:"一切行为都包含着对特殊的行动方案所进行的有意无意的选择。"所以,伦理必定影响行为,伦理道德已经潜移默化地影响到财务行为,并为隐性财务制度的存在提供了价值根基和精神支持。融资伦理是企业在筹措资金时,在处理受资与授资关系中所形成的自律性的行为准则,主要包括诚信意识、风险意识、社会责任意识和法律法规意识。

(一)诚信意识

诚信是我国社会主义核心价值观的重要组成部分,也是一切商业活动的基本行为准则,融资中普遍的伦理责任。诚,即真诚、诚实,强调的是个人内心信念的真诚,是一种品行和美德;信,即信任、信用和守信,是"诚"这种内在品德的外在显现,是一种责任、义务和规范。诚信作为一种道德原则,要求人们以求真务实和知行合一的态度对待各项工作。

在融资过程中,无论是企业还是个人都需要有诚信意识。企业需要提供真实、准确的财务信息,而个人则需要如实填写贷款申请,不得隐瞒或虚报信息。这种诚信意识是金融市场健康运行的基础。

企业在信息披露时,应该遵循真实性、准确性、完整性、及时性原则。有些企业为吸引投资人的注意,虚报业绩和项目是常见手段。这种弄虚作假的行为不仅损害了企业自身的形象,也非常严重地影响了投资者和股东的利益。例如,康美药业自 2002 年 3 月上市以来,一直保持着很高的增长速度,其股价涨幅惊人,最高市值达到 1500 亿元左右,曾被誉为 A 股资本市场的一个高增长神话。然而,2018 年,康美神话破灭,市值跌去 90% 以上。当人们探究其财务真实性时,才发现其谎话连篇:不存在的 300 亿元货币资金、不存在的土地、注水的项目、隐瞒的地产关联交易、虚增的无形资产……

(二)风险意识

人类社会从形成开始就一直面临各种风险的侵害和困扰。因此,人类对风险的意识和应对自古就有。《逸周书·卷三》中提到"天有四殃,水旱饥荒,其至无时",即指出人类要时刻提防水旱饥荒。

自 19 世纪西方古典经济学派提出风险的概念后,许多学者对风险概念做出了不同解释。综合这些定义,风险至少包括以下四个方面的内涵:(1)企业风险与企业战略和绩效相关;(2)风险是一系列可能发生的结果,而不能简单地理解为最有可能的结果；(3)风险既具有客观性，又具有主观性；(4)风险往往与机遇并存。

融资活动是企业资金活动的起点，也是企业整个经营活动的基础。通过融资活动，企业取得投资和日常生产经营活动所需的资金，从而使企业投资、生产经营活动能够顺利进行。企业融资活动存在的风险主要表现在：(1)筹资决策不当，引发资本结构不合理或无效融资，可能导致企业筹资成本过高或债务危机。(2)未按审批的筹资方案执行筹资活动，擅自改变资金用途，未及时偿还债务或进行股利分配，可能导致公司发生经济纠纷或诉讼。

企业应对融资风险，应重点关注：(1)融资方案可行性论证。企业应当根据融资目标和规划，结合年度全面预算，拟订融资方案，明确融资金额、融资形式、利率、融资期限、资金用途等内容，并组织相关专家对融资方案进行论证。重大融资方案应当形成可行性研究报告，全面反映风险评估情况。(2)融资方案审批。企业应当对融资方案进行严格审批，重点关注融资用途的可行性和相应的偿债能力。对于重大融资方案，应当按照规定的权限和程序实行集体决策或者联签制度。融资方案发生重大变更的，应当重新进行可行性研究并履行相应审批程序。(3)融资方案实施管控。企业应当根据批准的融资方案，严格按照规定权限和程序筹集资金；应当严格按照融资方案确定的用途使用资金，由于市场环境变化等确需改变资金用途的，应当履行相应的审批程序。

(三)社会责任意识

企业社会责任(Corporate Social Responsibility, CSR)，是指企业在创造利润、对股东和员工承担法律责任的同时，还要承担对消费者、社区和环境的责任。企业管理者应该关心其长期的资本收益最大化。为了实现这一目标，企业在创造财富、追求利润最大化的同时，还要承担起对政府、员工、消费者、社区和环境的社会责任，包括遵守法律法规和企业道德、注重生产安全、保障职业健康、保护劳动者合法权益以及保护环境资源、支持慈善事业、捐助社会公益、保护弱势群体、提倡良好社会风气等。

创业融资与社会责任之间存在相互促进的关系。虽然创业融资的主要目的是为初创企业提供资金支持，以促进其业务发展和增长，但在这个过程中，初创企业也需要考虑并履行其社会责任。这不仅可以提高企业的融资成功率，还可以促进企业的可持续发展。

首先，履行社会责任可以为初创企业建立良好的声誉和形象。初创企业在融资过程中通常需要向投资者展示其商业模式、市场前景和团队能力等方面的优势。而积极履行社会责任可以展示企业的社会责任感和使命感,增加投资者对企业的信任和好感,从而提高融资成功率。

其次,履行社会责任可以帮助初创企业吸引更多的优秀人才。在当今社会,越来越多的人才开始关注企业的社会责任感和使命感。初创企业如果能够在社会责任方面表现出色,可以吸引更多具有社会责任感和使命感的人才加入,从而提高企业的整体竞争力。

最后,履行社会责任有助于初创企业建立稳定的供应链和合作伙伴关系。初创企业在发展过程中需要与各种供应链和合作伙伴建立紧密的合作关系。积极履行社会责任可以促进企业与供应链和合作伙伴之间的信任和合作,从而建立更加稳定和可靠的合作关系。

(四)法律法规意识

法律风险是指企业在经营过程中因自身经营行为的不规范或者外部法律环境发生重大变化而造成不利法律后果的可能性。合规风险是指企业因违反法律或监管要求而受到制裁、遭受金融损失以及因未能遵守所有适用法律、法规、行为准则或相关标准而给企业信誉带来损失的可能性。法律风险侧重于民事责任的承担,合规风险则侧重于行政责任和道德责任的承担。

创业融资中的法律风险和合规风险涉及多个方面,常见的有以下几种。

(1)法律制度与监管环境:不同国家和地区的法律制度与监管环境可能存在差异,对创业融资活动产生不同的法律要求和限制。创业者需要了解并遵守相关法律法规,以确保融资活动的合法性。

(2)合同条款:创业融资通常涉及复杂的合同安排,如投资协议、股权协议、担保协议等。合同中的条款必须清晰、明确,并且符合相关法律法规的要求。如果合同条款存在歧义或漏洞,可能会导致法律纠纷和财务损失。

(3)知识产权:在创业融资过程中,创业者可能需要向潜在投资者展示其创新技术或商业模式。这涉及知识产权的披露和保护问题。如果知识产权保护措施不到位,可能会导致技术泄露或被他人盗用。

(4)投资者权益保护:创业者在融资过程中需要确保投资者的权益得到充分保护。这包括确保投资者获得充分的信息披露、参与公司治理、享有分红权等。如果投资者权益受到侵害,可能会引发法律纠纷和声誉损害。

(5)非法融资风险:创业者应避免涉及非法融资活动,如非法集资、欺诈发行等。这些行为一旦被发现,将面临严重的法律制裁和声誉损失。

为了降低创业融资中的法律风险和合规风险,企业可以采取以下措施:(1)增强法律意识,企业应提高全体员工的法律意识,确保所有员工都能遵守相关法律法规和监管要求。(2)建立合规机制,企业应建立完善的合规机制,包括合规审查、合规培训、合规报告等,确保融资活动符合法律法规和监管要求。(3)强化信息披露,企业应充分、准确、及时地披露相关信息,增强投资者和监管机构的信任。(4)审慎选择合作伙伴,企业在选择金融机构、律师事务所等合作伙伴时,应审慎考虑其合规能力和声誉,确保合作伙伴能够为企业提供合规支持。

讨论案例

旭初水下仪器项目财务规划

创业者张某及其创业团队拟成立旭初水下仪器有限责任公司,它拥有成熟的水下声呐探测技术,提倡科教兴国的理念,以顾客为本,致力于人类社会的科技进步。

公司产品有水平式多波束探鱼仪和垂直式单波束探鱼仪,主要用于捕鱼船。可及时探测到鱼群的方位、规模和水下障碍物,并实时成像,在增加捕捞量的同时,又有效地避免渔网破损。该系列产品还可用于科学考察、环境监测、水下打捞等。

公司的目标市场为国内及东南亚的渔业公司和全体渔民。探鱼仪市场总容量为 1.3 亿元人民币。公司的主要业务集中在水平式多波束探鱼仪市场上,顾客为远洋捕鱼船队,市场容量为 8000 万元人民币。受国家政策影响,国内市场将逐步扩大,同时将跻身国际市场,特别是开拓东南亚市场。计划在第一年抢占全国市场份额 12% 左右,第五年末占领全国同类产品市场 35% 以上的份额,进而确定其国内市场主导地位。

公司将主要采取市场渗透的营销策略,即以浙江省为突破点,面向全国,建立直销与委托代理相结合的全国营销网络,同时建立公司网站和客户资源管理数据库,通过多种促销方式将质高价低的产品迅速推向市场,抢占国内市场,并通过委托方式适时开拓国际市场。

为控制成本和降低对固定资产的投资风险,将硬件产品的生产、组装、包装全部承包给制造商,公司只负责软件录入、质量控制、产品验收与销售。这种策略有助于降低生产成本和增强经营的灵活性,提高市场竞争力。

公司采用学习型组织结构,适应环境变化,实行人才本地化,采用动态的绩效评估方法,建立激励机制,以团队为单位建设企业文化。

要求根据上述信息撰写财务计划。

资料来源:邓立治编著:《商业计划书:原理、演示与案例》,机械工业出版社 2018 年版

本章小结

本章主要介绍了企业基本财务报表、财务规划、企业融资渠道和方式、股权设计、资金退出机制的基本内容,提供了收入预测和资金需求预测的方法,展示了企业经营活动与财务报表的关系。通过本章的学习,希望能够帮助学习者洞悉企业所提供的财务数据背后的经营状况,对企业的战略制定与实施、经营管理质量、行业竞争力、风险与价值等诸多方面做出进一步的判断,运用恰当的工具方法对企业前景进行预测,制定合理的股权架构、融资方案和资金退出机制计划,以筹集足够的资金支持企业的经营活动和良好的发展。

延伸阅读

[1] 彼得·德鲁克.管理的实践[M].齐若兰,译.北京:机械工业出版社,2022.

[2] 稻盛和夫.稻盛和夫的实学:经营与会计[M].曹岫云,译.北京:东方出版社,2013.

[3] 詹姆斯·C.范霍恩,小约翰·M.瓦霍维奇.财务管理基础[M].刘曙光,等,译.北京:清华大学出版社,2011.

[4] 克雷沙·G.帕利普,保罗·M.西利.经营分析与估值[M].刘媛媛,译.大连:东北财经大学出版社,2018.

[5] 张新民.张新民教你读财报[M].北京:北京联合出版公司,2023.

参考文献

[1] 珍妮特·K.史密斯,理查德·L.史密斯,理查德·T.布利斯.创业融资:战略、估值与交易结构[M].沈艺峰,覃家琦,肖珉,等,译.北京:北京大学出版社,2017.

[2] 张新民,钱爱民.财务报表分析:第 5 版·立体化数字教材版[M].北京:中国人民大学出版社,2021.

[3] 张新民.从报表看企业:数字背后的秘密[M].3 版.北京:中国人民大学出版社,2017.

[4] 王化成,刘俊彦,靳新.财务管理学:第9版·立体化数字教材版[M].北京:
中国人民大学出版社,2022.

[5] 干胜道.财务理论研究[M].大连:东北财经大学出版社,2019.

[6] 胡化成.商业计划书:从0开始高效融资[M].北京:化学工业出版社,2023.

[7] 邓立治.商业计划书:原理、演示与案例[M].2版.北京:机械工业出版社,2018.

[8] 沃恩·埃文斯.商业计划书撰写指南[M].2版.刘怡,译.北京:清华大学出
版社,2023.

[9] 王艳茹,应小陆,杨树军.创业企业财务管理[M].北京:中国人民大学出版
社,2022.

[10] 韩雪峰.创业基础教程[M].北京:北京大学出版社,2016.

练习题

一、选择题

1. 企业基本财务报表包括(　　　)。

A. 资产负债表　　　　　　B. 利润表　　　　　　C. 现金流量表

2. 资产具有的特征包括(　　　)。

A. 资产预期给企业带来经济利益

B. 资产应为企业拥有或者控制的资源

C. 资产是由企业过去的交易或者事项形成的

D. 资产代表企业的经营能力

3. 收入具有的特征包括(　　　)。

A. 收入是企业在日常活动中形成的

B. 收入是与所有者投入资本无关的经济利益的总流入

C. 收入会导致所有者权益的增加

D. 收入会导致企业资产增加

4. 企业用现金购买固定资产业务会对(　　　)产生影响。

A. 资产负债表　　　　　　B. 利润表　　　　　　C. 现金流量表

5. 企业销售商品但未收到货款业务会对(　　　)产生影响。

A. 资产负债表　　　　　　B. 利润表　　　　　　C. 现金流量表

6.初创企业收入预测的方法有(　　　　)。

A.名义增长率预测法　　　　　　　B.实际增长率预测法

C.标杆法　　　　　　　　　　　　D.基本分析法

7.以下属于间接融资方式的是(　　　　)。

A.发行债券　　　B.抵押贷款　　　C.担保贷款　　　D.融资租赁

8.创业企业的股权架构按照创始人所占的股份比例不同,可以分为(　　)。

A.绝对控股型　　B.相对控股型　　C.安全控股型　　D.其他类型

9.拥有提议召开股东(大)会、董事会权利的最低持股比例是(　　)。

A.34%　　　　　B.10%　　　　　C.3%　　　　　　D.1%

10.投资者资金退出方式包括(　　　　)。

A.股份上市　　　B.股份转让　　　C.股份回购　　　D.公司清理

二、判断题

1.反映企业在一定期间内经营成果的会计报表是资产负债表。　　(　　)

2.资产负债表是以"资产-负债+所有者权益"为平衡关系的一张表。(　　)

3.利润表的三大会计要素是收入、费用、利润。　　　　　　　　(　　)

4.原始股东以货币资金入资企业,影响这家企业的资产负债表和利润表。

(　　)

5.企业从银行借入长期借款,影响这家企业的资产负债表和现金流量表。

(　　)

6.如果潜在的投资者与创业者在企业的前景上取得一致,那么外部融资比创业者自己融资更可取。　　　　　　　　　　　　　　　　　　(　　)

7.典型意义的风险投资一般投资于创业中期前后阶段的企业,金额一般较大,审核非常严格。　　　　　　　　　　　　　　　　　　　　(　　)

8.创始人拥有企业51%的股权,是绝对控制型股权架构。　　　(　　)

9.可以在股东大会召开10日前提出临时提案并书面提交召集人的最低股权比例是10%。　　　　　　　　　　　　　　　　　　　　　　(　　)

10.股权上市因其回报率高,被认为是退出资本的最好方式。　　(　　)

三、名词解释

1.负债

2.利润

3.费用

4.现金等价物

5.直接融资

四、简答题

1.简述所有者权益的特征。

2.简述财务预测流程。

3.简述收入预测流程。

4.简述公式法资金需求预测步骤。

5.简述股权设计原则。

五、论述题

1.作为一名大学生，创业时可从哪些渠道筹集创业资金？

2.初创企业在进行股权架构设计时应考虑哪些因素？

第八章 商业计划书

决定不做什么跟决定做什么同样重要。

——史蒂夫·乔布斯

> **学习目标**

➢ 理解商业计划书的基本概念和用途

➢ 掌握商业计划书的基本结构和主要内容

➢ 理解商业计划书的编制流程

➢ 理解商业计划书编制的基本要求

➢ 掌握核心竞争力的类型和识别方法

➢ 掌握数据收集的来源和分析方法

➢ 理解数字素养的重要性

引导案例

优秀的商业计划书助力滴滴出行 F 轮融资

2016 年 6 月,滴滴出行 F 轮融资获得 45 亿美元,企业估值 250 亿美元。滴滴出行创始人程维在向记者谈论融资成功的原因时,除了讲到其独特的商业模式、运营模式外,还提到了商业计划书对于融资的作用。他告诉记者,在前几轮融资的过程中,他对每一项内容都仔细推敲,认认真真地写了一份优秀的商业计划书,目的是让自己的商业计划书打动投资人。

下面,来欣赏一下滴滴出行商业计划书的部分样式(见图 8-1—图 8-4)。

独有的投资机会	• 本计划将全额认购"滴滴快的"原股东所持有合并后的"滴滴快的"股份
优质的投资标的	• 垄断打车软件市场，地位不可撼动 • 深深融入了中国消费者的日常生活之中，不可或缺，无可替代。普及性、重要性可比支付宝、微信 • 两大重量级战略投资人阿里巴巴、腾讯全力支持，未来发展潜力巨大
预期回报可观	• 公司筹划在海外上市，上市后价值有望大幅攀升 • 公司本身业绩增长将拉动股价提升 • 同类可比，美国公司UBER最新估值已达400亿美元，远远高于"滴滴快的"目前的估值
海外资产配置	• 通过投资标志性项目，将部分资产配置于海外市场，平衡资产风险

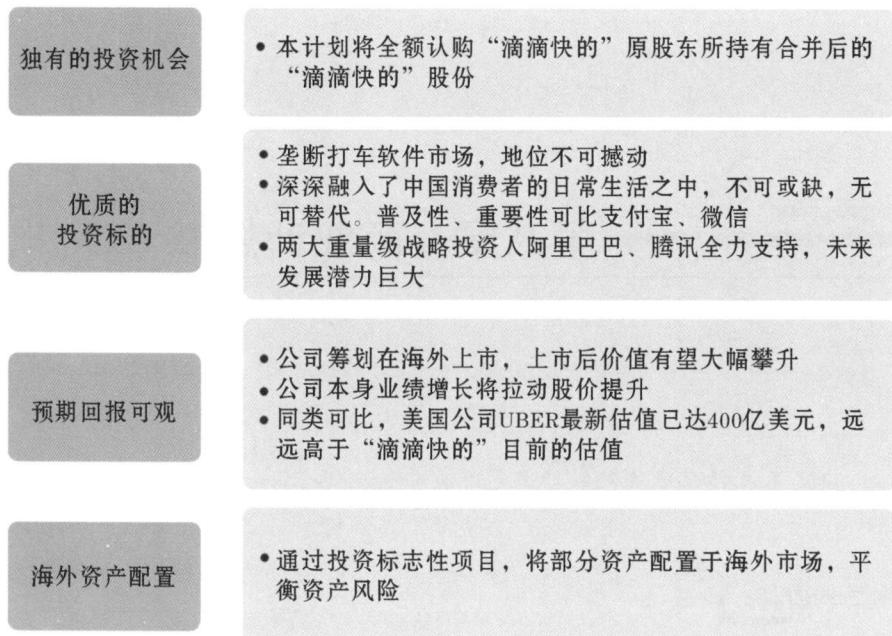

图 8-1　滴滴出行商业计划书的摘要部分

"滴滴快的"介绍：投资标的简介

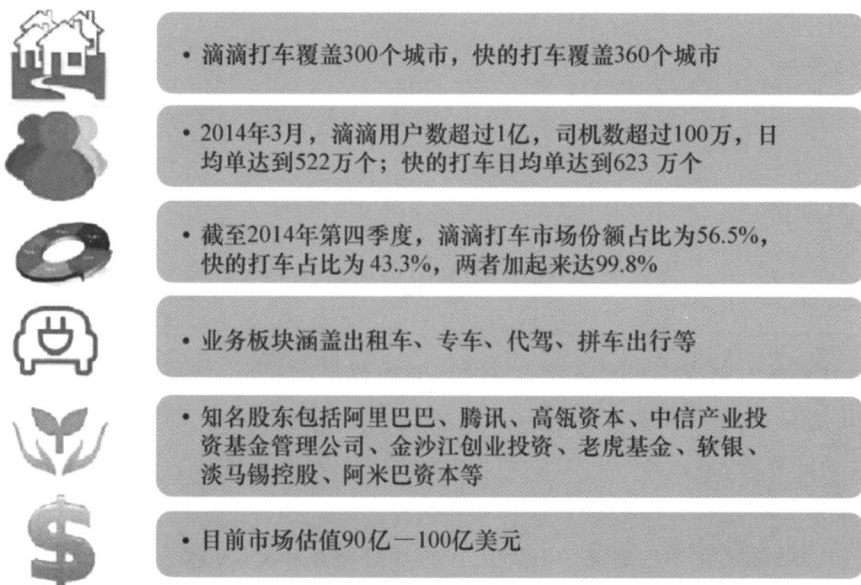

• 滴滴打车覆盖300个城市，快的打车覆盖360个城市
• 2014年3月，滴滴用户数超过1亿，司机数超过100万，日均单达到522万个；快的打车日均单达到623万个
• 截至2014年第四季度，滴滴打车市场份额占比为56.5%，快的打车占比为43.3%，两者加起来达99.8%
• 业务板块涵盖出租车、专车、代驾、拼车出行等
• 知名股东包括阿里巴巴、腾讯、高瓴资本、中信产业投资基金管理公司、金沙江创业投资、老虎基金、软银、淡马锡控股、阿米巴资本等
• 目前市场估值90亿—100亿美元

图 8-2　滴滴出行商业计划书中投资标的简介

"滴滴快的"投资亮点：优势互补、具有强大执行力的管理团队

程维，联合CEO

> 2005年进入阿里巴巴从事销售工作，是当时阿里最年轻的区域经理
> 2011年担任支付宝B2O事业部副总经理
> 2012年创办滴滴打车，任始人兼CEO
> 2015年任合并后的滴滴快的公司联合CEO

吕传伟，联合CEO

> 原快的打车CEO，具有多年美国硅谷工作经验，任跨国公司高管
> "2014年中国互联网年度人物"候选人
> 2015年，出任合并后滴滴快的公司联合CEO

柳青，CEO

> "中国IT教父"柳传志之女，北京大学计算机系本科，哈佛大学硕士
> 10年高盛投行部工作经历。2012年升为亚太区董事总经理，是高盛史上最年轻的董事总经理之一
> 2014年加入滴滴任首席运营官，2015年，出任合并后滴滴快的公司总裁
> 入选2015年《福布斯》亚洲商界权势女性前50位榜单，2015年值得关注的亚洲女性高管

图 8-3　滴滴出行商业计划书的核心团队部分

■政策风险

本计划拟投资的滴滴快的，其主要业务为出租车打车及专车服务。该行业仍受政府监管，同时，目前针对移动打车市场的各方面法规制度并不清晰完善。因此，国家尽管总体上对互联网创新持支持态度，但仍有可能出台不利于整个行业乃至滴滴快的发展的新监管政策。

■经营风险

本计划拟投资的滴滴快的属于移动互联网行业，该行业属于高速变化且充分竞争的领域，新的模式、竞争对手层出不穷，且尚属于市场培育期。因此管理层虽然有信心使未来规模继续大幅增长，但不能保证一定达到业绩目标，经营会有波动，并有中短期继续亏损的可能，但长期看好。

■上市风险

本项目投资于非上市公司的股权，虽然公司力争在近几年内于境内外资本市场上市，但能否上市成功受到市场、行业、股市行情等诸多因素限制，未来仍有可能无法在项目期限内上市。本项目对未来能否上市成功一事无法予以保证。

■流动性风险

滴滴快的目前仍是非上市公司，虽然其业务在飞速发展，但仍有可能在投资期限满后，面临无法变现的风险。投资人在投资本项目时，需考虑到自身未来几年的资金需求状况。

特别提示：本项目为股权投资项目，具有高风险、高收益的特质。本项目并不向投资人保证收益。在不利状况下，投资人的本金也有可能遭受损失。投资有风险，决策需谨慎。

图 8-4　滴滴出行商业计划书的风险提示部分

资料来源：何红旗：《从创业融资到企业 IPO 实施全案：这样做你的企业也可以上市》，人民邮电出版社 2018 年版

第一节　商业计划书概述

一、商业计划书的概念和用途

(一)商业计划书发展简述及教学运用

1. 商业计划书发展简述

商业计划书从字面意思看就是一份关于某项商业活动的计划,是对一项将要开展的商业活动的描述、说明和结果预测。商业计划书的概念和发展与商业活动的规模、复杂程度、风险的大小等因素紧密相连。当商业活动是一项简单的交易时,商业计划可能只存在于交易者的大脑中,凭借他们的经验就能很好地完成。但是当商业活动变得复杂,存在多种影响因素时,商业计划书就变得非常重要。随着全球商业环境的持续演变以及企业治理结构的逐渐成熟,商业计划书已经成为现代企业不可或缺的核心工具。

商业计划书的使用可追溯到 20 世纪初的美国,当时不少中小企业在寻求银行贷款或风险投资支持时,被要求提交一份详尽的商业设想和财务预测(Hisrich et al. , 2008)。到 20 世纪 70 年代,随着硅谷科技创业热潮的兴起以及风险资本制度的逐步成型,商业计划书开始被广泛应用于初创企业的融资活动中,并逐渐成为投资人判断项目可行性的重要依据。进入新世纪后,受到"精益创业"等理念影响,传统的商业计划书开始发生变化。它的内容变得更简洁,结构变得更灵活,同时也出现了如"商业模式画布"(见本书第五章)等强调可视化表达和用户导向的替代工具(Blank & Dorf, 2012)。

2. 商业计划书的教学运用

在创业课程中,学习、理解并应用商业计划书同样占据了举足轻重的位置。早在 20 世纪中叶,商业计划书就已出现在商学院的教学内容中。1947 年,哈佛大学首次在其"新企业管理"课程中引入了商业计划书,用于引导学生系统地表达他们的商业构想,并思考如何将这些想法转化为实际可行的商业行动(Harvard Business School,1996)。虽然最初商业计划书更多是作为课堂作业存在,但随着时间推移,这一工具的教学地位不断上升。尤其是在 20 世纪 80 年代,创业被重新定义为推动经济增长与创新的核心动力,许多高校开始主动建设创业中心,推出与市场接轨的实践型课程体系。比如,百森商学院和麻省理工学院等学校率先将商业计划书纳入创业课程的正式模块,强调市场调研、竞争分析、财务建模等内容的综合训练(Roberts and Eesley,2009;Babson College,2021)。与此同时,多所大学将商业计划书与创业竞赛结合起来,如麻省理工学院的 $100K 创业挑战赛以及哈佛大学的 New Venture Competition,为学生提供了锻炼商业表达、融资沟通和团队协作能力的真实场景。

进入 21 世纪,创业教育理念发生了深刻转变。传统静态的商业计划书正在被一种更灵活、更动态的方式所替代。商业计划书也不再是课程的结课作业,而是贯穿整个创业周期的工作文档。在斯坦福大学的 Startup Garage 课程、麻省理工学院的 New Enterprises 课程,或加利福尼亚大学伯克利分校的 SkyDeck 孵化项目中,学生不仅要撰写商业计划书,还需要在导师指导下开展实地调研、创建最小可行产品,并进行市场验证和路演。这些课程打破了传统"纸上谈兵"的教学方式,将商业计划书写作深度嵌入真实商业操作的全过程之中。

尽管近年来出现了许多替代工具和简化模型,但商业计划书依然是高校创业教育中被广泛采用、最具有系统训练价值的教学形式之一。它不仅帮助学生建立起完整的商业逻辑,还锻炼了他们在资源整合、战略设计和投资沟通等方面的能力。在快速变化和高度竞争的当代商业环境中,商业计划书所体现的结构性思维和前瞻性战略设计,依然具有不可替代的重要作用。

(二)商业计划书的概念和用途

1992 年,由科技部和财政部共同组建的国家科技风险开发事业中心是我国最早推动科技风险投资事业发展的机构之一,该中心于 2002 年编写了《商业计划书编写指南》,旨在帮助中小科技企业更好地将科研成果转化成生产力,推进创新型国家的建设。

该指南将商业计划书定义为"一份全方位的项目计划,它从企业内部的人员、制度、管理,以及企业的产品、营销、市场等各个方面对即将展开的商业项目进行可行性分析,是创业企业一切经营活动的蓝图与指南,是企业的行动纲领和执行方案,代表着企业管理团队和企业本身给予风险投资方的第一印象"。

该定义不仅给出了商业计划书的性质和内容,也指出了商业计划书的作用。由于该指南主要针对中小科技企业,因此,该指南对商业计划书的定义更关注科技成果转化的目标。在实际的应用中,商业计划书有更广泛的用途,也因此拥有更宽泛的概念。

1. 商业计划书的概念

理解并定义商业计划书的关键在于,商业计划书不是一个单纯的计划文件,而是一系列关于如何确保企业未来成功的关键管理决策。商业计划书应是企业做出的关于产品和服务的提供、市场竞争、客户选择、合作企业、组织架构、企业目标等基础内容的说明。在某种程度上,任何组织,无论规模大小,无论是否以营利为目标,商业计划书作为一种工具都能有效帮助其达成目标。

在大学生开展创新创业活动过程中,商业计划书的编制是最基础,也是最重要的内容。常见的大学生创新创业活动主要有三种形式:科技创新及转化,商业模式创新及应用,公益活动创新及实施。这三种创新创业活动通常也是各类大学生科技竞赛的内容。无论是向投资人汇报获得资金还是参加竞赛展示,基础的文本就是一份商业计划书。

为了更好地理解并撰写商业计划书,针对大学生创新创业活动的特征,本书将商业计划书定义为:商业计划书是一份详细阐述企业运营的文件,它详尽描述了业务现状并规划未来发展路径。商业计划书适用于一些短期的行动,如为特定项目筹集资金,也适用于长期发展规划,成为企业发展的蓝图。

从上述定义可以看到,首先,商业计划书是一份阐述企业运营的文件,因此,它的重点是要对企业运营的各个方面有清晰准确的分析描述,这是商业计划书的基本内容,它将成为各类决策的基础。其次,为融资而撰写的商业计划书,往往将预测企业未来可能的盈利情况作为核心,这对其他非营利类项目造成了困扰,本定义为商业计划书提供了更宽泛的内容描述,使商业计划书的意义更为清晰。例如,作为公益类项目,虽然对盈利目标不做要求,但是项目本身也应有清晰准确的运行描述,并对未来持续实施的方式进行说明。

2. 商业计划书的用途

当前,商业计划书成为很多商业场景中必须提交的材料,它的用途主要表现在对外和对内两方面。

(1)获得外部资金。对外部而言,商业计划书的作用是获得外部资金。无论是初创企业还是已经在运行中的企业,都可能面临资金需求的问题。企业向有可能提供资金的机构或者个人进行阐述,以获得资金支持是最常见的方式。

在这一过程中,商业计划书将发挥重要作用,企业通过商业计划书阐明为何自身是值得投资的。投资是一项非常谨慎且严格的商业活动,投资人或投资机构需要看到一份完善的商业计划书,了解企业的产品、相关的市场、业务的可行性、预测的盈利等信息,才有可能确定进一步合作的可能性。商业计划书的质量影响了投资人对项目的初步印象和判断,是获得外部融资的重要环节。

对大学生而言,参加各类创新创业比赛时,商业计划书的质量决定了评委对项目的初步评价。通常,创新创业比赛文本评审是第一阶段的工作,主要的任务就是阅读各个参赛队伍提交的商业计划书,给出评价,确定晋级项目。

(2)厘清创业思路。对内部而言,商业计划书是对未来项目的一个分析。商业计划书的撰写过程就是推动团队逐步厘清思路的过程,能帮助团队对项目有更深刻的认识。创业项目通常源于一个创意或者一项专利发明,但如何将创意或者专利转变为一个可行的创业项目是普遍存在的问题。商业计划书标准化的内容和分析要求,引导团队进行思考和分析,发现其中的问题,及时进行调整,提高了项目的可行性,提升了创业成功的概率。

对大学生而言,创业不成功的一个重要原因是在创业前对项目评估不充分,忽视商业计划书对创业决策的引导意义,认为商业计划书只是用于融资,不融资就不需要商业计划书。

二、商业计划书的结构与内容

因为商业计划书具有引导项目分析和向投资方展示的功能,所以一般认为商业计划书是有标准化的结构格式的。当然,根据不同的目的,商业计划书的内容可以有调整,篇幅也有较大的差异。

(一)商业计划书的基本结构

通常商业计划书的结构包括封面、摘要、目录、正文、附录五个部分。

1.封面

封面是商业计划书的包装,适当的包装能提升计划书整体的品质。商业计划书封面的材料、装订的形式都需要进行设计。设计应满足两项原则:一是使阅读者能轻松翻阅;二是确保商业计划书被多次翻阅后,仍能保持完好。例如过于沉重的计划书包装,如皮革封面,一般是不适宜的。

封面也要提供商业计划书的重要信息,包括项目名称、公司名称和地址、项目负责人联系电话、编制日期等,这些信息应该位于封面的显著位置。

另外,针对项目中的商业或者技术秘密,封面上应有相应的保密提示。

2. 摘要

摘要是对整个项目的一个简要说明,一般是1—2页的篇幅。摘要字数少,但是需要将重要的信息和观点表述清楚,这是商业计划书中的重要部分。

摘要部分主要是回答以下问题:产品或者服务是什么? 现状如何? 目标市场是什么? 满足怎样的市场需求? 市场趋势是什么? 竞争优势是什么? 项目的预期目标是什么? 项目的资金量是多少? 需要多少投资? 投资回报有哪些?

摘要应在整个商业计划书撰写完成后编写。摘要不是撰写框架的组合,而是对撰写成果的提炼。

3. 目录

目录也是在整个商业计划书编写完成后编制的。对撰写者而言,目录的编制是对商业计划书的框架进行检查确认的过程。通过目录能清楚地看出文本的逻辑是否通畅、结构是否完整、各板块排布是否合理。

目录编制的另一功能是对阅读的引导,方便阅读者快速获得重要信息。因此,页码的编写方式也是目录编制中的重要部分。页码一般采用简单的顺序编码,而且文本对应的页码不能有误。文本中的图和表也应进行相应的编码。

4. 正文

正文部分就是商业计划书的内容部分,不同用途的商业计划书,正文的内容有较大的差异。例如用于路演的商业计划书,由于路演的时间一般是5—8分钟,商业计划书可做成10—15页左右的PPT,在内容上直接呈现听者关心的内容,不需要面面俱到。大学生用于参加创新创业大赛的商业计划书,则需要强化创业项目的陈述,融资等内容可以相对简单。

5. 附录

为了让商业计划书逻辑清晰、便于阅读,一些影响主线内容陈述的信息就以附录的形式置于计划书的最后。在商业计划书中,用引用的方式将附录内容与正文内容进行联系。

常见的被置于附录中的内容包括:市场调研(如调查问卷等)的结论、行业分析报告、竞争对手相关信息、拥有的或正在申请中的专利、完整的财务分析、为产品或服务制作的宣传海报、设计图纸等。

小专栏 8-1　一页纸商业计划书

在中国,大部分创业者都会准备一份详尽的商业计划书,而且通常会以PPT的形式来呈现。这份商业计划书往往是他们提交给投资人的第一份融资材料。为使投资人在最短的时间内了解项目信息,可以采用"一页纸商业计划书"。

一份好的"一页纸商业计划书"应该涵盖投资人最关心的内容。创业者把投资人筛选项目时最关心的内容列在前面,可以大大降低投资人的决策成本,自然也就能获得更多的关注。

投资人也是人,更喜欢简洁明了的内容。投资人对你的项目了解清楚了,如果感兴趣,自然会主动与你联系。不少资深的投资人(尤其是在相关领域拥有经验的投资人)在看到你的商业计划书后,基本上就已经做出了决策。

创业者可以尝试制作"一页纸商业计划书"或"引子",来清楚列示投资人最关心的信息。二者大同小异,作用都是引起投资人的兴趣。以淘宝产品的详情页为例,我们都知道一个专业的产品详情页最前面都有几行字,其主要作用就是引起消费者的兴趣,让他们愿意往下看而不是关掉页面。这几行字需要充分体现产品的亮点,消费者读这几行字的时间被称为"黄金10秒"。同样地,投资人读"一页纸商业计划书"的时间是整个融资过程中的"黄金10分钟",这短短的10分钟决定了你的融资计划能否引起投资人的关注,从而决定能否成功得到融资。

资料来源:蔡聪《创业家书:低风险高胜率的8条创业家规》,机械工业出版社2024年版

(二)商业计划书的主要内容

商业计划书的主要内容一般分为八个模块。这八个模块又可以归为两个部分:公司概述、产品和服务、市场机会以及商业模式属于一个部分,这个部分是关于创业项目的基础内容;创业团队、风险控制、战略规划、财务融资属于一个部分,这部分说明创业项目是如何实现的。

1. 公司概述

公司概述模块主要陈述公司名称地址信息、公司的历史和业务、公司战略

及其优势或者关键成功因素等。

如上文所述，公司名称地址属于封面的内容，其他内容则在公司概述中说明。公司概述就是要对整个公司做出总体性的概述，介绍公司最基本、最重要的信息。这部分最主要的功能是回答公司是做什么的问题，通过公司的简介，能反映项目所在的行业、定位、方向等。

2. 产品和服务

本书的第四章阐述了与产品和服务相关的原理和实践。在商业计划书中，产品和服务模块主要对公司运营的产品或服务进行描述，主要回答以下六个问题：(1)产品是什么，包括产品的功能、核心价值；(2)产品的创新点什么？(3)产品相对于竞品的优势是什么？(4)产品的门槛壁垒是什么？即为什么别人做不了；(5)产品的应用场景是什么？(6)产品研发已经取得的专利等有哪些？

3. 市场机会

本书的第四、第五、第六章都有对市场需求的相关分析，但是，市场机会与市场需求的概念存在一定的差别。市场机会是创业者在深刻、透彻、有效把握市场和研究市场需求的基础上进行的判断和决策。市场机会模块主要分析为什么要选择这一产品或服务的问题。

市场机会分析主要包括四个内容：(1)宏观视角的背景和趋势分析，如时代发展的要求、政策变化、社会文化变迁、国际形势、行业走向等。(2)需求痛点分析，包括目标群体、用户画像、目标用户的需求及具体表现。创业者对需求痛点的认识和分析水平，决定了创业项目的质量。(3)竞品分析，主要针对市场中有代表性的同类产品或者替代产品进行比较分析，重点关注产品的通用指标。如果市场上竞品不足，则可以针对目前的解决方案的缺陷进行分析。(4)市场规模，包括现有的市场规模和未来可能有的市场空间规模。市场规模反映了项目的价值。

4. 商业模式

本书第五章阐述了商业模式的概念，商业计划书中的商业模式是一个相对宽泛的概念，包括了运营模式、盈利模式和营销模式。

运营模式主要展示公司内部各个环节和要素的组织方式，以及公司上下游之间的业务关系，主要说明公司业务是如何开展的。盈利模式主要说明公司的产品定价、收入来源、成本结构、收入结构以及如何保证收入的实现等问题。营销模式主要说明公司如何获得客户。本书的第六章阐述了营销策略的原理和基本内容以及当前社交媒体营销的相关内容。在商业计划书中，营销模式需要清楚描述项目的客户、如何接触到客户、如何开展营销、如何开展线上和线下的营销活动等。

5. 创业团队

本书的第二章阐述了创业团队的概念、组建和相应的管理要求。在商业计划书中,创业团队模块主要说明为什么是我们这个团队来实施这个项目。所以在这一模块中,需要阐述四个方面的内容:核心团队成员、专家顾问团队、公司构架和股权结构。

核心团队成员的部分一般需要通过阐述以往的经历和成就反映成员的优势以及与项目的适配度、成员之间的独立性与互补性。其中,成员与项目的适配度以及成员之间的互补性是关键内容。专家顾问团队是项目的辅助团队,可以是项目的指导教师,也可以是项目的合作伙伴。对于科技类项目,专家顾问团队通常也包括学科领域的专家。专家顾问团队主要发挥为项目背书的作用。在商业计划书中,不能简单介绍专家的成就,主要应说明专家顾问与项目的关系以及在项目中发挥的作用。公司构架的部分主要描述公司内部部门的设置和相应职能。对创业公司而言,由于公司在初创阶段,公司构架一般比较简单,也比较相似。股权结构的部分主要说明公司所有的持股人的股权比例及相关权益。股权激励是创业团队重要的治理方式,相关内容参见本书第二章。

6. 风险控制

风险控制模块要对整个项目可能存在的风险执行评估和预测,并要提出切实可行的控制方案。在商业计划书中,风险控制的部分常常比较简单或者流于形式,这是因为存在对风险控制部分的误解。创业者认为,风险控制分析会影响创业项目的可行性,进而影响投资人对项目的认可度。从本质上看,风险控制的分析与描述是为了降低创业活动的不确定性,有利于创业项目的成功。

商业计划书中,关于风险控制的分析主要有国际关系、宏观政策、行业趋势、新技术等。不同的项目在风险识别上存在明显的不同,商业计划书中需要对可能存在的风险进行识别并给出应对方案。

7. 战略规划

战略规划模块主要分析创业项目未来发展的规划和成果预测,它与严格意义上的企业战略规划有一定的区别。创业企业在撰写战略规划部分时往往比较随意,内容的有效性也经常被忽视。

战略规划模块主要分两部分内容:一是说明公司未来的发展目标是什么;二是为达成目标的行动方案是什么。发展目标应量化,有具体的可衡量的指标及具体的数据预测。指标的构建应合理，数据预测的方法应科学。行动方案应满足合理性、可行性的要求。有效的战略规划有助于提升项目的价值。

8.财务融资

本书的第七章对企业财务报表、融资方式等做出了阐述。在商业计划书中，财务与融资模块主要涉及项目估值、资金用途、融资方式、退出方式等四个部分。

项目估值是融资的核心内容，因为项目估值反映的是股权的合议价格。对于初创企业，项目估值的准确性相对较差，但是，商业计划书也需要尽可能合理地采用适当的方法对项目进行估值，以用于融资谈判。资金用途主要说明项目需要融资的数量、融资的主要用途以及能够实现的目标。资金用途描述的合理性、可行性和严谨性是关键。融资方式是对项目将要采取的融资方式的说明。融资方式有很多种形式，不同的融资方式，其操作方式和获得融资的难易度也不尽相同。商业计划书中应对所选择的融资方式以及曾经获得过的融资情况进行说明。退出方式是说明投资获利以及退出的时间和方式。对于股权投资而言，退出才能获利，因此，在商业计划书中需要进行相应的说明。

第二节　商业计划书编制流程和要求

一、商业计划书编制流程

商业计划书的编制具有复杂性、系统性、严谨性的特点，持续的时间比较长，通常可以分为四个环节。

(一)撰写准备

当有了一个创意思路或者一项研发成果后，创业者希望将创意或者研发成果进行转化时，就有了撰写商业计划书的需求。在撰写之前，要做好准备工作。

撰写准备主要有以下三方面：团队组建、确定需求和内容设计。团队组建是指组织好参与商业计划书编写的成员，一般创业团队主要成员也是商业计划书编写的主要成员，同时，为了让商业计划书在数据处理、文字优化、图文设计、视频制作等方面更突出,便于展示,撰写团队可以邀请相关人员参与。确定需求是指确定商业计划书的用途,例如是为了获得投资或者是为了寻求合作,或者是为了获得政府补助。对大学生而言,撰写商业计划书通常是为了参加各种创业竞赛。用途不同,在商业计划书的内容组织上就会有所不同。内容设计是指商业计划书在编制前,根据确定的目标用途,确定商业计划书的内容框架,尤其是重点需要呈现的内容。

(二)资料收集

商业计划书的编制需要大量的数据和资料,作为项目分析和预测的基础。商业计划书需要收集的外部资料通常包括市场现状、竞争对手现状等,这些资料可以通过收集正式发布的数据或者通过购买统计机构的数据获得。另外一些外部资料,如消费者行为特征、消费习惯等信息可以通过问卷的方式获得,但是如前文所述,问卷调查的可靠性应得到确认。当前,越来越多的网络数据,如网络平台的评论、笔记等作为重要的数据,通过合理的方法,也可以成为有效数据信息。

整体上,资料收集要尽可能充分,数据要尽可能可靠。

(三)文本撰写

在确定目标并收集好数据信息之后,就进入文本撰写的阶段。原则上,商业计划书的编写由负责人主导完成,撰写的过程也是深入分析项目的过程,通过撰写可以发现创业项目的缺陷或不足,也可以发现更多的优势和特色。因此,文本的撰写过程也是创业项目前期设计优化的过程。

文本撰写不仅包括文字,也包括图表设计和绘制。图表能清晰、直观地呈现数据之间的关系或者趋势,能让阅读者一目了然。因此,图表的设计和绘制有利于文本信息的表达。撰写过程中,图表的形状、信息等需要专门的设计和绘制,是文本撰写的重要内容。

如果文本用于展示、参加比赛等,那么还要对文本整体的风格进行设计,如通过封面设计、文档排版等方式,强化项目特征和优势。

(四)修改提升

在商业计划书文档初步完成后,应进行反复的修改,以提高文本的质量。文本修改首先要关注文字本身的检查,不出现错字病句等低级错误。其次是核对数据,避免信息错误影响结论。最后要关注文本内容的修改,包括提高文本语言的流畅度和准确度。

商业计划书修改的过程也是项目深入分析优化的过程。因此,文本内容会随着项目的优化而调整,修改出新的版本。

二、商业计划书编制基本要求

(一)语言简洁通顺

商业计划书属于应用文范畴,语言风格应该是陈述、说明类,区别于新闻或者文学作品的写作风格。语言应流畅、观点清晰、描述准确、打动人心,使阅读者能迅速获得核心观点。

编制商业计划书的目的是获得投资或对内指导,因此,描述的内容应该简洁明了,直入主题、开门见山。在写作时,避免写一些与主题无关的内容。同时,要注意内容的完整性,不能因追求简洁而忽略信息的完整。信息不完整会影响阅读者的判断。

(二)内容反映优势

商业计划书的内容应能反映项目的优势。在满足基本内容框架的基础上,可以根据商业计划书的编制目标和项目的特征对内容进行调整,以突出项目特色与优势。内容的调整包括对部分板块的强化或者弱化,如增加文字的数量,使分析更为深入。更为常见的方式是创新内容的呈现形式,如通过图表呈现数据,通过视频呈现内部结构等。

(三)结构服务目标

商业计划书的结构安排应服务于编制目标。商业计划书的内容与结构应根据其具体使用目标进行有针对性的调整,以提高沟通效率和实际应用效果。不同的使用情境,如寻求风险投资、申请政府资助、内部战略规划或对外业务合作,对商业计划书的关注重点、深度和表达方式的要求各不相同。例如,在向投资人展示时,商业计划书应突出市场机会、商业模式、盈利能力与退出机制,语言应简洁有力,重点强调回报预期与增长潜力;而面向银行或政府机构申请贷款或扶持资金时,则须更翔实地呈现财务数据、偿付能力、风险控制与合规性内容。

大学生用于创业或者比赛的商业计划书遵循同样的原则要求。

三、商业计划书编制常见问题和改进方法

(一)常见问题

大学生在商业计划书编制中常见的问题主要有以下几个方面。

1. 逻辑混乱

大学生在编制商业计划书时,常会寻找一个计划书的模板,然后根据模板的框架标题进行填写。有时为加快进度,体现所谓"团队合作",计划书的不同部分是各个团队成员分别独立完成的。这样编制的计划书比较容易出现逻辑混乱的问题。

从本质上看,逻辑混乱主要源于编制者不了解为什么要写这部分内容,计划书的各个部分具有怎样的功能。另外,团队成员分别独立编制部分内容,容易出现前后矛盾或者重复等现象,这是由于成员之间缺乏沟通和讨论,没有取得思想的一致。

2. 分析简单

分析是商业计划书最根本的意义,分析过程需要准确的数据支持和有效的分析工具。大学生在编制商业计划书时,通常受到专业能力的限制,在数据收集和分析工具运用两方面存在明显的短板,直接影响商业计划书的质量。

在数据收集方面,商业计划书主要需要两方面的数据:一是相关行业的数据,用于分析行业现状、发展前景等;二是消费者的数据,用于分析消费特征、产品的市场机会等。因此,数据的收集和分析对项目的可行性至关重要。但是,大学生常用的数据收集方法和分析方法相对简单。常见的相关行业数据可能来自百度的一次简单搜索,而消费者的信息则来自一次简单的问卷调查。在数据分析过程中,通常看到的是简单针对问卷各个题项的汇总统计分析,而网络数据通常是直接使用,很少去确认网络平台数据的真实性、可靠性。

3. 内容宽泛

尽管商业计划书的编制是在一定的模板下进行的,但是编写的内容应该服务于分析的目标,聚焦项目核心产品和服务。对核心产品和服务的描述分析不仅仅是在商业计划书产品描述分析这一板块中进行,其他板块内容也需要聚焦

项目的产品和服务,宽泛的描述和分析容易引起误解。

商业计划书内容的宽泛主要表现在诸如背景政策分析、市场分析等板块,有时,财务分析也是非常简单而粗糙的。例如,与农业相关的创业项目,无论是农业机械制造,还是抑菌制剂,因为都是在农业领域研发的,大学士在编写项目背景时,通常都从我国的乡村振兴政策开始分析。这一分析思路虽然没有错误,但是也没有太深刻的意义,整个背景的描述过于宽泛,对项目具体的产品和服务支持不足。对阅读者而言,也容易产生误解。

小专栏 8-2　市场分析模块常见问题

创业者在商业计划书市场分析模块的写作中经常出现以下三个问题。

1. 忽视深入的调查

创业者常常沉迷于自以为是的逻辑推理中,忽视了深入实际的调查研究。"口头上的巨人,行动上的矮子",这是早期创业者中普遍存在的问题。有些人沉迷于想象推理和高谈阔论带来的快感中,而很少采取切实有效的行动,很少真正深入市场最前沿和用户第一线,了解最接地气的真实情况,很少扎扎实实地做最基础的调查研究和分析工作——这对创业来说是根本性、致命性的错误。

2. 缺乏市场的分析视角

创业者常常基于已有的研发基础来解释市场,而非基于市场的刚需痛点来研发产品。人们通常会有一种惯性思维:如果自己想做一件事或者已经做了一件事,就会找来各种理由证明这件事具有可行性、合理性和未来前景,而有意无意地忽视了许多不利因素和导致该事不成立的信息。商业计划书的编写就经常出现这一问题。

许多创业者都有类似的惯性思维,他们常常基于自身积累的技术、研发或产品优势,想当然地去定义市场需求,不做市场调研,从而缺乏对客户的深刻理解,牵强附会地去论证自身的合理性,而不是从市场需求出发来考虑技术应用和产品研发问题。

在高校和科研机构的科技成果转化中,在各类创新创业大赛中,这种情况较为普遍。需要强调的是,创业者要与用户做朋友,要深入用户第一线做调查研究,要基于对市场和用户需求痛点的有效分析和深刻理解来思考产品研发,一定不能按照惯性思维行事。

3. 缺乏对市场的理解

创业者常常会因缺乏对市场的理解而"妄自尊大"。许多创业者根本不了解市场,不熟悉行业和市场现状,不知道市场参与者在做什么,以及是怎么做的,没有站在市场最前沿来思考问题。这样的创业者,其创业项目是不可能具有可行性的。因缺乏对市场和行业前沿的理解,许多创业者自以为是,自认为有创新性,但其实所谓的创新点只不过是他们自说自话、自编自演的"故事"。自认为有想象空间,"妄自尊大",动辄说自己是这个方向的领导者、领先者、颠覆者,这些都是要避免的。

资料来源.韩树杰.《创业地图.商业计划书与创业行动指南》,机械工业出版社 2020 年版

(二)改进方法

1. 提升专业素养

通过商业计划书的编制,创业者能明显感觉到自身专业素养的不足。商业计划书的编制对专业素养的要求包括产品和服务所在领域的专业素养,以及产品和服务研发成果转化所需的市场分析与推广、生产运营、财务管理等商业素养。在商业计划书编制实践中,往往会出现两种不同的认知,有的大学生纠结于如何让自己成为"全才",能很好地应对所有的专业问题,有的大学生则认为成为"专才"就行,"专才"的组合就是"全才团队"。通过实践发现,这两种想法都存在误区。

编制商业计划书以及开展创业活动,都对个人的综合素养提出要求,综合素养是一种基于行业领域的"专"和商业领域的"博"的综合。首先是在学科领域的"专",即对商业计划书中分析的产品和服务有充分的了解,尤其是产品或者服务的创新点应真的存在,而不是信息不充分或者理解有误导致的"伪创新"。其次是商业领域的"博",即对产品和服务研发成果转化所需经济、管理、市场等领域的基本原理和规则的了解。在当下的科技创新研发领域,有很多项目无法实现商业转化,其中一个重要原因是在研发路径选择时,研究者缺乏对经济、管理运行规律的基本了解,没有将经济运行要求作为一个研发路径分析要素,只满足了实验室要求或者是论文写作要求,直接阻碍了研发成果的转化。最后,对于商业计划书的编制工作,写作能力也是必不可少的,如何准确地表达

是关键。

因此，提升专业素养，提升个体的综合能力是撰写优质商业计划书的基础。对项目主持人而言，"专"与"博"的有机结合也是创业成功的重要基础。

2. 充分沟通与交流

商业计划书的编制是一项较为复杂的任务，通过团队合作的方法可以快速完成。团队成员之间需要进行充分的沟通和交流，明确各自的任务和职责，才有可能避免计划书内容中存在的问题。

本书的第二章分析了创业团队的相关问题，商业计划书编制团队和创业团队的主要核心成员应该是一致的，在组建要求、合作方式上也是基本一致的。当然，由于编制工作的特殊性，商业计划书编制工作的分工合作具有特殊性。主持人应对整个计划书负责，包括从主题内容到语言风格的全部内容，其他成员对各自领域的技术性内容负责，这样在合作撰写商业计划书时，能保持思路、内容、语言的一致性，避免前后矛盾，也能保证各个板块的专业性。

因此，在商业计划书撰写过程中，团队成员之间应充分沟通和交流，应聚焦于产品和服务商业化过程中的技术性问题展开讨论并逐步达成共识，而不是简单地分配写作任务。

第三节　商业计划书编制中的方法与工具

编制商业计划书时，掌握核心内容的编制方法和工具有利于提升商业计划书的质量。本节将重点分析商业计划书中关于公司或项目的核心竞争力的识别方法、数据收集和分析的方法以及如何培养数字素养。

一、核心竞争力识别

在创业项目汇报、答辩、谈判中，创业者常被问到公司或项目的核心竞争力是什么。这一问题似乎很难回答，因为创业者对公司或项目的核心竞争力没有充分的理解和分析。核心竞争力的分析往往是商业计划书中的薄弱部分。

（一）核心竞争力的概念

核心竞争力是一种相对较新的管理理论，起源于 1990 年《哈佛商业评论》

的一篇文章《公司的核心竞争力》。普拉哈拉德和加里-哈默尔在文章中分析了成为核心竞争力的商业活动必须满足的三个条件：（1）该活动必须为消费者提供卓越的价值或利益。（2）竞争对手难以复制或模仿。（3）它应该是罕见的。文章指出，在20世纪80年代，对企业管理者的评判标准是他们是否有能力对企业进行重组、清理和精简。而到90年代，评判他们的标准则转变为他们识别、培养和利用核心竞争力的能力，而这些核心竞争力才是企业发展的基础。

之后，核心竞争力的概念受到关注，表8-1罗列了部分有代表性的关于核心竞争力的概念。从不同学者对核心竞争力的描述中可以看出，核心竞争力的概念是逐渐发展的，最初对核心竞争力的描述只是说明核心竞争力是什么，之后的学者试图说明核心竞争力的来源。综上，本书分析认为核心竞争力的概念应包含两层意思：一是核心竞争力是组织的一种独特的优势，二是这种优势不是由单一因素决定的，而是各种相关要素共同作用的结果。

表 8-1 核心竞争力概念发展

作者（年份）	具体描述
C. K. Prahalad and Gary Hamel(1990)	一项商业活动要成为核心竞争力，必须满足三个条件：该活动必须为消费者提供卓越的价值或利益；竞争对手难以复制或模仿；它应该是罕见的
Hossein Bidgoli(2003)	组织长期发展起来的能力、流程、系统和程序的复杂而精密的"捆绑"，使组织具有在市场上取得竞争优势的独特能力
Hasenclever, Lopes, and Paranhos(2008)	多种资源和技能的协调组合，使企业在市场中脱颖而出
Kawshala(2017)	核心竞争力是相对于行业内其他组织的特殊优势，为提高附加值提供了基础。核心竞争力反映了组织的集体学习，涉及协调各种生产技能和整合多种技术流。它包括沟通、参与和跨越组织界限的坚定承诺，例如改进组织内的跨职能团队，以解决界限问题并克服它们

（二）核心竞争力的类型

企业或者项目的核心竞争力有多种类型，了解核心竞争力的类型有助于对核心竞争力的分析和挖掘。企业常见的核心竞争力主要有以下类型。

1. 最优质的产品

这种核心竞争力是比较容易被识别的。初创公司在设立时,往往拥有比较特别的产品,商业计划书专门有一个模块用来描述产品,因此,很多创业者都自然认为公司的产品或服务就是公司的核心竞争力。事实上,只有拥有独特技术、工艺、垄断性原材料的产品才有可能成为公司的核心竞争力。一般的产品在投放市场后比较容易被模仿,无法成为公司的核心竞争力。

2. 创新性的技术

本书第一章分析了创新的类型,可以看到,创新有原始创新和模仿创新的区分。一项被认为拥有核心竞争力的创新性技术通常是原始创新,模仿创新的竞争力不强。拥有原始创新技术的公司将成为行业的领军者。原始创新一般需要大量的研发资金的投入,并拥有多项专利。公司在研发上的投入也在一定程度上帮助判断该技术是否能成为公司的核心竞争力。

3. 最优质的客户服务模式

客户服务是指公司在购买、使用、售后等环节设计有特定的服务方式和内容,使客户在产品购买和使用的全过程中获得最佳体验,成为公司的忠诚用户。客户服务模式的设计反映了公司的服务理念,并通过大量高效的培训使员工能很好地执行。通常最优质的客户服务模式还需要公司进行一定的投入以方便员工快速地处理投诉,例如先行赔付等措施,使优质服务体验得以保持。

4. 最高效的生产过程

最高效的生产过程是指公司的生产方式或者工艺具有独特性,使公司能以最短的时间生产并发货。通常快速的生产意味着公司的生产工艺有统一标准且智能化程度高,公司甚至拥有智能化生产工艺方面的专利。另外,公司也拥有完善的分销系统,使产品得以快速进入市场。

5. 最低成本的供应链

最低成本的供应链是指公司能以最低的价格获得原材料,这将增加公司利润,也可以帮助公司获得具有竞争力的市场销售价格,由此公司在市场上就拥有了竞争力。

上述五种类型的核心竞争力是初创公司可以拥有或者构建的,在商业计划书中,应对上述核心竞争力有清晰的表述,以获得投资者的认可。

在近年的创业活动中,由于有些创业者个人能力强,形成了个人的核心竞争力,如个人具有非常强的分析能力、创造性思维和解决问题的能力。个人核心竞争力有时也会成为投资者关注的方面，并引发投资行为。但是个人核心竞争力和创业企业的核心竞争力还是应该明确区分。

当公司逐渐发展以后，诸如优秀的企业文化、高度的灵活性等方面逐步成形，这类因素可能形成新的核心竞争力。

（三）核心竞争力识别的方法

创业公司的核心竞争力需要通过一定的方法进行识别，以确定公司的核心竞争力是什么或者可能是什么，常用的识别方法有以下三种。

1. 进行同行比较

如上所述，核心竞争力是一种独特的能力或者要素，其他公司无法轻易模仿或者复制，因此，诸如可能存在的产品、市场、供应链、价格等因素，可以通过与行业内公司进行充分的比较，分析差异，来确定该要素能否成为核心竞争力。

2. 访问利益相关方

公司的利益相关方包括公司员工、重要客户、股东等，他们加入公司或者采购公司的产品和服务，对公司有深入的了解和关注，对产品和服务有充分的体验，他们在市场上通过比较选择了公司及其产品和服务，因此，他们的观点有助于公司识别核心竞争力。

3. 创业团队内部讨论

创业团队内部通过充分的讨论，各个成员从各自不同的专业视角分析公司可能存在的核心竞争力。创业团队内部分析的内容主要有产品成本和质量优势、用户体验水平、供应链水平、公司的独特性等。同时，创业团队可以一起审核生产流程，分析整个生产过程是否具有核心竞争力。

二、数据收集和分析

近几年，大数据、数据分析等概念逐步进入各个领域。但是在商业计划书的编写过程中，数据收集、分析和呈现是常见的薄弱环节之一。编制者常认为大数据与商业计划书无关，不重视数据，也不理解数据在商业计划书中的重要作用，这在很大程度上影响了商业计划书的质量。

（一）数据收集

商业计划书中，几乎每个模块的分析都要用到数据，因此，数据的收集是所有分析的基础。数据收集包括数据的采集与整理，整理后的数据才能用于后续的分析。

1. 数据的概念和来源

数据是许多"数"的集合。在数据分析领域，数据中的"数"不仅仅是各种数字形态的数，同时包括了各种电子化的记录，因此语音、图像、视频等都属于数据的范畴。

数据的来源主要有两大类：直接来源和间接来源。直接来源就是由编制团队自行收集整理得到的数据，通常也称"一手数据"。一手数据通常有明确的收集时间、方法、数量要求，过程可控，数据清晰。但是一手数据在收集过程中的成本要求比较高，涉及较多的人力财力资源。有时，因为一些客观的限制，一手数据很难获得。间接来源则是指已经存在的数据，通常也称"二手数据"。二手数据通常存在于各种文献、报告、统计年鉴、互联网站等。二手数据通过检索比较容易获得。但是，二手数据的缺点也是非常显著的，数据的针对性、真实性、时效性等都可能存在问题，直接使用可能影响分析结论。在商业计划书的编制中，二手数据应谨慎使用。

2. 数据收集方法

数据收集的方法有多种，但是方法的选择是与分析的具体问题和目标相联系的，因此在数据收集前，要明确数据要求。在商业计划书编制中，常用的数据收集方法有以下四种。

（1）文献信息收集，指在各种公开发表的论文、报告、年鉴等资料中收集所需的数据。这一方法普遍应用于商业计划书背景分析部分，也包括部分行业分析。背景分析、行业宏观分析中所需的宏观数据很难自行调查，获取公开发表文献中的数据更为可行。由于公开发表的文献经过审核，因此数据具有可靠性。当前，互联网中各种自媒体也大量发布宏观数据，这些数据的来源和可靠性需要重点关注。

文献信息收集还用于产品或技术的创新性的分析。在商业计划书编制中，可以通过与文献信息中数据的比较，分析证明产品或技术的优势。

（2）问卷调查，指通过设计问卷，让参与者回答问题进行数据收集的方法。问卷调查是最普遍使用的方法，主要用于商业计划书中关于市场需求、消费者行为等的分析。传统的问卷是纸质的，需要发放，并手动汇总记录，效率相对比较低，除非有特殊的方法，否则样本有明显的局限性。当前，通过诸如"问卷星"等专业化平台的使用，问卷信息收集的效率得到明显提升，因此，问卷调查这一方法的使用进一步泛化。

在商业计划书的编制过程中,市场需求、消费者行为分析是重要的依据,数据信息的可靠性、针对性、充分性非常重要。简单的问卷调查不能满足分析的需要,还容易引起误导,因此,这一方法应谨慎使用。

(3)观察,指选择特定的时间和地点对特定现象进行观察,并记录观察结果。观察这一方法使用目标明确,获取的数据准确。观察的方法也经常用于行为分析,针对一些特别的问题。例如,对餐馆门口排队行为的统计分析,相比问卷调查方法,运用观察的方法就更为有效。但是,观察的方法运用成本较高,数据量受限。

(4)试验,在创业实践中,针对产品或者商业模式的可行性可以通过 MVP (Minimum Viable Product,最小可用产品)试验的方法进行分析。MVP 是相对于传统的产品开发提出的。传统的产品开发追求完美,经历较长的时间,不断改进完善,这是一种产品在开发者认知范围的改进。MVP 则是指开发最低成本、最小规模但核心功能完善的产品。将其投放使用,然后进行使用信息的收集,根据收集的信息建立对产品的认知。MVP 在初创阶段是非常有效的产品开发工具和信息收集方法。MVP 不仅用于产品的试验,也可用于商业模式的试验。

(5)基于网络的数据获取,移动互联网运用普及后,基于网络形成的数据成为分析的重点。例如,对于市场需求、消费者行为等的分析可以基于消费者在网络上留下的评论文本。实际操作时,通常采用 Python 爬虫软件在目标网站上针对特定产品或服务获取顾客评论若干,然后构建模型进行各种需求、意愿的分析。另外,当前的很多智能产品,在取得用户同意后,可以通过互联网收集用户使用信息。例如通过智能手表获取信息。

利用智能设备和互联网获取数据的方式,使收集效率有了极大的提升,获得的数据量大、时效强、准确性高,是传统收集方法不能达成的,这种方法将成为主要的趋势。当然,这种数据收集的方式的技术要求比较高。

(二)数据处理和分析

1. 数据处理

数据处理是针对一手数据进行的,分为两个阶段。第一阶段是对数据进行的预处理,这个阶段将无效的数据进行剔除。第二阶段是对数据进行一系列的加工处理,形成可以解读的指标信息。

一般情况,从各种渠道收集的原始数据会存在各种问题,常见的问题有以下五种。

(1)数据完整性问题。如:数据存在缺失,某些数据没有填写或者在传输中丢失;数据重复录入;数据不一致;等等。

(2)数据准确性和可靠性问题。如:数据明显错误,不符合逻辑;数据过时;填写中因主观性导致的数据偏差;等等。

(3)数据格式与结构问题。如:数据格式单位不统一;数据的非结构化或半结构化导致无法直接分析;数据编码出现错误;等等。

(4)数据样本的问题。如:样本没有代表性;数据只显示了部分类型或结果;一些数据变量没有采集;等等。

(5)数据的合法性问题。如:数据违规采集或者数据来源不明等问题。

数据处理就是通过处理软件解决这些问题。常用的处理软件如 Excel、Python、SPSS 等,这些软件工具都能快速对数据进行处理,为后续的数据分析提供可靠信息。

2. 数据分析类型

数据分析分为四种基本类型。

(1)描述性分析:用于描述特定时间段内发生的事情。例如:浏览量是上升还是下降;本月的销售额是否比上个月有所增加;等等。

(2)诊断性分析:侧重于分析事情发生的原因。它可能会涉及更多不同的数据输入和一些假设。例如:天气情况是否影响了啤酒销量;最新的营销活动是否影响了销售量;等等。

(3)预测性分析:通常涉及近期可能发生的事情。例如:根据上一次因天气炎热引发的销售增长的情况,预测本次天气变化可能对销售量的影响。

(4)规范性分析:通过预测的结果提出可行的行动方案。例如,如果以这五个天气模型的平均值来衡量异常炎热夏季的可能性,且平均值在 58% 以上,那么可以确定即将来临的夏季天气异常炎热,公司可以预先采取措施以应对可能出现的销售量的增加,比如增加一条生产线以增加产量。

3. 数据分析技术

在商业计划书编制中,可以使用多种分析方法和技术来处理数据和提取信息。其中最常用的方法包括以下四种。

(1)回归分析:回归分析主要用于分析一个或多个自变量与因变量之间的关系。自变量用于解释因变量,显示自变量的变化如何影响因变量。这一分析方法常用于说明影响产品或服务的因素。

（2）因子分析：因子分析需要将包含许多变量的复杂数据集缩小到少数变量。这种方法的目的是发现隐藏的趋势。例如，在商业计划书中用于消费趋势的分析。

（3）蒙特卡罗模拟：蒙特卡罗模拟用于模拟不同结果发生的概率，通常用于降低风险和预防损失。这些模拟包含多个值和变量，通常具有比其他数据分析方法更强的预测能力。这一技术可用于风险分析等领域。

（4）时间序列分析：时间序列分析是指随着时间的推移跟踪数据，并巩固数据点的值与数据点发生之间的关系。这种数据分析技术通常用于发现周期性趋势或进行财务预测。

小专栏8-3　数据可视化中图表的运用

在撰写商业计划书的过程中，图表作为一种信息可视化工具，发挥着至关重要的作用。通过图表，复杂的数据和抽象的概念可以被清晰、直观地呈现，有助于提高文档的逻辑性和说服力。不同类型的图表因其表现形式和功能差异，在商业计划书中承担着各自独特的任务。

折线图通常用于展示数据随时间的变化趋势，适合用于呈现销售收入、用户增长、市场扩展等时间序列数据。借助折线图，读者可以迅速把握企业运营中的发展轨迹和周期性变化，从而更好地评估其成长潜力。

柱状图则适用于不同类别之间的定量比较。在商业计划书中，它常用于展示各区域销售额、各业务板块收入规模或与竞争对手之间的市场份额差异。此类图表通过清晰的对比，使受众能够直观地识别企业在各维度的表现优劣。

饼状图主要用于表现整体与部分之间的比例关系，常见于描述成本结构、客户群体构成或资源分配情况。它的优势在于能够快速传达各部分在整体中的权重，有助于读者理解企业资源配置的重点及其战略方向。

散点图则主要用于分析两个变量之间的相关性，例如产品价格与销量、客户满意度与复购率等。在商业计划书中使用散点图，有助于揭示潜在的关联趋势，为决策者提供进一步的分析依据。

合理运用图表不仅能够提升商业计划书的表达效率和可视化水平，还能够强化其逻辑结构和数据支撑力，从而增强整体的说服力与专业度。在面对投资者、评审专家或合作伙伴时，有效的图表呈现往往能起到事半功倍的沟通效果。

资料来源:https://hbr.org/2016/06/visualizations-that-really-work? referral＝03758&cm_vc＝rr_item_page.top_right

三、提升数字素养

(一)数字素养的含义

数字素养(Digital Literacy)目前还没有标准化的概念,通常是指个体在面对数字技术与信息环境时,所具备的综合性能力。这种能力不仅仅包括操作数字设备和使用各类软件工具的技能,更包含在数字环境中有效获取信息、分析与评估信息的质量、批判性地思考问题,并通过适当的数字媒介进行沟通与表达的重要能力。

乔丹·莫罗认为,数字素养是一种将数字与数据深度整合到日常认知与决策中的综合能力,即"第五种基础能力",与传统的听、说、读、写并列。它包括四个核心特征:

1. 阅读数据(Data Reading)

能够理解数据、表格、图表及关键指标,准确识别趋势、异常点与数据背景。

2. 用数据开展工作(Data-Driven Work)

能够在实际工作或生活场景中,主动收集、引用与加工数据来支持行为。

3. 分析数据(Data Analysis)

掌握数据分析的方法和思路,包括数据解析中的描述性、诊断性、预测性和规范性四个层次。

4. 用数据进行沟通(Data Communication)

将分析结果以清晰、易理解的方式表达出来,与他人讨论并形成共识。

广义上,数字素养是信息素养、媒介素养、技术素养等多个维度的融合。它要求个体在面对海量数据、复杂网络结构和快速迭代的数字工具时,能够理性地作出判断、有效地参与社会交流,并在数字空间中展现出负责任的公民行为。数字素养已不再是一项可选技能,而是现代生活与工作中不可或缺的基本素质之一。

常见的与数字素养相关的概念有数字胜任力（Digital Competencies），这一概念更强调实用层面，包括解决问题、数字安全、内容创作、信息处理、沟通协作等。数字技能（Digital Skills）的概念则倾向于定义操作性技能，如信息素养技能、ICT技能、沟通与协作能力、道德规范意识等。数字思维（Digital Thinking）也是一个常用概念，这一概念更关注认知与决策，包括批判性思维、计算思维、系统思维、创新思维等。

（二）数字素养的重要意义

在数字化浪潮和第四次工业革命背景下，数据已成为与土地、资本、劳动力等同等重要的新型生产要素，数字素养的重要性表现在以下方面。

1. 适应社会发展的基本需求

在快速数字化的社会中，几乎所有行业和岗位都不可避免地依赖各类数字技术和平台。从电子邮件、即时通信、在线会议，到数据分析、云计算、自动化工具的使用，数字工具已经深度嵌入工作与生活的方方面面。无论是基层员工还是管理人员，都需要具备一定的数字素养，才能高效完成任务、适应岗位变化，并在日益激烈的职场竞争中保持个人的可持续发展能力。更重要的是，数字素养已成为衡量个人能力的重要指标，不具备基本数字能力的人在职业晋升、转型乃至再就业中将处于明显劣势地位。

2. 提升信息判断与决策能力

数字社会最显著的特征之一是信息的海量与快速流动。人们每天都暴露在数量庞大的信息之中，其中既有真实可靠的知识资源，也夹杂着误导性言论、谣言甚至有意制造的信息。在这种背景下，数字素养不仅要求人们掌握搜索和获取信息的技能，更要求具备判断信息来源、分析内容逻辑、识别偏见与虚假信息的能力。具备良好数字素养的个体，能够在复杂的信息环境中保持理性，做出基于证据的思考和判断，从而提升个体在学习、工作与社会参与中的决策质量。

3. 保障数字安全与隐私权益

随着数字平台被广泛使用，网络安全与个人隐私面临着前所未有的挑战。无论是账号密码的泄露，还是个人行动轨迹、消费记录被用于算法推荐，甚至在特定情境下被用作数据监控，普通用户面临的信息泄露已不再是偶发性事件。数字素养在此扮演着"防火墙"式的角色，它帮助个体理解网络行为的风险、掌握安全设置与防护手段、加强对个人数据的保护意识，从而有效预防网络诈骗、数据滥用和身份盗窃等现象。同时,数字素养也促使人们理解相关法律法规,在合法合规的框架下开展数字活动,守护个人与他人的数字权益。

4. 促进公平与包容的数字社会建设

尽管数字技术已广泛普及,但"数字鸿沟"问题仍未消除。城乡之间、不同年龄群体之间、不同社会经济地位人群之间的数字接入能力与使用效能仍存在明显差距。这种差距不仅影响教育资源的获取、平等就业机会的获得,还会扩大社会不平等和造成信息隔离。提升全民数字素养,有助于弥合这些差距,使更多人具备利用数字工具表达诉求、获取支持与参与社会的能力。在教育体系中,学生数字素养的提升可以推动资源的均衡配置;在社会层面,数字素养是构建数字包容与数字公正的根本基础,能够促进数字社会的建设。

5. 增强数字公民意识

数字素养不仅是个人发展的工具性技能,更是社会性责任与参与意识的体现。在网络空间中,每一位用户同时也是"数字公民"。他们既有言论表达与信息使用的权利,也有尊重他人、守法守规的义务。具备良好数字素养的人,能够理解数字环境中的伦理边界,尊重他人隐私与知识产权,遵守网络礼仪,理性参与讨论,抵制网络暴力与谣言扩散。更进一步,数字素养还促使个体参与到数字治理、公共政策、在线民主等活动中,为社会良性互动与公共价值的实现贡献力量。

综上,数字素养作为现代社会的基础能力,不仅关系到个体的发展潜力,也深刻影响到组织绩效、社会结构与国家竞争力。其系统性、多维度与跨领域的特点,决定了其在教育政策制定、人才培养与社会治理中的战略地位。推进全民数字素养建设,已成为时代的必然要求。

(三)数字素养的培养

提升数字素养是一个系统性、持续性的过程,涉及技能训练、认知能力、思维方式与行为规范等多个维度。数字素养不仅仅是掌握工具或技术的能力,更是一种在数字社会中有效生活与工作的综合能力。其提升路径应当多元化、层次化,并结合技术发展趋势与个体发展需求加以设计和实施。

1. 夯实基础技能

基础技能是提升数字素养的起点。学习者应掌握常见数字设备的基本操作,熟练使用主流办公软件、浏览器、搜索引擎和基础数据处理工具。重点提升信息检索、文件管理、平台适应与界面理解等"工具性操作"能力,为进一步开展数字学习和数字工作打下基础。

2. 培养信息素养与批判性思维

信息素养与批判性思维的培养是数字素养深化的关键。面对高度信息化、由算法推荐主导的数字生态系统，个体需要具备识别信息来源、分析内容结构、评估信息质量的能力，并能批判性地解读数据与媒体表达，辨识偏见、误导性消息和谣言。这类能力直接与个体的认知自主性相关，是保障理性判断和科学决策的前提。

3. 提升沟通与协作能力

沟通与协作能力也是核心素养。现代数字平台强调多方协同与远程协作，学习者需掌握多平台沟通工具的使用方法（如电子邮件、即时通信、共享文档平台等），并能在虚拟空间中进行有效的倾听、反馈与合作。此外，数字协作往往涉及跨文化交流，因此理解网络礼仪、文化差异，坚守包容性原则，也应作为数字沟通能力的重要组成部分。

4. 掌握数字内容创作能力

数字内容创作能力主要用于内容的创作与表达。学习者应能够使用文本、图像、音频与视频等多种媒介形式，编辑与发布具有清晰结构与良好逻辑的内容，并掌握信息可视化与数字演示技巧。同时，应严格遵循数字版权规范与引用规则，树立合法创作与传播意识，尊重他人知识产权，维护健康的网络创作环境。

5. 构建数字安全与伦理意识

在信息安全日益受到关注的背景下，数字安全与伦理意识成为衡量数字素养水平的重要标志。个体应具备基本的数字防护意识，包括密码设置、账户保护、隐私权限管理和设备安全使用等。同时，也应能识别和防范常见的网络风险，如网络诈骗、钓鱼链接、虚假广告等。在更高层次上，数字伦理教育需要引导学习者理解网络空间中的行为规范，树立责任意识、公共意识和法治观念，做到守法用网、文明用网、安全用网。

6. 提升数据思维与分析能力

数据思维和分析能力是数字素养提升的重要方面。个体应初步掌握数据分析的基本方法，包括数据的收集、整理、可视化与解释。通过数据素养的训练，个体能够从数据中提取价值，支持学习、研究、管理与决策活动，逐步建立"以数据为依据"的认知和行动模式。

7.构建终身学习能力

终身学习能力是数字素养持续提升的根基。面对技术快速更迭的现实，学习者应主动关注人工智能、大数据、云计算等新兴技术对个人和社会的影响，善用在线课程、学习平台、数字图书馆、知识社区等资源，自主更新技能体系与认知结构，保持技术适应力和学习敏感度。终身学习不仅体现为技能更新，更意味着学习方式的转变，即从依赖传统教学向自我驱动、自我设计的数字学习方式过渡。

讨论案例

《妙味轩 DIY 厨房项目商业计划书》（部分）案例分析

以下内容为《妙味轩 DIY 厨房项目商业计划书》摘要部分的内容，前言部分则是项目的简单背景。

前言

体验消费的时代已经到来！机遇就在我们身边，我们发现，现在大学生宿舍内并没有厨房设置，但是很多学生都有自己亲自下厨的愿望，特别是在恋人、舍友、社团朋友面前露一手的感觉更是妙不可言。许多学校应这种需求举办了"厨艺大赛"等活动，但还远不能满足大家随时"施展拳脚"、发挥创意的需求，于是，"妙味轩校园 DIY 厨房"应运而生……

第 B1 章　摘要

B1.1 公司简介

公司名称：北京妙味轩饮食有限责任公司

（Magical Kitchen Consulting Co. ,Ltd. ）

注册商标：妙味轩、Magical House，"DIY" logo 造型

企业文化：创意、健康、体验、生活

宗旨：抓住体验经济的实质，以 DIY 厨房连锁店的形式，创建一种新的娱乐休闲方式，引领一种"创意、健康、体验"三合一的文化消费时尚。

B1.2 产品及服务

我们的产品是以完善的厨房设备为基础，通过"量贩式"经营和独特的场景设计，为顾客提供不同于餐饮业的普通商品和服务的"个人的创造性体验"，我们称其为"快乐厨房体验"。也就是说，我们要提供的不仅是一个可以享受烹饪乐趣的"魔法厨房"，更是要建立一个健康、快乐的休闲场所。我们的产品构成简化为一个公式就是：

快乐厨房体验(我们的产品)＝个性烹饪＋特色服务＋顾客互动

这个定义不同于传统的产品定义,它涵盖了商品经济、服务经济和体验经济三种模式,它是包括了商品、服务、体验三位一体的概念商品。

B1.3 目标市场

有意向并有能力成为我们顾客的群体主要是高校学生、情侣、青年白领,以及喜欢新事物、乐于表现自我、结交朋友的人群(见表 B1-1)。

表 B1-1　公司主要目标市场

目标市场	市场需求
大学生	● 特别食物需要 ● 同乡叙旧,对家乡菜的怀恋,对家的感觉的需求 ● 各种各样的聚会(生日 party、节假日、庆祝获奖、社团聚会、班级活动等),少则 7—10 次,多则 20 余次
情侣	● 爱一个人,必须抓住他的胃 ● 纪念日(初次见面纪念日、恋爱纪念日) ● 节假日(情人节、白色情人节、七夕、圣诞节)
青年白领	● 轻松享受烹饪乐趣 ● 休闲沙龙:如川菜沙龙、烧腊沙龙、月饼沙龙、药膳沙龙等 ● 休闲氛围与轻松的交际环境 ● 尝试新事物

B1.4 公司战略

1.创业期(第 1 年)打造特色,建立品牌

首期在北京高校密集区建立 3 家直营连锁店,其中,学院路店为旗舰店。积极争取学生聚会市场,建立较高的美誉度和知名度。同时,建立健全客户数据库,建立广泛业务联系。

2.发展期(第 2—3 年)抢占市场,提升品牌

扩大北京范围的分店数量至 17 家,在全国范围内建立分店至 31 家。完善各项设施,建立完备的管理体系以及流畅的供应链。

扩大业务范围,以规模效益减少成本,增加利润;快速覆盖市场,建立品牌优势,增加市场壁垒。

3.扩张期(第 4 年及以后)形成规模,垫高壁垒

采用"不从零开始"转让特许经营权的方式,在全国范围内进行加盟连锁,加盟首期投资 200 万元,预计建立加盟店 50 家。

特许经营的加盟方式不仅可以保证公司的品牌形象和服务质量,稳定客户群,同时也可快速回收大额现金,用于新市场开拓。

B1.5 公司管理

在公司创建初期,鸣鞘创业团队将承担主要的管理工作。同时,我们将积

极聘请专业管理人员,使公司在最短的时间内进入正轨。

在人力资源上,我们追求"以精取胜"。作为比服务业更追求"感觉"的体验消费,我们要求每个员工不仅仅做到简单的"微笑服务",更要当好顾客"体验故事"中的完美演员。所以,从招募、培训到考核,我们以 MBO、SERQUAL 等模型为基础,设计了详细而严格的标准。

另外,我们将聘请各高校在项目评价、项目管理、财务会计、经济法领域具有丰富教学工作和实践经验的老师作为公司管理顾问,为公司经营管理提供咨询。

B1.6 竞争、风险及退出

竞争:由于校园 DIY 厨房开辟了一个新的市场,在初期,市场内一片蓝海。但由于其独特的定位,我们选择休闲娱乐类中以北方鑫柜为代表的 KTV,和餐饮业中以好伦哥、避风塘为代表连锁餐厅作为潜在竞争对手,在竞争性分析后,提出了差异化应对策略。从长期来看,当市场上出现模仿者时,我们将以高标准的产品质量和强势的品牌战略作为主要竞争手段。

风险:公司的风险主要是市场风险、竞争风险、管理风险、政策风险和财务风险。这些风险大部分来源于企业开辟了一个新的市场,具有许多不确定因素,可借鉴的经验较少。针对这种情况,我们十分重视调研和沟通,详细策划了规避风险的方案。

退出:公司上市将成为风险投资退出的主要方式。从项目财务来看,公司五年之后完全可以达到上市要求。此外若由于部分原因未能达到上市要求的,通过寻求其他企业兼并仍然可以保证风险投资的安全退出。

B1.7 融资、投资与回报

公司的"体验经济"模式十分重视"氛围"的营造,在店面设计、营销以及管理上追求"精制",故初期投资要略高于一般餐饮业。企业发展初期,将以风险投资为主要融资对象。

北京妙味轩饮食有限公司初始注册资金 225 万元。后期随着公司规模的扩大,还会增大注册资本。第一期投资 203.8 万元,40.76 万元为发起人自筹资金,163.04 万元为风险投资。单店面年销售收入为 313.2 万元,净利润为 59.4 万元。整个项目第一年的财务内部收益率(IRR)税前为 124.9%,税后为 94.9%,均大于基准投资收益率 12%,动态投资回收期为 9.1 个月,小于基准回收期 12 个月,并且财务净现值 NPV 均为正值,所得税前销售能力利用率表示的盈亏平衡点(BEP)为 62.8%,这些指标表明该项目在财务上是可行的。

2012 年,妙味轩公司的总资产将达到 1.14 亿元人民币,销售净利润达到 7721.7 万元,2013 年风险资本退出时,投资者投入的资本将增值 16.56 倍,投资平均年利润率将超过 207.1%。

思考题:

1.该商业计划书的摘要部分包含了哪些信息?

2.通过该商业计划书的描述,你认为该项目有哪些优势,存在哪些风险?

本章小结

本章首先阐述了商业计划书的基本概念和作用、结构与内容。商业计划书是一份详细阐述企业运营的文件,它详尽描述了企业业务现状并规划未来发展路径。它的用途主要表现在对外用于获得外部资金,对内厘清创业思路两方面。商业计划书的结构分为封面、摘要、目录、正文、附录五个部分;内容一般分为八个模块,分别是公司概述、产品、服务、市场机会、创业团队、风险控制、战略规划、财务融资。

其次,本章分析了商业计划书的编制环节和要求。商业计划书的编制具有复杂性、系统性、严谨性的特点,持续的时间比较长,通常可以分为四个环节:撰写准备、资料收集、文本撰写、修改提升。编制的基本要求有三方面:语言简洁通顺、内容反映优势、结构服务目标。

本章最后分析了商业计划书编制中的方法与工具,重点分析商业计划书中关于公司或项目的核心竞争力的识别方法、数据收集和分析的方法以及如何培养数字素养。

延伸阅读

[1] 邓立治.商业计划书:原理、演示与案例:第 3 版[M].北京:机械工业出版社,2025.

[2] 莫罗.数据思维:人人必会的数据认知技能[M].耿修林,译.广州:广东经济出版社,2022.

[3] 克罗尔,尤科维奇.精益数据分析[M].韩知白,王鹤达,译.人民邮电出版社,2015.

参考文献

[1] 国家科技风险开发事业中心.商业计划书编写指南:第 2 版[M].北京:电子

工业出版社,2012.

［2］BABSON COLLEGE. Entrepreneurship Curriculum［EB/OL］. (2021-10-19) ［2025-08-07］. https://www. babson. edu/about/our-leaders-and-scholars/faculty-and-academic-divisions/entrepreneurship/curriculum/.

［3］BLANK，STEVEN，DORF. The Startup Owner's Manual：The Step-By-Step Guide for Building a Great Company［M］. Pescadero：K and S Ranch，2012.

［4］HARVARD BUSINESS SCHOOL. Starting up and Starting Over［EB/OL］. (1996-12-01)［2025-08-07］. https://www. alumni. hbs. edu/stories/Pages/story-bulletin. aspx? num＝6177.

［5］HISRICH，ROBERT，MICHAEL，ET AL. Entrepreneurship［M］. Boston：Mcgraw-Hill/Irwin,2008.

［6］ROBERTS, EESLEY. Entrepreneurial Impact：The Role of MIT［J］. Foundations and Trends in Entrepreneurship,2011(1-2).

［7］韩树杰.创业地图:商业计划书与创业行动指南［M］.北京:机械工业出版社,2020.

［8］BIDGOLI. Encyclopedia of Information Systems［M］. Boston：Academic Press,2003.

［9］SCHILING. Strategic Management of Technological Innovation［M］. Boston：Mcgraw-Hill,2010.

［10］KAWSHALA . Theorizing the Concept of Core Competencies：An Integrative Model beyond Identification［J］. International Journal of Scientific and Research Publications,2017,7 (2).

［11］李正中，韩智勇. 企业核心竞争力:理论的起源及内涵［J］. 经济理论与经济管理，2001(7).

［12］TINMAZ,LEE ,FANEA-LVANOVICI ,ET AL. A systematic review on digital literacy Smart Learning Environments ,2022(21).

练习题

一、选择题

1.【单选题】商业计划书的使用可追溯到哪个时期？（　　　）

A. 19 世纪初　　　　　　　　　　　B. 20 世纪初

C. 20 世纪 70 年代　　　　　　　　D. 21 世纪初

2.【单选题】以下哪项属于商业计划书"附录"中常见的内容？（　　　）

A. 公司概述　　　　　　　　　　　B. 商业模式

C. 市场调研报告　　　　　　　　　D. 战略规划

3.【单选题】商业计划书中，"摘要"部分的撰写时机是（　　　）。

A. 计划书撰写前，作为框架

B. 计划书完成后，提炼核心内容

C. 与正文同步撰写

D. 无须撰写，直接引用目录内容

4.【单选题】蒙特卡罗模拟主要用于（　　　）。

A. 模拟不同结果发生的概率

B. 分析变量关系

C. 发现消费趋势

D. 财务预测

5.【单选题】下列属于"一手数据"的是（　　　）。

A. 行业统计年鉴中的数据

B. 企业自行开展的市场调查问卷结果

C. 第三方机构发布的市场报告

D. 学术论文中引用的历史数据

6.【单选题】商业计划书编制流程的第一个环节是（　　　）。

A. 资料收集　　　　　　　　　　　B. 撰写准备

C. 文本撰写　　　　　　　　　　　D. 修改提升

7.【单选题】商业计划书中，"风险控制"模块的作用是（　　　）。

A. 隐瞒项目风险，提升投资人信心

B. 可有可无，不影响项目可行性

C. 仅分析政策风险，无须考虑市场风险

D. 评估潜在风险并提出应对方案，降低不确定性

8.【多选题】创业团队模块需要阐述的内容有哪些？（　　　）

　A. 核心团队成员　　　　　　　B. 专家顾问团队

　C. 公司构架　　　　　　　　　D. 股权结构

9.【多选题】商业计划书编制的基本要求有（　　　）。

　A. 语言简洁通顺，突出核心观点

　B. 内容反映项目优势，针对性调整结构

　C. 结构服务于编制目标（如融资、竞赛等）

　D. 为追求简洁，可忽略关键信息

10.【多选题】数据收集的主要方法有（　　　）。

　A. 文献信息收集　　　　　　　B. 问卷调查

　C. 观察法　　　　　　　　　　D. MVP 试验

二、判断题

1. 商业计划书仅与营利性企业相关，非营利项目无须编制。（　　　）

2. 商业计划书的封面只需包含项目名称，无须标注保密提示。（　　　）

3. 核心竞争力可以是优质的产品、创新的技术或高效的供应链等多种类型。（　　　）

4. 二手数据因易获取，可直接用于商业计划书的分析，无须验证其真实性。（　　　）

5. 商业计划书的正文内容应根据用途调整，路演用计划书需更简洁。（　　　）

6. 数字素养仅指操作电脑和手机的技能，与数据分析能力无关。（　　　）

7. 商业计划书中的"市场机会"模块只需分析宏观政策，无须关注具体需求痛点。（　　　）

8. 核心竞争力的识别方法包括同行比较、访问利益相关方和团队内部讨论。（　　　）

9. 商业计划书的修改过程也是项目优化的过程，需反复打磨。（　　　）

10. 时间序列分析可用于商业计划书中的财务预测和趋势分析。（　　　）

三、名词解释

1.商业计划书

2.核心竞争力

3.一手数据

4.数字素养

5.最小可用产品(MVP)

四.简答题

1.商业计划书的编制流程包含哪些环节？各环节的核心任务是什么？

2.商业计划书中产品和服务模块需阐述哪些关键内容？为何这些内容对项目至关重要？

3.核心竞争力的概念是什么？其主要类型有哪些？

4.商业计划书编制的基本要求是什么？为何要遵循这些要求？

5.提升数字素养的具体路径是什么？

五、论述题

1.结合商业计划书的用途,论述其在创业过程中的重要性。

2.论述商业计划书编制中的常见问题及其产生原因,并说明如何通过团队协作与专业素养提升规避这些问题。

3.数字素养的含义是什么？其核心特征有哪些？提升数字素养对商业计划书编制和创业实践有何作用？